U0531047

罗素文集

第 15 卷

罗素自传

第 三 卷

1944—1967

徐奕春 译

商务印书馆

2018 年·北京

Bertrand Russell
THE AUTOBIOGRAPHY OF BERTRAND RUSSELL
Volume Three first published by George Allen & Unwin 1969
Reprinted 1991,1993,1995 by Routledge
本书由英国卢德里奇出版社授权,
根据乔治·艾伦和昂温出版公司1969年版译出

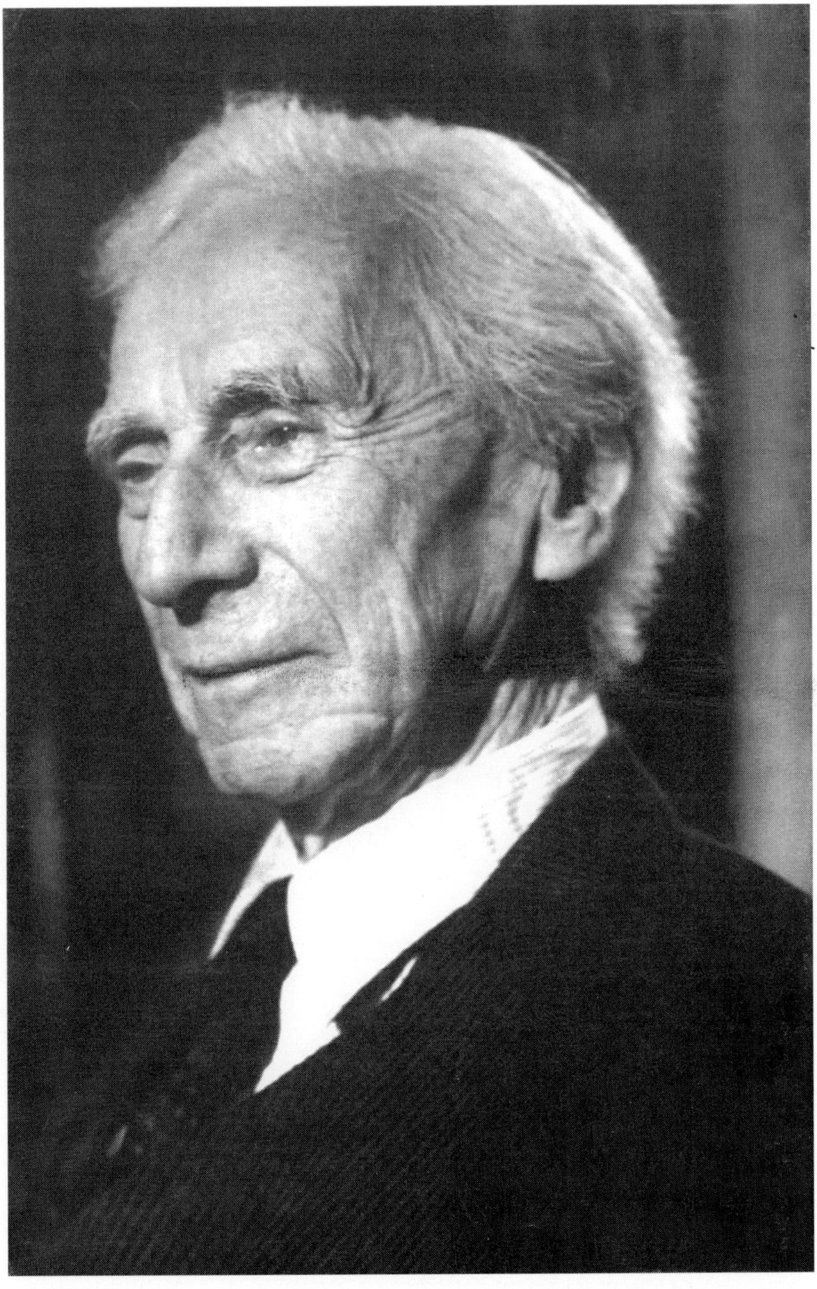

目　录

序……………………………………………………………… 1
第一章　回到英国……………………………………………… 3
第二章　在国内与海外 ………………………………………… 86
第三章　特拉法尔加广场……………………………………… 147
第四章　基金会………………………………………………… 231
后记……………………………………………………………… 334
索引……………………………………………………………… 339

插 图 目 录

1. 在澳大利亚(1950 年) ………………………………… 62
2. 伯特兰·罗素在斯德哥尔摩与约里奥-居里夫人在一起(1950 年) ………………………………… 63
3. 伊迪丝·罗素(洛特·迈特纳-格拉夫摄) …………… 126
4. 汉斯·厄尼画的油画《伯特兰·罗素》 ……………… 127
5. 伯特兰·罗素坐着,让爱泼斯坦为其塑像(1953 年) …… 190
6. 罗纳德·塞尔画的伯特兰·罗素像(载于 1957 年 3 月《笨拙周刊》)
   伯特兰·罗素的一篇手写的反驳文字 ……………… 191
7. 《标准晚报》上的漫画(1961 年 9 月) ……………… 254
8. 伯特兰·罗素同罗特布拉特教授在一起
   克里斯托弗·艾恩赛德设计的九十华诞大纪念章 …… 255
9. 1962 年 2 月,伯特兰·罗素冒着暴风雪在特拉法尔加广场举行的一次禁止核武器集会上发表演说 …… 318
10. 伯特兰·罗素在彭林代德赖斯他自己的家里(1964 年) ………………………………………………… 319

序

  本书将在造成当今世界分裂的那些重大问题仍然悬而未决的情况下付梓。迄今,以及在未来的一段时间内,这个世界必定还是一个不确定的世界。它迄今为止总是不偏不倚地悬于希望与恐惧之间。

  我很可能在这个问题解决之前死去——我不知道我的临终遗言应当是:

    阳光灿烂的日子已经过去,

    我们陷入黑暗之中,

还是应当像我有时允许自己希望的那样:

    世界的伟大时代重新开始,

    黄金时代又回来了……

    天公微笑,信仰与帝国隐约显现,

    犹如一个渐逝之梦的残骸。

  我已尽我所能,将我的一点微不足道的分量加到这架天平上去,试图使它倾向于希望一边,但对于各种强大的力量,这只是螳臂当车而已。

  愿其他人在我这一代人失败之处获得成功。

* * *

1944年,情势逐渐明朗:战争即将结束,而且将以德国失败告终。这就使我们有可能回到英国,而且带着孩子们一起回去,也没有什么太大的风险,只有约翰除外,他无论是返乡还是留在美国,都有可能征召入伍。幸亏战争结束得早,使他免去了本来需要作出的、棘手的选择。

像以前一样,我在英国的生活是公事与私事混杂在一起的,但是私事部分变得越来越重要。我已发现,以同样的方式叙述早已结束和仍在继续且我生活于其中的私事和公事,那是不可能的。有些读者可能会对因此而需要的叙述方式的改变感到惊讶。我只能希望读者认识到多样化的必然性,并且明白,为了不触犯诽谤法,对某些事情不可避免地要保持缄默。

第一章　回到英国

在1944年上半年，横渡大西洋是件复杂的事。彼得和康拉德乘坐的是速度很快但极不舒服的"玛丽皇后"号，船上挤满了小孩和他们的母亲，所有的母亲都抱怨所有别人的孩子，所有的孩子都在甲板上追逐打闹，随时都有掉下海里的危险，因而给大人造成极大的麻烦。但这一切我是到了英国才知道的。至于我嘛，我被送上了一艘由护卫舰和飞机护航、以自行车速度威风凛凛地前进的大船。我随身带着我的《西方哲学史》手稿，那些倒霉的审查员只好从头到尾逐字逐句地阅读这部手稿，唯恐其中有什么对敌有用的情报资料。不过，他们终于弄清楚了，哲学知识对德国人是不可能有用的，并且很客气地对我说，他们很喜欢读我的书。说实话，对此我觉得难以置信。一切都是保密的。不许我将起航的时间或从什么港口起航告诉我的朋友。最后我发现自己乘坐的是一艘"自由"轮，这次航行是它的处女航。船长是个生性乐天的人，他老是安慰我说，"自由"轮在处女航中断裂成两段的还不到四分之一。不用说，船是美国的，船长是英国人。有一位高级船员真心实意地赞许我。他就是轮机长。他读过《相对论入门》，但对该书作者却一无所知。有一天，我和他一起在甲板上散步，他谈起了这本小书的价值，当我说我是这本书的作者时，他高兴得不得了。另外有位乘客,是一个商人,船上的高级船员都不喜欢他,因为他们觉得他这么年轻,应该去打仗。不过,我倒觉得他挺可爱的,而且我也很喜欢这样无所事事地度过三星期。船上的长官们认为,在我们驶近爱尔兰海岸之前,不会有遭受潜艇袭击的危险,但过后他们却命令我们穿着外裤睡觉。不过,并没有发生任何事情。我们旅程结束的前几天,盟军便开始大规模地进攻西欧,我们是从无线电中得知这一消息的。几乎全船的人都可以来听无线电广播。我从无线电中听到"Allons, enfants de la patrie, le jour de gloire est arrive"①的英译。这句话的英译是:"好啦,朋友们,就这么干吧!"

在一个星期天,他们把我们卸在福斯湾北岸的一个小港埠。我们艰难地走到了一个最近的城镇,在那里我第一次看到了那个战争时期的不列颠。就我当时所能看到的来说,镇上全是波兰士兵和苏格兰姑娘,波兰士兵很英武,苏格兰姑娘则非常妩媚动人。我乘夜车去伦敦,第二天一大早就到了。我一度无从知道彼得和康拉德的情况。最后,在疯狂地打了许多电话和电报后,我终于得知他们同彼得的母亲一起住在锡德茅斯,康拉德得了肺炎。于是,我立即赶去那儿。令我宽慰的是,他正在迅速康复。我们坐在海滩上,谛听瑟堡那边传来海军的隆隆炮声。

在此之前,三一学院曾邀我去作为期五年的讲学,我已接受了邀请。这项邀请还附带以下优厚条件:兼任大学评议员,并有在学院里获得几间住房的权利。于是,我就去剑桥。到了那里,我发现住房非常令人愉悦,向外望去,可以看到草地滚木球场,在那绿茵

---

① 法语,意为:前进,祖国的儿女们,光荣的日子已经来临。——译注

茵的草坪上开满了鲜花。看到剑桥之美毫无衰减,令人欣慰。我还发觉,"大庭院"的祥和恬静使人的心境产生一种几乎难以置信的宁帖。但彼得和康拉德住的问题仍未解决。当时剑桥人满为患。起初,我所能得到的最好的住所是寄宿舍里的几间脏兮兮的房间。他们住在那里可怜兮兮的,吃不饱饭,而我在学院里却过着非常舒适的生活。我一知道我将因起诉巴恩斯①而得到一笔钱时,便立即在剑桥买了一所房子。我们在那所房子里住了一些时候。

抗日战争胜利日那一天,以及随后举行大选的那段时间,我们就是住在那所房子里。我的《人类的知识,其范围与限度》一书,大部分也是在那里写的。我本来可以在剑桥过得很愉快,但剑桥的那些女士们认为我们是不应该受到尊重的。我在北威尔士的费斯廷约格买了一所风景非常优美的小房子。后来我们在伦敦租了一套公寓房。虽然我花了许多时间到欧洲大陆去讲学,但这些年我并没有做什么重要的事情。当1949年我的妻子决定她不再需要我时,我们的婚姻就结束了。

整个40年代和50年代初,在核问题上,我的心情一直处于一种困惑焦虑状态。在我看来,一场核战争显然会毁灭人类文明。同样明显的是,除非东、西双方的政策都有所改变,否则核战争肯定迟早总要发生。从20年代初起,我就隐隐约约地感觉到这种危险。在那些日子里,尽管有几个博学的物理学家已经意识到这种即将到来的危险,但大多数人,不仅是大多数普通人,而且甚至是大多数科学家,都认为不会发生原子战争,因而总是以一种满不在

---

① 参见《罗素自传》第二卷。

乎的语调说:"哎呀,人们绝不会那么愚蠢。"1945年对广岛和长崎的轰炸,使科学家们,以及甚至少数一些政治家,首次注意到核战争的可能性。在这两个日本城市遭到轰炸后没几个月,我在上议院作了一次演讲,指出可能会发生一场全面的核战争,如果这种战争一旦发生,必定会造成全球性的灾难。我预测并解说了威力远比用于广岛和长崎的那些炸弹大得多的那种核弹的构造,它不同于老式的裂变弹,而是一种聚变弹,实际上就是现在所说的氢弹。那时还有可能对这些怪物实施某种管制,规定它们只能用于和平而非战争的目的,因为当时我所担心的军备竞赛尚未开始。如果想不出管制的办法,局势几乎就会失控。这用不着多大的想象力就可以预见得到的。每个人都为我的演讲鼓掌,没有一个议员认为我的担心是过分的。但是我所有的听众都一致认为,这是个由他们的孙子那一辈人去考虑的问题。尽管已有数十万日本人死于非命,但没有一个人懂得,英国只是由于幸运才得以幸免,而在下一场战争中,她可能就没那么幸运了。没有一个人把它看作是一个只有大国之间达成协议才能避免的国际性危险。人们有过一些议论,但没有任何行动。这种安然自若的态度,在外行人当中,甚至直到今天依然存在。谁要是试图谈论原子弹而使人感到不安,谁就会被看作是惹是生非者,被看作是应当避而远之的人,被看作是杞人忧天、败人兴致的人。

与这种满不在乎的态度相反,我像其他少数几个人一样,一有机会就指出这种危险。当时我认为,而且直到现在我仍然这么认为,为避开正在迫近的危险而进行筹划和采取行动的时机,是在最初看到这种危险正在迫近之时。一旦危险的挺进已成定局,要想阻止它就难上加难了。所以，当美国向俄国提出巴鲁克计划时，我感到有希望了。当时我对该计划以及美国提出该计划的动机的评价要比我后来知道应当怎样评价它们时高一些，但我现在还是在想，要是当时俄国人接受了这个计划就好了。然而，俄国人没有接受。他们在1949年8月爆炸了他们的第一颗原子弹，并且，他们显然会尽其所能使自己在摧毁能力——或者，说得客气一点，防卫能力——方面与美国相匹敌。除非采取严厉的措施加以制止，否则军备竞赛已在所难免。正因为如此，我才在1948年年末提出建议说，补救的办法也许是由美国向俄国发出立即发动战争的威胁，以便迫使其核裁军。我已在我的《常识与核战争》一书的附录中说明了这样做的理由。我为自己在1948年所持的观点作辩护的主要理由是，我当时认为俄国很可能屈从西方的要求。但是，在俄国拥有相当多的核机队之后，这种可能性已不复存在。

我的这一建议迄今仍被人用来指责我。共产党人反对它，这是不难理解的。但是通常的批评是说我，一个和平主义者，竟然一度鼓吹用战争来威胁。我令人厌烦地一再重申以下观点似乎也不起什么作用：我不是一个和平主义者；我相信有些战争，当然是极少数的战争，是正当的，甚至是必要的。这些战争之所以必要，通常是因为人们允许一些事情在罪恶昭彰的道路上拖延下去，直到没有任何和平的手段能加以阻止。批评我的人好像也没有考虑到持续的冷战所带来的这些恶果，而假如我那用战争加以威胁的建议在1948年被采纳的话，那么这些恶果，连同冷战本身，本来是可以避免的。如果我的建议被采纳，尽管结果如何仍只是臆测，但就我能看到的，提出这一建议并没有什么不光彩，也不表明我的思想

"反复无常"。

不过，话又得说回来，我在提出这一建议时只是随便说说而已，并非真地指望它会被采纳。所以，过了不久，我也就把它忘了。我曾在一封私人信件中，后又在一次我不知道竟会成为报刊剖析的题材的演讲中提到过这一建议。后来，当那封信的收信人要求我同意发表这封信时，我就按照自己通常的做法，没有考虑信的内容就说，如果他想发表就发表吧。于是，他就把这封信发表了。当我发现自己原先所提的建议时，自己也大吃一惊。我也完全忘了自己曾在上述演讲中提到过这一建议。糟糕的是，在此期间，在这一无可辩驳的证据摆在我面前之前，我一直极力否认我曾经提出过这样的建议。这真是遗憾。不承认自己说过的话，那是可耻的。一个人只能为自己说过的话进行辩护，或予以收回。就这件事来说，我能够，而且的确能够，为自己说过的话进行辩护；我本应该早一些这样做，但由于我记忆的错误而没有及早这样做，我根据多年的经验太盲目地信赖自己的记忆力了。

在此期间，我个人的思想越来越乱。我变得日益悲观，很乐意尝试人们提出的任何一种可以避免核战争的方法。我的心情，就像人们在雷暴积聚于地平线上而还没有遮住太阳时易于感觉到的那样，过分的紧张和恐惧。我觉得很难保持头脑清醒或拒绝人们提出的任何措施。我想，要不是我私生活幸福，我是不可能做到这一点的。

有几年，我每年都应邀到位于贝尔格雷夫广场的帝国防卫学院去演讲。但在一次演讲后，人家就不再来邀请了，我在那次演讲中发表评论说，我知道他们相信，没有宗教的帮助，就不可能在战争中取得胜利,我读过"登山训众"①,但是,使我感到惊诧的是,未能在其中找到提及氢弹的只言片语。我的听众显得很尴尬,因为他们是好基督徒,当然也是好战士。但是,在我自己看来,我觉得把基督教同战争和大规模毁灭性武器结合在一起,很难说是有道理的。

1948年,西方列强力图建立一个应是世界政府之胚芽的联盟。保守党表示赞成,并希望英国成为其中一员。工党经过一番犹豫,表示反对这个方案,但允许其党员个人自由决定支持与否,只要他们认为自己的决定是恰当的即可。我参加了在海牙举行的讨论这个方案的国际代表大会,并对出席这次大会的少数几个共产党员中的某个人进行了可能多少有点过分的攻击。他曾在一次演讲中坚持认为共产党员具有比其他人更高的道德观念。此事正好发生在捷克斯洛伐克民主政府垮台之后,因此,我的发言博得与会大多数代表的完全赞同。由于受到共产党人的粗暴对待,小马萨里克②愤然自杀,这一事件使我们所有参加这次大会的人全都感到很震惊,并且,我们大家几乎全都深信,与东方合作目前是不可能的。我说:"如果你能说服我,使我相信你们将自己最杰出的公民迫害至死就是一种比西方更高的道德观的体现,那么我就准备支持你,但是,在此之前,我不会做这样的事。"

---

① "登山训众":据《圣经》记载,耶稣有一次登山,在山上告诫众门徒,什么样人"有福"及为什么"有福"。见《圣经·新约》的《马太福音》第5章1—12节。——译注

② 小马萨里克(Jan Masaryk, 1886—1948),捷克斯洛伐克政治家和外交家。1925—1938年任驻英国大使。第二次世界大战期间任伦敦的捷克斯洛伐克流亡政府的外交部长。1948年2月留任外交部长,但几个星期后跳楼自杀。——译注

在我回到英国后,战争行将结束时,以及此后的一段时间,政府派我去给部队讲课。由于战争已接近尾声,部队变得比我预料的更具和平倾向。我记得,有一次,拉斯基①和我一起被派去给一些航空兵讲课。拉斯基比我激进,他们全都同意他的看法。我在讲课讲到一半时,忽然发现有一半听众正蹑手蹑脚地溜出讲课大厅,我感到很纳闷,是不是我以某种比光是不够激进更激烈的方式冒犯了他们。后来,有人告诉我说,那些人是被叫去阻击德国人对英国的最后一次空袭。

在柏林空运时期,政府派我到柏林去帮助劝说那里的人民,使他们相信,阻止俄国人想把盟军撵出柏林的企图得逞是件值得一干的事情。这是我第一次、也是唯一的一次能够炫耀自己是个军人。我临时被当作武装部队的一员,并且还领到一张军人通行证,这使我相当高兴。

我对昔日的柏林非常熟悉,而此时我所看到的断壁颓垣、创痍凄景,使我感到震惊。从我自己房间的窗口望出去,几乎看不到一幢仍然直立着的房子。我弄不懂当时德国人住在什么地方。这种彻底的破坏,部分是英国人造成的,部分是俄国人造成的,而这在我看来似乎是极端错误的。想到我自己的同胞没有什么道理地把德累斯顿夷为平地,我就感到恶心。我觉得,既然德国人显然马上要投降,那也就够了;不但杀死13万5千名德国人,而且还毁掉他们所有的房屋和无数的财宝,这是野蛮的行径。

---

① 拉斯基(H.J. Laski 1893—1950),英国政治学家、教育家。毕业于牛津大学新学院,曾先后在加拿大蒙特利尔的麦吉尔大学和美国哈佛大学任教。自1926年起在伦敦经济政治学院教授政治学。1945年任工党主席。——译注

我觉得,同盟国对德国的处置简直是难以置信的愚蠢。战胜国政府将德国的一部分交给俄国,一部分交给西方,这样势必使得东西方之间的斗争延续下去,尤其是由于将柏林加以分割,致使西方除通过航空途径外,无法进入自己在柏林的占领区。战胜国政府曾设想过俄国与其西方盟国之间的一种和平的合作,但它们应该预见到这是一个不太可能出现的结果。就感情而言,已发生的一切乃是同作为西方共同敌人的俄国所进行的那场战争的继续。第三次世界大战的舞台已经搭好,这是那几个政府愚蠢透顶的行为蓄意造成的。

我认为俄国的封锁是愚蠢的,我很高兴由于英国采取巧妙的对策而使封锁未能成功。当时,对于英国政府来说,我是一个受欢迎的人,因为我虽然反对核战争,但也反对共产党。后来由于1953年斯大林的去世和1954年比基尼岛氢弹试验,我对共产主义有了较多的好感;而且,我逐渐把核战争的危险越来越多地归咎于西方,归咎于美国,而较少归咎于俄国。促使这一转变的是美国国内发生的一些事情,如麦卡锡主义和限制公民自由。

当时我正在为英国广播公司的各套节目作大量的广播讲话,因而当斯大林去世时它们便要我作一次广播讲话。由于我因这一事件而感到非常高兴,因为我觉得斯大林是个坏得不能再坏的人,是俄国以及受俄国威胁的大部分苦难和恐惧的罪恶根源,所以,我在广播讲话中谴责了他,并因他的去世而替世人感到高兴。我忘了英国广播公司的敏感之处和传统礼仪。我的那次广播讲话根本就没有播出。

就在我去德国的那一年,政府还派我去挪威,希望能劝使挪威人加入反俄联盟。他们派我去的地方是特隆赫姆。当时正好碰上暴风雨和寒冷天气。我们不得不从奥斯陆乘水上飞机去特隆赫姆。当我们乘坐的飞机降落在水面上时,显然有什么东西出了毛病,但我们坐在飞机中的人谁也不知道那是怎么回事。我们坐在飞机里,而飞机在慢慢地下沉。一些小船聚集在飞机周围,过了一会儿,有人就叫我们跳到海里游到小船那里去——飞机上与我同舱的人全都这么做了。我们后来才知道,禁止吸烟舱里的19名乘客全都遇难了。飞机撞击水面时被撞了个洞,海水就涌了进来。临行前我曾托奥斯陆的一位朋友预订舱位,我告诉他一定得给我订一个允许吸烟的舱位,并开玩笑说:"如果不让我吸烟,我就会死掉。"不料这句话竟然应验了。吸烟舱里的所有乘客全都从我座位旁边的太平窗爬了出去。我们全都游到了小船旁边。这些小船因为怕飞机沉没时自己也被吸下去,所以不敢靠得太近。我们被划运到离特隆赫姆几英里的一个地方上岸,然后,一辆小汽车把我送到了旅馆。

每个人都对我表示出极度的关爱,他们把我安顿在床上,帮我烘干衣服。一群大学生甚至把我的火柴也一根一根地烘干。他们问我是不是想喝点什么,我回答说:"是的,要一份烈性白兰地和一大杯咖啡。"旋即赶来的医生说,这样回答完全正确。那天是星期天。星期天挪威的旅馆是不允许供应酒的——当时我并不知道这个情况——但因为是医疗上的需要,也就没有人提出反对。一位牧师拿来一套牧师服,让我在我的衣服没有烘干之前先把它穿上。我穿上后,我的这身打扮把大家都逗乐了。每个人都不断地向我提问。甚至有人还从哥本哈根打电话来问:"当你在水里时,难道你不是在想神秘主义和逻辑？"我说："不是。"那个人在电话里仍不肯罢休："那你在想什么呢？"我说："我在想水是冷的。"我随即就把电话挂了。

由于原定担任会议主席的人淹死了，我的演讲因而也就取消了。大学生们把我带到附近山里的一个地方，他们在那里有一个机构。在去和回来的路上，他们陪我在雨中漫步，我说特隆赫姆不在水里就跟在水里一样湿，这句话似乎使他们很高兴。除了雨之外（在山区雨就变成了雪），我觉得特隆赫姆是个风光宜人的好地方，但是当我得知本地的主教和市长对这个地方的名称读法不同时，我感到有点迷惑不解。我采用主教的读法。

我在这次冒险中的经历所引起的轰动使我感到很惊讶。事情的各个方面都被夸大了。我大约游了100码，但我无法说服人们相信我并没有游几英里。不错，我是穿着大衣游的，并且丢了帽子，还把公文包扔进了大海。公文包当天下午就给送回来了——我现在还在用呢——而且里面的东西也都替我烘了。当我回到伦敦时，海关官员们看到我护照上的海水印迹，全都笑了。它原先一直放在我的公文包里，这次它失而复得，我很高兴。

当我1944年回到英国时，我发现在某些方面自己的看法有了改变。我再度享受在英国很盛行、但在美国却不盛行的自由讨论的乐趣。在美国，如果有个警察过来和我们说话，我的小儿子会吓得突然哭起来；被指责为超速行车的大学教授也是如此（具体的表现形式有所不同）。英国人不太狂热的态度，使得我自己的狂热也有所减弱，我有一种回到家里的感觉。40年代末这种感觉就更加强烈了，当时我不但没有被当作不良分子看待而只许有限制地接近年轻人,而且还应英国广播公司之邀给里思讲座①作首场演讲。我比以往任何时候都更加喜欢自由讨论的气氛,这还影响到我对演讲的题目的选择,我选的题目是《权威与个人》。这些演讲于1949年以该题目为书名出版,其中以很大的篇幅论述了个人自由往往随着工业主义的增强而减少。但是,虽然这种危险已为人们所公认,无论是那时还是从那以后,人们几乎没有采取任何措施来减少工业主义的增强所带来的弊病。

在这些演讲中,我建议大家考虑一下,我们怎样才能把进步所必需的个人首创精神(individual initiative)的那种发挥程度与生存所必需的社会凝聚力(social cohesion)的牢固程度结合起来。这是一个大题目。我在此就这个题目所要说的话,只是对这些演讲的一些注解,有时则是对自写这本书以来我感兴趣的那些论题作一些发挥。

在我看来,问题在于社会应当努力为人们获得安全和正义,而且还有进步。要获得这些,就必须有一个常设机构,即国家,但也必须有个人自由。而为了获得后者,就必须使文化事务与权力机构相分离。安全是得到欲求的,现在主要问题是国家的安全,亦即使其不受敌国的侵犯,而要达到这一点,就必须建立一个世界政府,它应当很有权威,足以在国际事务中支配各国政府。

---

① 里思(斯通黑文的)(Reith of Stonehaven, John Charles Walsham Reith, 1st Baron, 1889—1971),1922年起任英国广播公司总经理,1927—1938年任英国广播公司董事长。后来先后任帝国航空公司董事长、内阁大臣、联邦电信委员会主席、殖民地开发公司董事长、格拉斯哥大学校长、派驻苏格兰国教会全国会议的高级专员等职。里思讲座是英国广播公司为纪念其原总经理和董事长里思而举办的一年一度的讲座。——译注

因为单独一个国家不可能有对抗一个更为强大的国家或一群这样的国家的防卫力量,所以,在国际事务中,一个国家的安全必须依靠外来的保护。一个或一群国家对单独一个国家的侵略,必须通过国际法加以阻止,不能任由某些好战的国家为所欲为。如果做不到这一点,任何国家随时都可能完全被摧毁。武器的变化往往会改变力量均势。例如,15世纪英法之间就发生过这种情况,当时列强不再据守城堡,开始依靠携带大炮的野战军。这种大炮结束了在那以前普遍存在的封建无政府状态。同样,如果和平要存在的话,核武器必定会结束国与国之间的战争,并且在任何可能的争夺中为国际部队引入实际上已确定无疑的胜利。引入这种改革是困难的,因为它要求国际部队装备有非常精良的武器,以便在与任何单独一个国家的战争中都能完全有把握取胜。

由于当时人们正在研制大规模毁灭性武器,我就联想到了战争的危险。除了这种联想之外,这些演讲在我自己的一生中也很重要,因为它们提供了多年来(特别是从1914年以来)一直以某种方式吸引着我的那个题目的背景:个人与国家的关系、根据良心拒服兵役、和平抵抗。

防止战争对个人自由来说是绝对必要的。当战争迫近或实际进行时,各种重要的自由都被剥夺,只有在和平的气氛中这些自由才有望恢复。通常,对自由的干涉远远超过实际需要,但这是极度恐惧的一个不可避免的结果。当路易十六的脑袋被砍掉后,其他君主就觉得自己的脑袋也不保险。他们急忙发动战争,并惩罚所有同情法国大革命的人。当一些政府受到俄国革命的惊吓后,也发生过诸如此类的事情,只不过有时没有那么暴烈而已。如果个人要拥有他应当享有的全部自由，那么他必须可以自由地拥护任何一种他认为是最好的政府形式，而这可能需要一个国际权威的保护，尤其是在核武器增强了某些国家相互干涉对方内部事务的力量以后，更是如此。战时的个人自由应当扩大到个人对于是否参战的选择。

我在作这些演讲时，简明扼要地讲述了政府权力的兴衰。在古希腊的昌盛时期，政府的权力并不太大；伟人们在有生之年可以自由地发挥自己的才能，但是战争和暗杀往往打断他们的工作。罗马帝国带来了秩序，但同时也使个人成就在很大程度上黯然失色。在罗马帝国的统治下，个人的主动精神受到很大的遏制，以至没有能力抵御新的外来进攻。罗马帝国衰亡后的一千年间，几乎没有什么权威，也几乎没有什么个人的主动精神。后来，新的武器，特别是火药，逐渐给予政府以力量，并慢慢发展出了现代国家。但随之而来的是过多的权威。在一个拥有核武器的世界里保持自由的问题是一个新问题，而且也是一个人们对此没有心理准备的问题。除非我们能使自己适应比上几个世纪所必需的更执著的对自由的寻求，否则我们就会陷入独自的消沉和委靡之中，为公众的活力所吞噬。

尤其是在科学方面，出现了一些难以解决的问题。现代的文明国家在许多方面依靠科学。一般说来，有旧的科学，它是官方的，也有新的科学，它为上了年纪的人所厌恶。这就导致老年人（他们赞赏他们前辈的科学）与青年人（他们知道他们同时代人的工作的价值）之间的一场持续不断的斗争。这种斗争在一定程度上是有益的，但超过了那个度它便是灾难性的了。在目前，这方面最重要的例子是人口爆炸，它只能用在老年人看来似乎是邪恶的方法来对付。

有些理想是颠覆性的,并且,除了通过战争或革命之外,是不可能完全实现的。目前,这些理想中最重要的是经济上的公正。政治上的公正在世界上工业化的地区有过其全盛时期,在未工业化的地区则仍有待寻求,但经济上的公正却依然是一个需要经过艰苦的努力才能达到的目标。若要达到这个目标,就需要一场世界范围的经济革命。我不知道怎样才能不经过流血而达到这个目标,也不知道这个世界没有经济上的公正怎么能继续忍耐下去。诚然,有些国家正在采取一些措施,特别是限制遗产继承权,但这些措施还只是非常局部、非常有限。想想世界上的广大地区,那里年轻人只受过极少的教育,有的甚至根本就没有受过教育,那里成年人也没有能力实现舒适的基本条件①。这些不平等引起妒忌,并且是大动乱的潜在原因。世界将来是否能用和平的方法提高贫穷国家的地位,我认为很难说,而且最后很可能成为未来几个世纪政府所面临的最难解决的问题。

战争对自由的侵犯,也是很难解决的问题。其中最明显的是征兵。发生战争时,军人们会争辩说,除非强迫我方所有的男子都去打仗,否则我方就不可能赢得战争的胜利。有些男人也许会以宗教上的理由,或者可能会以他们正在从事的工作比打仗更有用为由,而加以反对。在这种事情上,老年人与年轻人往往,或者至少应当有所区别。老年人会说,他们年纪太大,打不动仗了;而许多年轻人必然会说,他们的工作比上战场打仗更有助于赢得胜利。

以宗教上的理由反对参战更为普遍。文明人从小就受这样的

---

① 此处原文为:... to realize elementary conditions of comfort。亦可意译为:……满足基本的生活需要。——译注

教育，即认为杀害他们是邪恶的；而且有些人不承认在战争状态下可以废止这一道德律令。持这种看法的人不是很多，而且，我不能肯定他们的行为是否决定过某场战争的胜负。对于一个社会来说，其中有一些人如此强烈地感受到人性的驱使，以至甚至在战时仍然听从这种驱使，这是件好事。而且，除了这个理由之外，强迫一个人去做他认为邪恶的事情，也是野蛮的。如果因为一个人是素食主义者，有人便提出一条法律来惩罚他，那么我们都应该承认上述这一点，但当受到威胁的是一个人的生命时，我们就开始想知道他是朋友还是敌人，如果是后者，那么我们就认为我们迫使法律惩罚他是正当的。

除了那些认为所有的战争都是错误的人以外，还有那些反对要他们去参加的某一特定战争的人。朝鲜战争以及后来的越南战争期间，在许多人身上都发生过这种事情。这种人，如果拒绝去打仗，就会受到惩罚。法律不仅惩罚那些谴责所有战争的人，而且也惩罚那些谴责任何特定战争的人，尽管在任何战争中，显然至少有一方是在怂恿邪恶。那些对某一战争，或某一法律，或政府的某些行为采取这种反对立场的人，可以被认为是正当的，因为他们被认为是不正当的就太成问题了。有人会说，由于这种考虑谴责对假定的罪犯的惩罚，它们使人们对整个刑法产生了怀疑。我相信这是真的，而且我认为每个被判定有罪的犯人都会受到某种程度的怀疑，有时大有时小。当受审者是敌人时，例如纽伦堡审判，大家就会承认这一点。人们普遍都承认，如果纽伦堡的犯人由德国人来审判，他们是不会被判有罪的。德国政府的敌人会将他们之中任何一个进行过那种和平抵抗的士兵判处死刑，但他们对德国人却以未曾对其政府进行那种和平抵抗为借口而判其有罪。他们拒绝接受许多被他们判定有罪的人所提出的他们只是在最高当局的命令下犯下了罪行的申诉。纽伦堡的法官们认为，这些德国人本应当以情理和人道的名义进行和平抵抗。如果他们是在审判他们自己的同胞而不是他们的敌人，他们就不太可能持这种看法了。但我认为，这种看法无论对于敌人还是对于朋友都是适用的。我相信，适当可以接受的和平抵抗与不可接受的和平抵抗之间的界线，来自进行这种和平抵抗的理由——进行这种和平抵抗的目的的严肃性和对这种和平抵抗的必要性的相信的深度。

在我作里思讲座演讲之前几年，我的老教授、朋友和《数学原理》一书的合作者A.N.怀特海就已被授予了功绩勋章。嗨，到了1950年年初，我在官方权威人士眼里也变得非常可敬，以至他们觉得也应当授予我功绩勋章。这使我感到很高兴，因为，尽管我想许多英国人和大多数英国官方权威人士听了可能会感到很惊讶，我是个对英国非常有感情的人，我珍视我的国家的元首授予我的荣誉。我必须到白金汉宫去接受正式授勋。国王和蔼可亲，但他对于自己不得不彬彬有礼地对待这样古怪的一个人，而且还曾是个犯人，多少有点尴尬。他说："你有时候的那种做法，如果被普遍采用，那是不行的。"后来我一直感到庆幸的是，当时我没有把自己脑海里突然冒出来的应对之辞说出口："像你的哥哥一样。"[①]但他

[①] 这是指当时英国国王乔治六世的哥哥爱德华八世。他于1936年1月即位，可在位期间对宫廷礼仪漠不关心，而对煤矿工人和其他贫苦劳动者表示同情。后他因坚持要与美国平民辛普森夫人结婚而违反英国皇室传统，不得不于1936年12月退位。退位后，乔治六世封其为温莎公爵。——译注

当时想到的是我是个拒服兵役者之类的事情,而且,我觉得,对他的那句话我不能保持沉默,因此我说:"一个人应该怎么做,这取决于他的职业。比方说,一个邮递员就应当敲街上所有他有信要送的人家的门,但如果别的什么人敲所有那些人家的门,他就会被认为是个为公众厌恶的人。"国王为了避免作答,突然改变话题,问我是否知道谁是唯一既获得嘉德勋章又获得功绩勋章的人。我不知道,他就和蔼地告诉我说,是波特尔勋爵。当时,我也没有提起,他就是我的表弟。

那年二月,我应邀到巴黎大学文理学院作了一次演讲,我给这次演讲定的题目是《个人与现代国家》。在演讲中,我以最美好的言辞衷心地夸赞了让·尼科,这位于1924年去世的、才华横溢而且惹人喜爱的青年数学家[1]。演讲后,我为自己这样做而感到很庆幸,因为我当时不知道,后来才得悉,他的遗孀就在听众之中。

1950年6月底,我应澳大利亚国际事务研究所的邀请,前往澳大利亚,到各大学去作有关冷战的问题的演讲。我自由地阐述了自己对这个问题的看法,并且在演讲中,我还对工业主义的未来作了推测。当时澳大利亚是工党执政,而且,尽管人们对中国,尤其是对日本恨得要死怕得要命(这是可以理解的),但情况似乎比随后十六年间要好一些,有希望一些。我喜欢那里的人民,而且我对该国幅员之广大,以及普通的私人之间谈话、聊天通过无线电来进行一事,印象非常深刻。也正因为幅员之广大,人们相对来说比较孤独,所以,图书馆和书店既多又好,给人以深刻的印象,而且人

---

[1] 参见《罗素自传》第二卷。

们读的书也比其他地方的人多。人们带我到各州首府参观访问，还带我去了艾丽斯斯普林斯，因为那里十分闭塞，我很想去看看。那是个农业中心，居住在那里的主要是拥有羊群的牧羊人。人们还领我去参观了一所漂亮的监狱，在那里我确信，这些牢房是舒适的。当我问到为什么牢房造得这么舒适时，有人告诉我："哦，因为这儿所有有名望的公民都不时地要来蹲蹲监狱。"而且还告诉我说，他们相互之间一有机会就偷对方的羊，这是经常发生而且预料得到的事情。

除了塔斯马尼亚以外，澳大利亚各地我都去过。当时朝鲜战争正打得不可开交，我惊讶地得悉昆士兰北部地区，在战争爆发时，居民全都撤离了，但当我在那里时又有人居住了。

我发现，政府对土著居民相当好，而警察和公众对他们却很坏。一位负责照管土著居民的政府官员带我去看一个村子，那儿的居民全都是澳大利亚土著。有一个村民向我们诉说，他有一辆自行车被人偷走了，但他明确表示，他不愿去向警察报案。我问我的向导，这是为什么，他解释说，任何一个向警察求告的土著都会遭到十分不友善的对待。我自己也注意到，白人对土著居民总是恶言恶语。

我与政府的另一次接触和灌溉有关。那里有一条山脉叫"雪山"，联邦政府制定了一项利用这条山脉进行灌溉的计划。我在那里时，这项计划由于不能因此受益的那几个州从中作梗而陷于停顿。当时有人又推出了一项计划，即不以灌溉而是以国防为理由来支持以前所提出的灌溉计划，从而避免在澳大利亚政治中司空见惯的州际冲突。我为这项计划说了一些好话。

我整天忙于演讲和接待记者采访。在我即将离开澳大利亚时，有人送给我一本装帧精美的剪报集，我很珍爱这件礼物，尽管我不太喜欢记者们的那些关于我谈论自己的报道。我在某个场合提倡过节制生育，天主教徒当然不赞同我的看法，而墨尔本大主教则公开说，美国政府曾一度拒绝我入境。这不是事实；我说要控告他，但一群记者就此事询问了他，他公开承认了错误，这么一来倒使我感到很扫兴，因为这意味着我不得不放弃从一位大主教那里获得损害赔偿的希望。

在我回英国途中，我乘坐的飞机在新加坡、卡拉奇、孟买和其他一些地方停留。虽然由于飞机停留时间不够长，我未能离开机场去访问这些地方中的任何一个地方，但有人约请我发表广播讲话。后来，我从一张 8 月 26 日《悉尼先驱晨报》的剪报上看到关于我在新加坡讲话的报道。该文转述了我的讲话："我认为英国应该像她在印度所做的那样，体面地撤出亚洲，不要等到结果发生战争被人家赶出去。……这样才能赢得友善，才能在潘迪特·尼赫鲁的领导下建立一个中立的亚洲集团。这是现在所能发生的最好的事情，而支持这一主张最有力的论据是，这将是一个战略性的迁移。"这番话虽然没有引起重视，但我觉得似乎是个不错的建议。

我从澳大利亚回来后不久，又去了一趟美国。我应邀到新英格兰的一所著名的女子学院——霍利奥克山学院，去讲授为期一个月的哲学"短期课程"。我从那里又去了普林斯顿。像往常一样，我在普林斯顿作了一次演讲，并且又见到了许多老朋友，其中包括爱因斯坦。在那里，我听说要授予我诺贝尔奖。但是在我的记忆中，对这次访美印象最深的还是要数我应马切特基金会的邀请在哥伦比亚大学所作的三次系列演讲。我被安排住在豪华的广场饭店,到哪里去都由朱莉·梅德洛克小姐引领,她是哥伦比亚大学派来陪我的。她对国际事务的看法既开明又富有同情心;后来,我们不但通过书信,而且还在她有时来拜访我们时,继续讨论这些国际事务。

几个月后,我的这些演讲,连同我原先在牛津罗斯金学院所作的其他演讲,和我 1949 年在伦敦皇家医学会所作的劳埃德·罗伯茨讲座一起,作为我那本名为《科学对社会的影响》一书的主要部分,出版了。这个书名与哥伦比亚大学另行单独出版的三篇演讲稿所用书名完全相同,这是不妥当的,因为它使得书目编纂者感到为难,而且有时也使那些只看过哥伦比亚大学版本的读者感到失望。

使我感到惊讶的是,在纽约(我当时就在那里),不久以前,有人还把我的演讲骂得狗血喷头,而现在看来它们似乎很受欢迎并吸引了大批听众。这在第一场演讲时也许并不令人感到意外,因为听众聚集在一起可能是想看一看这样讨厌的一个人究竟是什么样子,希望出现冲突、狼狈相和群起而攻之的场面。但使我感到惊奇的是,随着演讲一场场的进行,听众竟然越来越多,大厅里挤满了热情的学生。后来,人多得连站的地方都没有,有些人只好转身离去。我想,这种情况也使主办者感到惊讶。

我所关心的主要问题是人类的力量因科学知识而增强。我的第一场演讲的主旨包含在下面的这句话中:"你使事物如你所愿地发展,靠的不是祈祷和谦卑,而是获得自然规律方面的知识。"我指出,用这种方法获得的力量,比人们从前试图用神学的手段得到的力量大得多。第二场演讲所谈的是关于人们通过运用科学技术所得到的力量的增强。演讲从火药和航海罗盘谈起。火药摧毁了城堡的势力,而航海罗盘则创造了欧洲征服世界其他地区的力量。政府力量的这种增强是重要的,然而产业革命所带来的新的力量却更为重要。在这场演讲中,我主要谈的是早期工业力量的恶果,和如果任何一个强国采用科学繁殖方法所会出现的危险。由此,我进而谈到在使用科学方法的情况下战争危害性的增大。目前,这是我们这个时代最重要的科学应用形式。它预示人类,而且实际上还有一切无需用显微镜便可看见的生物,都有毁灭的危险。如果人类要想生存下去,那么进行科学战争的权力就得集中在一个至高无上的国家手里。但是这与人们的心理习惯如此相悖,以至迄今为止绝大多数人仍宁愿冒灭绝的危险。这是我们这个时代最大的危险。是否能及时建立一个世界政府,乃是最重大的问题。在我的第三场演讲中,我主要谈的是我所不赞同的一些关于善与恶的观点,尽管许多人认为只有这些观点才是科学的。这里所说的这些观点就是:善等同于有用。我以对于这样一种气质的探究结束这些演讲:如果一个幸福的世界要想成为可能,那么这种气质必须占据主导地位。我认为,第一个必要条件是没有教条主义,因为教条主义几乎不可避免地导致战争。我要引用下面这段话,它概括了某种道德价值的取向,而我认为,如果世界要想得救的话,这种道德价值的取向是必不可少的:"有些东西是我们这个时代所需要的,有些东西是我们这个时代所应当避免的。我们这个时代需要同情心和希望人类幸福的心愿,需要求知的欲望和避开令人愉悦的神话的决心,尤其是需要勇敢的希望和创造的冲动。我们这个时代必须避免的、已经将我们这个时代带到灾难边缘的东西,就是残忍、嫉妒、贪婪、竞争心、对非理性的主观确信的追求,和弗洛伊德学派所谓的死亡愿望。"

我认为,我对听众喜欢我的演讲感到惊讶是错误的。几乎任何一个前来听演讲的青年大学生都是自由主义者,而且喜欢听某个权威人士发表的自由主义的甚至带有革命性质的见解。他们也喜欢对任何被普遍接受的见解的任何嘲弄,不管其是否正统:例如,我花了相当多的时间嘲笑亚里士多德,因为他说,对马来说,被鼩鼱咬了是危险的,尤其是如果这只鼩鼱怀孕了的话。我的听众是不恭的,我也是如此。我想这是他们喜欢我的演讲的主要原因。我的非正统观念不啻局限于政治。我1940年在纽约因性道德而招致的麻烦虽然已经过去,但在我的每一个听众心中却留下了一个期望,即希冀听到那种老年人和正统派认为是令人震惊的言论。我在讨论科学繁殖方法的时候,就发表过很多这样的言论。总之,我有过这样一种愉快的经历:同样是这些言论,从前它们使我遭到排斥,而如今我却因为它们而受到鼓掌喝彩。

我因在哥伦比亚大学最后一次演讲末尾的一段话而陷入了麻烦。在这段话中,我说世界需要的是"爱,基督教的爱,或同情"。我使用"基督教的"这个词的结果是大量的信件像雪片一样飞来:"自由思想者"的来信对我采取正统派的立场深感遗憾,而基督教徒的来信则欢迎我"浪子回头"。十年后,当布里克斯顿监狱的牧师用"我为你见到了光明而感到高兴"这句话来欢迎我时,我不得不对他解释说:这完全是个误解;我的观点根本没有变;他所谓的见到光明,我则应当称之为在黑暗中摸索。我认为,我在说到基督教的爱时加进"基督教的"这个形容词,显然是为了将它与性爱区分开来；而且我本来确实应该假定：上下文已将这种爱表述得非常清楚。我继续说道："如果你感受到这种爱，你就有了生存的动机、行动的指南、勇敢的理由，和对于理智上诚实的迫切需要。如果你感受到这种爱，你就有了任何人在宗教方面所需要的一切。"在我看来，任何人认为以上这些话是对基督教的描述，似乎都是完全无法解释的，尤其是鉴于，有些基督教徒想必还记得，基督教徒表现出基督教的爱是多么罕见。我尽了自己最大的努力来安慰那些不是基督教徒的人，请他们原谅我由于不谨慎地使用了那个有疑义的形容词而无意中给他们带来了痛苦。我的关于这个问题的一些文章和演讲稿，1957 年由保罗·爱德华兹教授汇编出版，该书书名为《为什么我不是基督教徒》，书中附有爱德华兹所写的一篇关于我 1940 年在纽约的困境的文章。

当我 1950 年年底应召到斯德哥尔摩去领诺贝尔奖——使我感到有点意外的是，我所获的是文学奖，获奖作品是我的那本《婚姻与道德》——时，我忧心忡忡，因为我记得，恰好在三百年前，笛卡尔在隆冬时节被克里斯蒂娜女王召到斯堪的纳维亚而死于风寒。不过，我们在斯德哥尔摩的下榻处却是温暖而舒适的。在那里我们遇到下雨，而不是下雪，这倒令人有点失望。颁奖场面虽然很隆重，但也不乏轻松愉快，我很欣赏。我替另一位获奖者难过，他看上去十分痛苦，而且非常胆怯，以至不愿跟任何人讲话；当他像我们所有人一样不得不发表正式演说时，大家简直听不清他在说些什么。午宴上，坐在我旁边的是约里奥－居里夫人，我发现她讲话很风趣。在国王举行的晚宴上，一位侍从武官过来说国王想要跟我谈谈。国王想让瑞典同挪威和丹麦联合起来对付俄国人。

我说，如果西方与俄国人之间发生战争，俄国人显然只有穿过或飞越瑞典领土才能抵达挪威港口。国王赞同这一看法。我对自己的演说也相当满意，尤其是关于机械鲨鱼的那番话，我说："我认为，每个大城市都应该有一些人们可以乘坐很容易破碎的独木舟顺流而下的人工瀑布，而且还应该有有很多机械鲨鱼的游泳池。要是发现有人鼓吹先发制人的预防性战争，那就罚他每天和这些制作精巧的怪物待上两小时。"我发现有两三位也是来领诺贝尔奖的同伴在听我所不得不做的演讲，并且认为我的演讲不无重要之处。后来，我将它收录在我的《伦理学和政治学中的人类社会》一书的第二部分中，美国还将它灌了唱片。我听说我的这篇演讲感动了许多人，这是我原先没有料到的，因而颇感欣慰。

以授予功绩勋章肇始并以获得诺贝尔奖告终的1950年，似乎标志着我的声望达到了顶点。我真的开始感到有点不安，担心这可能意味着盲目正统观念的开始产生。我一向认为没有一个人能够不邪恶而成为有名望的人，但我的道德感却非常愚钝，以至我看不出自己有什么罪过。各种荣誉以及随着我那本《西方哲学史》的销售而开始增加的收入，给了我一种自由和自信的感觉，它使我把自己所有的精力全都用在我想做的事情上。我完成了大量的工作，因此感到乐观，充满了热情。我怀疑自己迄今为止过分地强调了威胁着人类的那些比较悲观的可能性，并且认为是该写一本将当前争论的那些比较愉快的问题凸显出来的书的时候了。我把这本书叫做《变化中的世界的新希望》，而且凡是有两种可能性的地方，我都有意地强调会实现的可能是那个比较愉快的可能性。我并没有暗示究竟是愉快的可能性大一些还是痛苦的可能性大一些，我只是暗示要知道哪一种可能性会取胜是不可能的。这本书最后描述了如果我们这样选择的话世界会变成什么样子。我说："人，在他从树上下来以后的漫长岁月里，一直在艰辛而又危险地穿越尘土弥漫的广袤沙漠；他周围是倒毙于路旁的死者的白骨；他由于饥渴，由于害怕野兽，由于害怕敌人——不仅有活着的敌人，而且还有由于他自己极度恐惧而投射于这个危险的世界的已故对手的鬼魂——而发狂。他终于走出了沙漠，来到了一个风景明媚的地方，但在漫漫长夜里他已经忘记了怎么微笑。我们不可能相信晨光。我们认为它熹微而虚幻；我们仍然相信那些让我们继续带着恐惧和憎恨——首先是对我们自己这些可怜的罪人的憎恨——生活下去的古老神话。这是愚蠢的。人要想获救，他现在只需要做一件事情：向欢乐敞开自己的心扉，让恐惧在被遗忘的过去的微光闪烁的黑暗中去咕哝吧。他必须抬起眼睛说：不，我不是一个可怜的罪人；我是一个通过漫长而艰苦的道路，已经发现如何用智慧征服天然障碍，如何与自己因而也与全人类和睦相处，自由而快乐地生活的人。如果人们选择欢乐而不是忧伤，这种情况就会出现。要不然，永恒的死亡就会把人埋葬在该被遗忘的角落里。"

但我的不安在增长。我没有能力使我的同胞认识到他们以及整个人类面前的危险，因此我感到很压抑。像痛苦有时能增强愉悦一样，我的无能也许增强了我的愉悦，但痛苦依然存在，并且随着我越来越意识到自己没有能使别人也认识到这种痛苦的原因而增强。我开始感到《变化中的世界的新希望》需要重新作更深入的考察，我试图在我的《伦理学和政治学中的人类社会》一书中作这种考察,这本书的末尾曾一度满足了我想以一种有效的方式表达我的担忧的迫切需要。

我之所以撰写有关伦理学的著作,乃是因为我经常受到指责,说我虽然对其他各门知识或多或少作过一些怀疑性探究,但除了在早期写过一篇阐述穆尔的《伦理学原理》的文章外,却避而不涉及伦理学这门学科。我的回答是,伦理学不是一门知识。因此,我现在以一种不同的方式开始做这项工作。在这本书的前半部分,我论述了伦理学的基本概念;在后半部分,我论述了这些概念在现实政治中的应用。前半部分分析诸如道德准则这类概念:好与坏、罪、迷信伦理学、伦理制裁。在所有这些概念里,我都到传统上被称为伦理学的那些学科中去寻找伦理要素。我得出的结论是,伦理根本就不是一个独立的成分,而是归根结底可化约成政治的一种东西。例如,对于双方势均力敌的一场战争,我们能说些什么呢?在这种情况下,每一方可能都会声称自己显然站在正义的一边,其失败将是人类的一大灾难。这种断言是无法证明的,除非求助于其他的伦理概念,如对残暴的憎恨、对知识或艺术的热爱。你可能会因为人们建造了圣彼得大教堂而称赞文艺复兴,但有人可能会说他更喜欢圣保罗大教堂而使你感到难以理解。或者,再举一个例子,战争也许是由一方所说的谎言引起的,这也许好像是那场争论的极好的根据,直到后来人们发现另一方也曾同样说过谎。关于这种争论,没有完全合理的结论。如果一个人相信地球是圆的,而另一个人相信地球是扁的,那么他们可以一起去作一次航行,合理地解决这个问题。但如果一个人相信新教,而另一个人相信天主教,那就没有什么已知的方法可以得出合理的结论。由于诸如此类的原因,我开始同意桑塔亚那的观点,认为没有伦理知识那种东西。然而,伦理概念在历史上一直非常重要,而且我不得不认为,对人类事务的考察,若忽略伦理,则是不充分的,片面的。

我曾采纳以下原则作为自己的指导思想:伦理源出自激情,而且没有有效的方法可以从激情过渡到该做之事。我曾采纳休谟的格言:"理性是,而且应当只是,激情的奴隶"。我现在对这条格言并不满意,但是我最多只能做到这一点。批评家们喜欢指责我完全是理性的,这至少证明我并非完全如此。各种激情之间的实际区别在于它们的成败:有些激情在欲求之事方面导致成功,有些激情却导致失败。如果你追求前者,你就会快乐;如果追求后者,那就会不快乐。至少,概括性的一般规律将是如此。这也许好像是对于"责任"、"自我牺牲"、"应该"这一类崇高的概念的探究的一个可怜而庸俗的结果,但是我相信,除了以下那一点之外,从总体上说,它是有效的结果:我们觉得,以自己的不幸为代价而给众人带来幸福的人比给别人带来不幸而给自己带来幸福的人好。我不知道这种观点,或以下这种多少更为合理的观点,有什么合理的根据:凡是大多数人想要的东西都比少数人想要的东西好。这些是真正的伦理问题,但我不知道,除了通过政治或战争之外,还有什么方法可以解决这些问题。对于这门学科,我所能说的只是:一种伦理见解只能用一条伦理公理来辩护,但如果这条公理不为人们所接受,那就没有办法得出合理的结论。

有一种具有某种效力且近乎合理的得出伦理结论的方法。它可被称作"可相容性"(compossibility)学说。该学说所持的见解如下:在一个人发现他自己所具有的诸多欲望中,有各种不同的类别,每一类别都由一些其中有的可一起得到满足、有的则互相冲突的欲望所构成。例如,你也许是个民主党的坚决拥护者,但是你可能讨厌民主党的那个总统候选人。在那种情况下,你对该党的爱和你对那个人的厌恶就不是"可相容的"。或者,你可能恨一个人,却爱他的儿子。在那种情况下,如果他们总是形影不离,你就会发现他俩作为一对儿不是"可相容的"。政治艺术很大程度上在于尽可能多地找到一群"可相容的"人。希望幸福的人会努力使尽可能大的"可相容的"欲望诸类别成为他生活的支配者。从理论上看,这样的学说并没有提供最终的解决方法。它假定幸福比不幸好。这是一条无法证明的伦理原则。由于那个缘故,我认为"可相容性"不是伦理学的基础。

我不希望被人家看作是对各种伦理考虑十分淡、漠不关心的人。人,像低等动物一样,生来就具有各种激情,而且难以使这些激情相互协调,尤其是如果他生活在一个组织严密的社会里的话。这种生活所需要的艺术就是政治艺术。一个完全不懂这种艺术的人大概是个野蛮人,他可能无法在文明社会里生活。这就是为什么我把我的书叫做《伦理学和政治学中的人类社会》的原因。

尽管对该书的评论全都是人们所能希望的,但是谁也没有充分注意到我所认为的关于该书最重要的一点:伦理感情与伦理学说协调一致的不可能性。在我的内心深处这种阴郁的挫折感一直挥之不去。我试图使自己经常思考一些轻松的问题,尤其是通过写一些含有幻想成分的小说。许多人觉得这些小说很有趣,不过也有人觉得它们过于风格化,不合他们的口味。看来几乎没有一个人觉得它们具有预言性。

很早以前，亦即本世纪初，我就写过各种短篇小说。后来，在康沃尔时，为了打发从海滩到我们住所这段无聊的爬坡时间，我给孩子们还编过一些故事。其中有一些后来写了下来，但从未发表。大约在1912年，我按照马洛克的《新共和国》的风格，写过一本小说，叫作《约翰·福斯提斯的困惑》。虽然我现在仍然认为这本小说的前半部分写得不错，但后半部分我觉得很乏味，而且我从来没有打算将它发表。我还写过一篇从未发表过的短篇小说。

从卢瑟福首次发现原子结构的时候起，原子力迟早会用于战争这一点已经是很明显了。这使我预见到了人类由于他自己的愚蠢而完全毁灭的可能性。在我的一篇小说中，有一位纯科学家研制出一架能摧毁整个宇宙的物质的小机器。在此以前，他只知道他自己的实验室，所以他决定，在使用他的机器之前，他一定要弄清楚这个世界究竟是否该遭毁灭。他把他的小机器放在他西装背心的口袋里，只要他一按按钮，世界将不复存在。他到世界各地去考察一切在他看来是罪恶的事情，但每件事情都使他难以确定，直到他在一个大都市市长所举行的宴会上，觉得政客们的胡说八道令人难以忍受。他跳了起来，宣布他马上就要毁掉这个世界。其他的客人冲过去要阻止他。他把他的大拇指伸进他西装背心的口袋里——结果却发现，他在为赴宴而换衣服时，忘了把那架小机器拿出来装到新换的西装背心的口袋里。

当时，我没有发表这篇小说，因为它似乎离现实太遥远了。但是，随着原子弹的出现，它与现实之间的距离已不再遥远，因此我又写了一些具有类似寓意的小说，其中有些以原子毁灭结尾，而其他一些我称之为"梦魇"的小说，则例示了名人内心深处的忧虑。

写这些小说,是我以前从未表达过的感情和若不提及毫无合理根据的恐惧就无法言表的思想的大释放。这些小说涉及的范围逐渐扩大。我发现,用这种小说的形式可以表达这样一些危险:当只有少数几个人认识到这些危险时,若直截了当地指出这些危险,那就会被认为是愚蠢的。我可以在小说中陈述我一半相信、但又没有具有充分根据的理由相信的看法。这样,就能够提请人们警惕那些在不久的将来可能出现、也可能不出现的危险。

我的第一本小说集是《郊区的恶魔》。与书名同名的那篇小说部分地是我受一个陌生人的启发而写的。我在莫特莱克遇见那个人;他一看到我,就横穿马路,而且边走边画十字。此外,写这篇小说还部分地是受一个可怜的疯女的启发。我常在散步时遇到她。在这篇小说中有一个邪恶的科学家,他用阴险的方法使人们在做了一件缺德的事情之后便陷入无可挽回的毁灭境地。这些人当中有一个是摄影师,他利用照相进行敲诈。我塑造这个人物所依据的是一个为时髦人物服务的摄影师,他曾来为我照过相。后来不久他就死了,那时我才知道他曾犯下我后来在小说中谴责他的所有那些罪行。在其他的小说中,有一篇小说的主人公发了一通诅咒,其中提到琐罗亚斯德①和这位先知的胡子。有个琐罗亚斯德教徒给我来了一封抗议的信,说我竟敢取笑琐罗亚斯德。我这篇小说是为我的秘书(一位十分单纯的小姐)写的,目的是为了提醒她注意可能会有什么事降临在她头上,当时她正要到科西嘉去度

---

① 琐罗亚斯德(Zoroaster,约公元前628—约公元前551),古代波斯琐罗亚斯德教创始人、先知,据说20岁上弃家隐修,后对波斯的多神教进行改革,创立了琐罗亚斯德教。——译注

假。这篇小说匿名发表在一本杂志上,杂志社让读者猜这篇小说的作者是谁,猜中者有奖。谁也没有猜对。这篇小说中有一个人物叫 Prz 将军,对他的名字有这样一个脚注:"读作 Pish"。结果,有一个人写信给那家杂志社说:"作者是 Trz(读作 Tosh)",奖金就给了他。另外一篇小说描写人类与火星人之间的一场殊死战。在这篇小说中有一篇具有丘吉尔风格的雄辩的呼吁辞,它号召全人类忘掉他们的分歧,起来护卫"人"。为了灌制唱片,我曾怀着极大的兴趣,尽量模仿丘吉尔的风格朗诵这篇演说辞。

一年后,我又写了一系列我称之为《名人的梦魇》的小说。创作这些小说是为了形象地说明伟人睡着后仍为隐伏于内心的恐惧所困扰。与《梦魇》一起发表的一篇较长的短篇小说叫《查哈托波尔克》,讲的是起初是思想的自由驰骋的那种东西,后来逐渐僵化而成为无情地进行迫害的正统观念。此乃迄今为止世界上所有主要宗教之命运;而将来如何避免这种僵化,我不知道。我的秘书用打字机帮我誊录这篇小说。当她打字打到小说中讲述那个半神的国王用一个美女做成一顿献祭的早餐那个地方时,我正好进去,想看看她进展如何,却发现她在那里正吓得直打嘟噜儿。许多人将这篇小说改编成既可拍电影又可排舞台剧的剧本,就像他们对我的其他小说加以改编一样,但是到了紧要关头,不是没有人愿意将它们拍成电影或排成舞台剧,就是我不愿意将它们拍成电影或排成舞台剧,因为这种由小说改编的剧本有时简直粗糙浮浅到令人讨厌的程度。我对此感到遗憾,而且尤其使我感到遗憾的是,《梦魇》中没有一篇被改编成芭蕾舞剧。这些小说中有好几篇提出了,而且偶尔还回答了,我想叫人们注意的各种各样问题。

在我创作《梦魇》中的一篇小说时，我曾因这篇小说而有过一次有趣的经历。这篇小说的主人公是个用法文诗来悲叹自己命运不济的法国人。有一天晚上在"法兰西之盾"餐馆吃饭时，我开始以我希望是最好的那种法国古典语调朗诵起他的临终遗言。这家餐馆是一家法国餐馆，它的顾客主要都是法国人。听到我的朗诵，大多数客人都转过身来，惊奇地盯着我看，然后在一起窃窃私语，怀疑我是不是他们偶然碰到的一位不知名的法国诗人。我不知道他们怀疑了多久。

《梦魇》中另一篇小说的创作灵感则来自美国的一位精神分析医生。他对人们通常对于精神分析的利用有点不太满意。他觉得每个人都可以被带到单调乏味的正常状态，所以，我就试着描写莎士比亚笔下的一些比较有趣的主人公经历了精神分析之后的情形。在梦中，一个莎士比亚的头说了一番话，最后一句是："天哪，这些凡夫俗子是多么愚蠢啊！"我收到那位美国医生的一封表示赞许的信。

我发现，无论是编辑还是读者，都不愿承认我作为小说作家的身份。光是从表面上看，他们似乎对我尝试着去做他们还不习惯于看到我做的某件事情感到不满。人人都希望我继续做一个描述厄运、预言一些可怕的事情的作家。这使我想起了当我问中国学者我该在演讲中讲些什么时他们所说的话，他们回答说："噢，就讲讲你在你最近出版的那本书中所讲的那些东西吧。"公众不允许作者改变他们的风格或远离他们原先的论题。

如果需要我为写小说进行辩护的话，那么我的理由是：我常常发现寓言是证明一个论点的最好方法。1944年我从美国回来后发现英国哲学处于非常奇怪的状态,而且,在我看来,它只是研究些琐碎的小事。哲学界每个人都在喋喋不休地谈论"普通用法"(common usage)。我不喜欢这种哲学。每一门学问都有它自己的词汇,我不明白为什么哲学就得被剥夺这种乐趣。因此,我写了一篇含有几个取笑这种对"普通用法"的崇拜的寓言的短文,说哲学家们所说的这个词真正的意思是"公共休息室的用法"(commonroom usage)。这篇短文发表后,我收到最讨人嫌的那个人的来信,说他同意我的看法,但他想不出这篇短文是针对谁的,因为就他所知,并不存在这种崇拜。不过,我注意到,从那以后,几乎没有人再谈"普通用法"了。

  回想起来我发现,我的书中大多数都有神话故事来加强论点。例如,我最近在《科学对社会的影响》中翻见下面这样一段话:"我想要强调的是,现在并不罕见的那种冷漠的绝望是非理性的。人类的处境犹如一个人在攀登难爬而又危险的悬崖,悬崖顶上有一片赏心悦目的山上草原。他每攀登一步,他的坠落,如果他真的坠落的话,就变得更加可怕;每攀登一步,他的疲倦就加剧一点儿,再向上攀登就变得更加困难。最后,只剩下一步要攀登了,但是这位攀登者并不知道这一点,因为他不可能看到矗立在他头顶上的那块岩石后面的东西。此时他已筋疲力尽,只想休息。如果他一撒手,他就会在死亡中找到安息。'希望'喊道:再努一把力——这也许是最后需要努的一把力。'冷嘲'反驳说:傻瓜!你不是一直在听'希望'的话吗,瞧一瞧,他把你带到了什么地方!'乐观'说:生命在,就有希望。'悲观'怒气冲冲地说:生命在,就有痛苦!这位筋疲力尽的攀登者是再努了一把力呢,还是让自己掉进了深渊?

几年以后，我们当中那些仍然活着的人就会知道答案。"

我的其他小说，梦魇和梦等等，后来构成了我的《事实与虚构》一书的虚构部分。我原以为评论家们会就该书的书名和内容对我进行调侃，但是并没有出现这种情况。收入该书中的我的那篇《拉罗什富科的箴言》给了我相当多的乐趣，我一直在定期进行补充。编写《好公民的基本知识》也使我得到很大的快乐。该书由我的朋友泰默森夫妇的加贝尔博胡斯（我听说，Gabberbochus 是波兰语，意思是"无聊的话"）出版社出版，书中配有弗朗西斯卡·泰默森绘制的构思极其巧妙而且非常精美的插图，它们使得我想要阐述的所有论点都变得更加直观而给人以更深刻的印象。为纪念我的九十岁生日，他们还以封面烫金的小开本形式出版了我的关于世界末日的妙语——一本简明的《世界史》。我大胆尝试而写就的那篇唯一的诗作发表在美国的《人文主义者》上，它叫做——谨向刘易斯·卡罗尔[①]致歉——《高级教士与人民委员》。

书　　信

与露西·唐纳利的往来书信

[①] 刘易斯·卡罗尔（Lewis Carroll，1832—1898）：英国数学家、逻辑学家、摄影家和小说家。原名为 C.L.道奇森（Charles Lutwidge Dodgson）。他以卡罗尔为笔名所写的《艾丽丝漫游奇境记》(1865)和续篇《镜中世界以及艾丽丝的发现》(1871)流传极广，备受儿童和成年人的欢迎。——译注

我亲爱的露西：

　　自从收到你的信后，我一直想给你写信，但一直忙得不得了。把所有聪明的人折腾和催逼得不再聪明乃是这个国家的习俗，我一直身受其害。圣巴巴拉的夏天真的很恬静，但不幸的是，我背部受伤，在床上躺了很长一段时间，因而使得我的演讲脱期。——约翰和凯特本来是来度暑假的，战争爆发后，他们就留了下来；有他们在这里，我感到很快慰，但约翰对他现在所上的加州大学不太满意，觉得它不如他原来就读的剑桥大学。我想把他们俩都送到东部某所比较老的大学去就读，但今年九月份没有时间去办这件事。除了思念家乡和因战争而苦恼外，我们全都很好。

　　我一有时间就在写一本关于"词语与事实"，或通常叫做"语义学"的书。在我看来，当今这个时代唯一要做的事情是，从个人方面和在政治上尽可能地抢救文明的东西。但我觉得自己很像来自阴间的游魂。

　　上次拜访你，非常高兴。随着岁月的流逝，越来越珍视老朋友了。

　　替我向芬奇小姐问好。祝您好。

你的亲爱的
伯特兰·罗素
1939 年 12 月 22 日
加利福尼亚州　洛杉矶
洛林大道 212 号

我亲爱的伯蒂:

一连好几个星期,我一直都在同情你,并且对你未被允许平静地在美国生活和工作深感遗憾。后来,在一通胡搅和令人作呕的宣传之后,你那封令人钦佩的书信出现在了《纽约时报》上——那么明智,那么通情达理,结尾又那么切中要害。为了回击那篇社论精明地把过错全都归咎于他人并非常可疑地回避问题的那种做法,需要你亲自出来作证。《纽约时报》太坏了。我也为你在《美国信使报》上发表的那篇文章而感到高兴,因为它不但完全正确,而且还非常有用。但是这个著名的讼案虽然对我们国家对学术自由都有利,恐怕在许多方面会使你本人付出很高的代价,并且严重地打乱你明年的各项计划。我感到非常遗憾。

我一直在想念你,并希望在你再来东部时见到你——也许你的家人和你一起来。从照片上看,他们个个都很可爱。在这倒霉的时代,你的孩子想必是你的欣慰和希望。收到你圣诞节的来信,我感到很快乐。当我想起世界上所有你曾给过其快乐和启迪的人时,我对最近的这种混乱局面越发惊讶了。

永远爱你的
露西·唐纳利
1940 年 4 月 29 日
宾夕法尼亚州
布林·莫尔
新地

又及：我信中所附的那张剪报剪自我们的学生报《学院新闻》。这是布林·莫尔学院为你的那个讼案所作的温火适度的声明。

我亲爱的露西：

彼得忙得不得了，而我已把我的那本书写完了，所以由我来回复你写给她的那封令人非常愉快的信。

我们大约两个星期后离开这里，预计9月12日左右抵达费城，约翰和凯特不和我们一道走，他们回洛杉矶。我希望在费城只待几天，然后去哈佛，但彼得，以及康拉德和家庭女教师（坎贝尔小姐），要在费城附近找所房子住下。我接受了巴恩斯研究所的聘请；没有希望得到其他任何职位了，无论多么低微的职位也无望觅得。没有一所大学敢考虑雇用我。

你曾提出过，如果我们到了费城，你要我们到你家来住。这次我们来费城，如果你能让我们大约从12日起在你家住几天，我们将非常高兴。但我不知道你是否有两个空房间，一间给我和彼得住，一间给康拉德和坎贝尔小姐住。我更不知道你是否愿意让一个3岁男孩住在你家，因为他的行为不可能总是无错误的。关于这件事情，请你务必坦实相告。

是的，我认识约翰学院的纽曼，我觉得他有时是个很难得的评论家。

很抱歉，你将不得不忍受作为勒努瓦一家贫弱的替代者的我们的打扰。也许到时候我能使巴恩斯的心软下来。

谨代彼得表示谢意，并致以我的问候。

你的亲爱的

伯特兰·罗素

1940 年 8 月 25 日

加州　塔霍湖

落叶居

我亲爱的露西：

　　半夜三更每当我想起那次在你吃饭时我冲着你的耳朵震耳欲聋地大叫大喊这种粗暴无礼的行为，我不禁因羞惭而脸红。请原谅。自从纽约风波以来，我一直很容易发火，尤其是当我遇到那种很容易得到而结果却实现不了的乐观主义时，要是没有巴恩斯，这种乐观主义确实会造成我们一家老小都挨饿——但这不能成为粗暴无礼的理由。我过去激动时，常常是通过背诵 $a^3+b^3+c^3-3abc$ 的三个因子来使自己平静下来。我必须恢复过去的这种做法。我觉得这比想冰河时代或上帝的仁慈更为有效。

你的亲爱的

伯特兰·罗素

1941 年 4 月 15 日

我亲爱的露西：

　　这是一封告别信，我未能亲自向你道别，甚感抱歉。等了几个月以后，我们突然接到通告，要我们马上乘船动身——彼得和康拉德已经走了，我两三天内也走。与你比邻而居真好，你家好像几乎有一点英国风味。请告诉海伦①,我也没有给他写封信,非常抱歉——并请代我向伊迪丝问好(或者任何她更喜欢的字眼)。

> 永远是你亲爱的
> 伯特兰·罗素
> 1944 年 5 月 14 日
> 新泽西州　普林斯顿
> 贝阿德巷 20 号
> 孔雀旅馆

我亲爱的露西:

收到你 8 月份写的来信,很高兴。到你家好像几乎总是有种回家的感觉;你的家以及家中的一切,无论是有生命的还是没有生命的,都远比人们在美国所能找到的其他任何地方更具有英国味。

D.S.罗伯逊这个人,我只是略为认识他,但他的名气相当大。凯恩斯自从他常来蒂尔福德小住以来发展得多快啊!上次我见到他时,他已是大腹便便——但这不是我心里所想的那种发展!

约翰仍在伦敦,在学习日本的各种礼节。我倒认为粗野的行为更加有用。他在今年年底前将去东方,可能要在那里待很长时间。凯特回家大约有一个月了。她无上荣光地完成了学业,获得 250 美元奖金,拉德克利夫大学要留她在校任教,南方的一所大学也请她去当教授,尽管她还不够年龄。现在英国政府出钱让她研

---

① 即海伦·托马斯·弗莱克斯纳。

读戈培尔的东西。

自动操纵弹一直在试验,并没有完全停止,但它们已不再是很重要了。我们全家都好。请向伊迪丝问好。谨向你本人致以亲切的问候,愿我们的友谊天长地久。

你的永久的朋友
伯特兰·罗素
1944年10月7日
剑桥
三一学院

我亲爱的伯蒂:

我分享了伊迪丝收到你两封信的欣喜。尤其使我高兴的是,你认为她的书写得不错——不管对 M.C.T.(M.凯里·托马斯)本人有什么看法。在该学院后来相继任职的两位校长治下生活过以后,我承认,我对她的看法有了一个很大的提高。校园里的新风尚使得校园变得令我感到陌生和憋闷。要是能有90年代的"文化"多好啊!……

正如你所说的,现在周围的世界是一个非常可怕的世界,而且对于我们这些曾一度过过比较幸福的生活的人来说是痛苦难受的。在美国这儿,我们当然是属于幸运者之列,吃得好、住得好,其他一切也不错,但我们并没有变得更聪明,恐怕是变得更卑琐了。无论是在什么地方,看来我们只能依靠昔日的感情和经过考验的忠诚了。

我仰赖你,你在那么长的时间里,给我的生活增添了那么多的乐趣。最近,听说你正在计划写自传,我很高兴。你将会写出一本伟大而重要的书来。我从心底里希望在我有生之年能够读到它。你的那些来信当然我会找出来寄给你,因为它们可能对你的写作有所帮助。书信和笔记是有用的……

我早就想给你写信,并希望再听到你的消息,但总觉得这里似乎没有什么值得一提的。伊迪丝和我,以及其他的朋友,当然常常谈到你,并希望你回来。你走了以后,我们的邻居都变得沉闷了。去年秋季有一天,伊迪丝和我开着一辆"庇厄塔斯"去了小达切特,哎呀,那儿现在已刷成五颜六色,而且从大门口的一块牌子上看到,那儿最近已被命名为"石墙"。不过,开阔的杰斐逊式景色依然如故,令人心旷神怡。你那大一点的两个孩子是否还在美国?当然了,康拉德想必是已经长得我认不出来了吧。你给我的来信总是不谈他们和彼得。我希望她的健康状况有所好转而且能适当进食了。

就连你现在居住的伦敦对我来说也几乎是陌生的,虽然我还记得有一次在格洛斯特街上来回地走,想找出路易莎·斯图尔特夫人晚年居住的寓所;而你一定是住在波特曼广场和坐落于那里的雄伟的蒙塔古大厦附近。对于一个在鲍勃·塔夫脱和亨利·华莱士以及其他所有你从报纸上知晓的人物的美国感到失落绝望的人来说,18世纪后期的英国是那个时代的一个安全的隐退之处。

唉,伊迪丝和我太穷以致今年夏天不能到英国再度呼吸那里的空气和看望我们的朋友了。要是情况并非如此多好呢。

你的亲爱的

露西·唐纳利

1949年2月20日

宾夕法尼亚州　布林·莫尔学院

新地

又及：最近这几年巴恩斯一直像老鼠一样不声不响。

我亲爱的露西：

感谢你的来信。此前，我并没有听到西蒙·弗莱克斯纳去世的消息，他的去世令人悲痛。我不知道海伦的地址，否则我会给她写信。请你代我向她致以诚挚的吊慰，并告诉她，我非常敬佩西蒙。

你对我那本哲学史所作的评述读起来令人感到很愉快。我很高兴你喜欢关于普罗提诺的那一章，因为我自己也相当喜欢那一章！

目前我正在瑞士作短期巡回演讲。一个星期后我就回北威尔士，到彼得和康拉德那里去过暑假，暑假后我将回三一学院，在那儿我一直住在牛顿曾住过的那几间房子里。我总觉得，二十年内英国将不复存在。这种预感使得一切都闹哄哄的，就像饭店里宴会行将结束时的情形一样——"我们要打烊了。"几颗炸弹就能摧毁我们所有的城市，而其余的人将慢慢地饿死。

在美国，中西部广大的农村地区和西南部广袤的沙漠地带也许能幸免于难。但你们美国这样的地方不多。为未来的世界文化中心巴塔哥尼亚①欢呼三声。

同时,拉比②们和穆夫提③们,真纳和尼赫鲁,铁托和意大利人,等等,都在玩弄他们愚蠢的游戏。我为自己属于人类而感到羞耻。

瑞士人是狂热的亲英派。他们对于自己能从纳粹的包围中解放出来,感到非常高兴。我试图不让他们消沉下去。

你我都可以因曾快乐地生活过而感到欣慰——尤其是你,因为你没有孩子。

永远是你亲爱的

伯特兰·罗素

1946 年 6 月 23 日

苏黎世

湖滨饭店

我亲爱的露西:

谢谢你的来信。收到此信,非常高兴。

随信附上给海伦的一封信,因为我对你写给我的地址我是否辨认得对,心里没把握。如果错了,请你作必要的更正。我已开始

---

① 即巴塔哥尼亚沙漠(Patagonia),它位于阿根廷南部,是美洲最大的荒漠。——译注

② 拉比(Rabbis),犹太教负责执行教规、律法并主持宗教仪式者的称谓。意为"我的老师"。——译注

③ 穆夫提(Muftis),阿拉伯文 Mufti 的音译。伊斯兰教教法说明官或伊斯兰教宗教领袖。——译注

撰写自传,我发现这是一项大工程。对于你的那批信件,我将不胜感激。把它们寄到伦敦或按信封上的地址邮寄,都可以。

我的女儿凯特刚刚和一个名叫查尔斯·泰特的美国人结婚。[43]她仍然住在马萨诸塞州坎布里奇市。我不认识他,但从我所听到的有关他的一切来看,似乎挺不错的。

我现在成天忙于国际事务,没有时间写自己的私信。代我问候伊迪丝。祝你安康。

你的亲爱的
伯特兰·罗素
1948 年 3 月 17 日
梅里奥尼斯郡
兰·费斯廷约格
彭腊尔戈什

我亲爱的伯蒂:

对不起,拖了这么久才满足你的要求。今年是布林·莫尔这里糟糕而忙碌的一年,虽然就我的年纪来说,我的身体算是很好的了,但我还是很容易疲劳,做什么事情都很慢,一天干不了多少事。

总之,上两个星期我只能把藏在阁楼上的文件和书信查阅一遍。这项工作既艰苦又令人愉悦。我找到了许多你过去的来信,日期是 1902 年起,我已把它们放在一边,如果他还需要它们的话,我就给你寄去。根据你前段时间的那封来信,我不能确定你究竟是要所有的信呢,还是只要 19 世纪最后一天写给海伦的那封信。

　　你写给我的所有东西,我好像都珍藏着,甚至连最简短的字条也没有丢。它们是些非常友好、睿智、亲切的书信,信中对我个人的事情和布林·莫尔的一些小事表现出几乎令人难以置信的同情,同时,从更广阔、更自由的世界带来一股清爽的气息。我清楚地记得一封接着一封地收到这些来信时的欢愉,以及它们所带给我的力量和兴趣。——你的这些来信使我终身铭感——我不知道它们对你有没有用,或许可以使你回想起某些日期、计划、地点等等,而且还可以作为你自己友好待人的记录。你的记忆力特别好,而且还写了那么多颇有见地、语言风趣、内容重要的著作。请来信告知你是否想要这批信件,是否真的应将它们立即寄给你。如果是的话,我希望你在用完之后将这些信再寄还给我。对于我来说,它们是长久友谊的珍贵记录,虽然我知道,它们是你的……

　　我希望你万事如意,同时也希望这个极其混乱的世界会诸事顺遂。我们这里正逢罢工、总统预选、巴勒斯坦问题上犹豫不决、[不可辨读的]法案,以及所有你能猜得到的事情。

　　伊迪丝要我向你问好,祝你夏安。我们打算去加拿大[①],那儿是我们能够看到英国国旗的最近的地方。

你的亲爱的

露西

1948 年 5 月 8 日

---

① 1948 年夏天,她就在那里去世。

宾夕法尼亚州

布林·莫尔学院

新地

贝德福德公爵 12 世的来信

亲爱的罗素勋爵：

多谢你的来信。听说你要来沃本观光，我本应感到非常高兴，但遗憾的是隐修院为一个非常"机密"的政府军事部门所占用，连我本人进隐修院也得经有关部门批准并由专人陪同。画作等陈列品大部分都藏起来了，因此你恐怕得将你的来访延至这次大战与第三次世界大战之间的短暂的间歇期——如有间歇期的话！！非常抱歉。

你的诚挚的

贝德福德

1945 年 4 月 16 日

布莱奇利

沃本

弗罗克斯菲尔德宅邸

H.G.威尔斯[①]的来信

[①] 威尔斯(1866—1946)：英国小说家、记者、社会学家和历史学家。——译注

我亲爱的罗素：

收到你友好的来信,我很高兴。在这革命处于危急关头的日子里,我们所有对左派思想多少有些影响的人,应当义不容辞地去消除那种把精力浪费在对于细小事情的争论上的倾向,尤其是要反击在批判的合理性的幌子下炮制出来、旨在诋毁左派思想的那种系统而巧妙的作品。我在我的信箱里收到大量这类宣传品。随着年事的增高,我变得越来越无政府主义和极左。我随信附上《新领袖》杂志终于有胆量(相当审慎的胆量)刊登的一篇小文章《命令就是命令》。你认为该文怎么样？

我们确实必须见面谈谈(也许是密谋),而且要尽快。你的活动日程是怎么安排的？我的约会大多数都由我的儿媳马乔里来定,你和夫人哪天一定要来喝午茶,并且看看我们能做些什么。

我病了,而且一直没有痊愈。我是糖尿病患者协会会长,而糖尿病让人每隔两小时左右就得上床下床来回折腾好几次。这种病很消耗人的精力,而广泛地回到叫做和平的混乱的这种情形、我的广大的人类同伴极度的卑劣、有组织的宗教的邪恶,使我渴望一觉不醒。我的父亲那一方有很长的心力衰竭病史,但现代的姑息剂能很有效地阻止解脱的那一刻的来临。碳酸氢钠使我经常处于反对继续治疗却又不得不忍耐的呻吟状态。但只要我一息尚存,我就必须活着,我欠了衰败中的文明许多债,不管怎么说,这种文明使献身科学的精神活跃得足以激发我的好奇心[并]使我成为它的债务人。

给你写了这封凄凉的信,请见谅。希望不久能见到你们俩,我是最感激你们的人。

H.G.威尔斯

1945年5月20日

西北1区　里根特公园

汉诺威街13号

克莱门特·艾德礼①的来信

我亲爱的罗素：

　　多谢你10月9日的来信和寄给我你的文章——《美国能用原子弹做些什么》，我饶有兴趣地读了这篇文章，感谢你提醒我注意这个问题。差不多用不着我说你也知道，这是政治家们所遇到过的最困难、最令人困惑的问题之一，而且我可以向你保证，你所提出的所有论点我都铭记在心。

你的诚挚的

C.R.艾德礼

1945年10月11日

白厅

唐宁街10号

　　下面是我在我所遇到的那次飞机失事之后立即写给我太太彼得的那篇记载。日期是1948年10月。

------

① 艾德礼（1883—1967），英国工党领袖（1935—1955）、英国首相（1945—1951）。——译注

想必你已知道我今天遇到了一个意外事件——所幸的是,在这一事件中,我除了丢了手提箱等物品之外,没有遭到什么损害。我想报纸肯定会夸大其词,所以立即给你发了个电报。我从奥斯陆坐水上飞机过来,就在飞机到达这里触及水面时,突然来了一阵风,把飞机吹得倒向一侧,水就进来了。有关方面立即派出一些小船前来营救,我们只好跳出窗口,向小船游去,直到我们游到小船边,被救起,这一过程大约只有一分钟。直到后来我才知道,有些不会游泳的人淹死了。我没有受到任何伤害。我的笔迹之所以看起来有点怪,是因为我的钢笔丢了。我之所以躺在床上,是因为我没有干衣服。现在领事已经给我带来了一些衣物,副领事也借给我了一套衣服,让我暂时穿用,等我的衣服干了以后再还给他。每个人为我都太过于大惊小怪了。乘客们良好的表现令我感动——他们全都不折不扣地按吩咐去做,没有一点儿慌乱。

下面我想把事情的经过详详细细地说一遍。

当时是暴风雨天气,狂风暴雨大作。水上飞机刚接触到峡湾的水面,就出现一阵猛烈的震动,我发现自己已经倒在地板上,此时地板上的水已有几英寸深,帽子、大衣等等都漂在水面上。"哎啊,哎啊!"我大声惊叫,并开始寻找我的帽子,但没有找到。起初我以为是一个浪头从窗口打了进来;我没想到事情的严重性。

我当时坐在飞机的最后面,那是唯一允许吸烟的区域;结果这个区域成了逃生的最好的地方。几分钟后,机务人员打开一扇门,把后面的乘客带到一个开着的窗口前,把我们一个一个推到海里。到这时,他们急急忙忙的样子使我意识到事情的严重。我抓着公文包跳了下去,但为了游泳,我只好松手把它扔了。当我跳到水里时，我看到附近有一艘小船。我们朝它游去，并被拉上了船。我回头一看，那架飞机除了一侧机翼的尾端之外，其他部分都看不见了。游泳的距离大约是 20 码。我根本没有看见飞机的另一端所发生的事情；我想他们从另外一个窗口跳出去了。我猜想，那些遇难的人在事故发生时准是吓晕了。他们之中有一位是负责安排我演讲事宜的教授。我把我那漂在水面上的公文包指给小船上的人看，昨天晚上有一位警察把它给我送来了。里面的东西还好，只是那几本无聊的书稍微有点受损。其他行李一件也没有捞上来。

到机场来接我的那些人都非常热心，他们开车送我到饭店，那车速快得吓人。到了饭店，我就把湿衣服脱了，上了床，喝了大量的白兰地和咖啡，后来就睡着了。领事给我带来了袜子、衬衣等衣物，副领事借给我一套衣服。我自己的衣服要到明天才能穿。后来来了一大帮记者。有一个人从哥本哈根打电话来问我：在水里时我在想些什么。我说，我在想水是冷的。"你没有在想神秘主义和逻辑？"我说，"没有"，就把电话挂了。

我并不勇敢，只是愚蠢。我一直以为水上飞机会浮在水面上。我不晓得有危险，而且主要关心的是保住我的公文包。我的手表走得像以前一样好，甚至我的火柴也还划得着。但是那只装有一套西服、衬衣等物的手提箱，则一去不复返了。我现在是在用一支糟糕透顶的钢笔在写字，因为我的钢笔丢了。

致威拉德·V.奎因

亲爱的奎因博士：

感谢你的来信及你的论文《存有的东西》("What There is")——一个具有某种程度的重要性的论题。1905年,当我第一次将我的摹状词理论送到《心》杂志时,斯托特认为这一理论无聊透顶,因此差点儿拒绝刊登。

我很高兴,你注意到了第140页上暗指你自己的地方。

在这次飞机失事中我很幸运,因为机上的人将近一半已不再属于"存有的东西"了。

你的诚挚的
伯特兰·罗素
1949年2月4日
西北1区　格洛斯特广场
多塞特大厦18号

我回到英国后,应我第一任妻子之邀去拜访过她好几次,并收到她以下这些来信。我们之间友好的通信一直持续到1951年初她去世。

最亲爱的伯蒂:

我觉得我必须打破这些年来的沉默,给你写一封短信,祝贺你获得功绩勋章。没有人比我为你获此殊荣更由衷地感到高兴,就像没有人比我对你被判监禁和你在美国的困境更为难过一样。现在我希望你能有个平静的老年,就像我在与洛根大吵大闹了一段时期之后,现在81岁所过的那样。我非常想念亲爱的露西·唐纳利的来信,但我很高兴,他们已经筹了5万多美元作为纪念她的英语学习奖学金。

> 永远爱你的
> 艾丽丝
> 1949年6月9日
> 西南3区 切尔西
> 惠灵顿广场25号

最亲爱的伯蒂:

我在我的文件中发现了你的这些信和这篇文章,它们我想你可能会要。你其余的来信,我想,肯定已经给我全毁了。我们1895年在柏林收集的那本有关社会民主党的剪贴簿,我已赠给了伦敦经济学院,但是因为英国广播公司可能想要就这本剪贴簿做个谈话节目,我又把它借了回来。我已经告诉他们,这个节目由你来讲可能比我讲要好得多。

我听说你正在写自传,它应该是非常有意思的。(我不喜欢伯纳德·贝伦森的自传,但喜欢乔治·特里维廉的自传。)我也在写一些回忆录,信中附上一篇有关我对我们婚姻的看法的文字。但要是你认为它不正确,或对你有伤害,我可以对它大加删改。

> 你的永久的朋友
> 艾丽丝
> 1949年9月30日

西南3区　切尔西

惠灵顿广场25号

我希望你会对最近出版的这些母亲书信集感兴趣。

艾丽丝所写的关于我们婚姻的文字：

　　伯蒂是个理想的伴侣，而他教我的多于我所能回报的。但是对于他来说我总是不够聪明，而对于我来说他也许太老于世故了。我有好几年生活得非常快乐，几乎是疯狂的快乐，后来一种感情上的变化使我们很难生活在一起。最后的分居导致了离婚，后来他又结婚了。但那是在没有怨恨、争吵或相互指责的情况下完成的，而且后来当他获得功绩勋章时我非常高兴。但是我的生活则完全改变了，而且我再也不能遇见他，因为怕重新勾起我那可怕的痛和对往昔的沮丧的渴念。我只是偶尔在演讲会或音乐会上，以及透过他在切尔西的那所房子的那些没有窗帘的窗户，瞥见他；而当他有时在那所房子里念东西给他孩子们听时，我常常盯着他看。可惜，我既没有足够的智慧，又没有足够的勇气，来阻止这一灾难毁损我享受幸福的能力和我的勃勃生趣。

最亲爱的伯蒂：

　　我在9月份给你寄去一本母亲书信集——《一个宗教的反叛者》，以及一包你1909年写给我的信，和我的一封短信。我不明白为什么没有回音，但现在那包东西已经退回给我了——那包东西的外面有我的名字，而那上面写的收件人的姓名地址是：“梅里奥

尼斯郡　兰·费斯廷约格　彭腊尔戈什　功绩勋章获得者伯特兰·罗素阁下收",但被盖上了"查无此人"字样的章。如果我知道你的地址,我想把它寄到你的手里。

你的永久的朋友
艾丽丝
1950年1月13日
西南3区　切尔西
惠灵顿广场25号

最亲爱的伯蒂:

　　你的来访使我非常高兴,希望我们能成为朋友,并彼此很快再能相见。我把你来这里的事儿写信告诉了伯纳德·贝伦森,他热情地邀请你随便什么时候到他那里去,并同他一起住些时候。他说,这世上他最想见面和交谈的人是你,而且他实际上一向赞同你所写的一切。他要我将他的那本美学著作借给你,我会把它寄给你的,尽管我认为你不会喜欢它。那本自传好一些,尽管也不是写得很好。

　　我想知道你对鲍勃·盖索恩－哈迪的《回忆洛根》一书的看法,如果你还没有看过,我可以把我多出来的一本寄给你。它获得了很高的评价,伯纳德·贝伦森称之为"杰作"。

你的永久的朋友
艾丽丝

1950年2月14日
西南3区 切尔西
惠灵顿广场25号

最亲爱的伯蒂：

谢谢你的来信。你没有回我9月30日的信，我并不感到意外，因为我想你可能是不愿意私下谈论往事，不过我还是感到非常高兴，因为你并不觉得受到过分的指责，也不觉得我对我们过去共同生活的美好回忆应当销毁。请你尽快抽时间再来与我共进午餐。我将数着日子等到那一天，因为我有许多问题要跟你讨论，我希望你快点来。9点半以前或12点之后，可以给我打电话。

我想，我并不要你从巴黎来信，也不要那几本德文书，因为英国广播公司谢绝谈论1895年的德国。

你的永久的朋友
艾丽丝
1950年3月9日
西南3区 切尔西
惠灵顿广场25号

最亲爱的伯蒂：

我们两次相见，我都觉得非常愉快，而且你又是那么友善，所以我感到我必须坦诚，并且明确地说一次（但只说一次），我完全爱你，而且五十多年来一直如此。我的朋友们一直都知道，我比世界上其他任何一个人都爱你,而且他们现在和我一起为我现在能再次与你相见感到高兴。

但是我的爱并不要求什么,也不需要你负什么责任,或承担任何义务,甚至不一定要回这封信。

但是我还是希望你不久能抽空来吃午饭或晚饭,并希望你不要忘了5月18日这个日子。

你的永久的朋友
艾丽丝
1950年4月14日
西南3区　切尔西
惠灵顿广场25号

最亲爱的伯蒂:

感谢你还我的书,以及写在一张很小的纸条上的我想要的地址。另外还要谢谢你的两本书。收到你寄来的这两本书我高兴极了(但是我希望你不要以为我在暗示!),我会非常喜欢它们的,在此谨向你表示我最衷心的谢意。弗洛朗斯·阿莱维很高兴你得到我的那本埃利遗作,并向你表示最良好的祝愿和问候。

如果你能在18日以前抽出一点时间的话,务必在随便哪一天大约早餐时给我打个电话,告诉我你在澳大利亚的地址。我想在7月我生日的那一天给你写信。

你的永久的朋友

艾丽丝

1950年6月8日

西南3区　切尔西

惠灵顿广场25号

最亲爱的伯蒂：

　　我过了一个令人愉快的83岁生日，众多的来访者送来了花、书、水果和贺电，如果有你的一封信，那就十全十美了。但是我知道你一定非常忙，而且更糟的是还得为朝鲜和这可怕的战争趋势极度地操心担忧。我们几乎无法思考或谈论其他事情，但我试图保持安详平静，并尽量分散来客的注意力，以便使他们不至于过于担忧，因为对于这种形势我们任何一个人似乎都是无能为力的；我想我今天获得了成功。海伦·阿巴思诺特和与她住在一起的那位朋友所写的这首小诗帮了一个忙："艾丽丝·罗素，向你欢呼致贺！惠灵顿广场的天使，要是你不在那里，真不知惠灵顿地区会处于何等境地。"（其余的诗句由于吹捧得太肉麻，就不引了。我在5月18日试图写一首诗给你，但是只写了"伯特兰·罗素，向你欢呼致贺！英国广播公司的宠儿"——但没能写下去。）我刚刚才读完你的《赢得幸福》；要是我早看到这本书的话，其中有几章对于我谈"年过八十"会大有帮助。但是你所说的一切都比不上我结尾的那段话，它是一字不落地从《泰晤士报》上抄录下来的（我想你是没有看到），是我所企求的墓志铭："充满爱意地纪念在布罗姆利公地上度过如此美好一生的约翰和玛丽·威廉斯夫妇"。

　　像我上封信讲的全是些不幸的事情一样，这封信讲的全是些愉快的事情,我希望它能给你带来几分钟的快乐。

1. 在我家干了三十年的那位仁慈的爱尔兰管家心脏病突发,现已好转,不久就可以回来。
2. 我的《谈丁尼生》节目非常成功,第三套节目的制作人大为赞赏,鲍勃·盖索恩-哈代写信给我说:"你的广播讲话非常精彩,像一篇迷人的、优美的、完整的微型小说,结尾有一个完美的转折:'我们肯定使他烦透了!'。"
3. 卡林看来又完全好了,而且正在写一本论"绝望"的书。我听说,德斯蒙德在讲老年的绝望,这是一件遗憾的事情,不是什么好消息;休·特雷弗-罗珀写道,如果你知道柏林会议(讨论文化自由?)最后会变成英国代表们(遵循牛津学者现在的经典传统)极力想瓦解的那种政治示威的话,你就不会发起这个会议。我对他的批评感到惊讶,因为他自己就是一个心胸狭窄的牛津学者。

我可以一直写下去,但是我必须走到国王路去寄这封信。我没有谈及你因未见到康拉德而内心非常痛苦,也没有谈及你也许担心约翰可能得回海军。我的确很同情你,并希望你正在以某种方式设法赢得幸福。

你的永久的朋友
艾丽丝
1950 年 7 月 21 日

西南3区　切尔西
惠灵顿广场25号

最亲爱的伯蒂：

你16日的信到得太迟了，没赶上我的生日，但仍然是最受欢迎的。我高兴地得悉澳大利亚人很友好，而且还很有鉴赏力，但是我希望能听到天主教在节育问题上鼓舞人心的斗争的详细情况。我还记得温布尔登选举期间的天主教风潮，但我想那是关于教育方面的。你可能不记得我的那个身材矮小的加的夫朋友莫德·里斯·琼斯了，她在温布尔登帮助过我们。她只记得她想要捡起你房间里被风吹落的邮票，你请她不要捡，说"如果你到处找邮票，我也得到处找，但如果我们不管它们，艾丽丝就会把它们捡起来"，我不久就把这些邮票捡了起来。——我在伊迪丝·芬奇的书中找不到Chas.伍德的名字，只是在第35页上看到"他（布伦特）经常见到斯坦利家比较年轻的两姐妹，凯特和罗莎琳德。美丽活泼的她们，经常在一起兴致勃勃地尽情叙谈，她们的谈话虽然不乏出于执著的偏见的尖刻之辞，但却使他听得出了神。天文地理，无所不谈，无所不问。她们在他身上激发了一种智力活动，这种智力活动与他后来各种观点的个性有很大关系，而这种智力活动比较直接的结果是他在德国期间的困窘"，1861年他在德国与马利特夫人过从甚密，她曾因她对宗教风潮的不断思索而使他感到忧虑。

下面是从我在蜜月旅行期间寄自海牙的一封信中摘录下来的一句有趣的话："我给伯蒂的衬衣钉了两颗纽扣，而他并没有像他原来以为的那样认出我做的针线活儿。"

1. 在澳大利亚 (1950 年)

I think I could turn & live with animals, they are so placid & self-contained....
Not one is respectable or unhappy over the whole earth.

2. 伯特兰·罗素在斯德哥尔摩与约里奥－居里夫人在一起（1950年）

我羡慕你见到一座珊瑚岛。我们是否曾一起读过寇松的《东方的寺院》？在大战中阵亡的那位聪明的年轻作家罗伯特·拜伦，请人重新出版了他的那本论圣山的优秀图书，该书写得很美，非常有意思。——另一首生日诗的结尾是：

"因此让我们举杯祝福

喝干杯中的汽水或果汁

（因为伯母不喝酒）

但愿今后几十年我们仍将

有幸与她快乐交往

常见她的美容颜。"

但是现在由于对福莫萨的进攻和朝鲜的挫败，哎呀，已经"快乐"不起来了！

你的永久的朋友
艾丽丝
1950年7月24日
西南3区 切尔西
惠灵顿广场25号

最亲爱的诺贝尔奖得主：

你的新荣誉令我欣喜若狂，只可惜你的地址我记不太清了，故无法给你发贺电。我是7日得知这一消息的，那天有一位瑞典记者朋友来这里了解你的情况。（我把莱格特的书借给了他，尽管我相信这本书已被译成瑞典文。)他顺便告诉我说,丘吉尔和克罗齐是你的竞争对手,然而你赢了。这里的报纸反应极其热烈,包括英国广播公司一个对儿童的讲话节目,称你是"博爱和言论自由的鼓吹者"。美国的报纸想必对你表现出了浓厚的兴趣。我希望你不要与那个美国牙医的太太分享这个奖,尽管她现在肯定感到相当没趣。

谢谢你从斯沃斯莫尔写来的信。你信中所谈到的可怜的伊夫林[怀特海]的情况,令我震惊!并且为她没有她那天使般的艾尔弗雷德可以照顾她而感到非常难过。我希望她的孩子能多少使她感到些安慰。我盼望能在你去斯德哥尔摩前后见到你,不过我也认为在斯堪的纳维亚居住对哲学家们的健康不利。但不管怎么说,现今的国王不会要你早晨五点钟起床、也不会强迫你坐在火炉上或火炉里取暖。(顺便告诉你,他是伯纳德·贝伦森的朋友,而且最近还访问了塔蒂街1号。伯纳德·贝伦森打来电报,要我代他向你表示祝贺。我希望你记着把你的文集寄给他。)我寄上一些你可能没有见过的剪报,还有弗洛朗斯·阿莱维的一封来信。还有斯德蒙德论萧伯纳的一篇文章。你的那篇论萧伯纳的文章发表了没有?

听说你不想再出去旅行了,我感到很高兴,因为我觉得你不该受这种劳累,你在家发表广播讲话和写作能更好地为我已为之热情地工作了三十年之久的国际主义事业服务。

这样我也就用不着为你买一个新的海绵袋①作圣诞礼物了,

---

① 便于旅行用的、装海绵和盥洗用具的防水袋。——译注

我原来认为你肯定需要这种海绵袋!

你的忠实的
艾丽丝
1950 年 11 月 19 日
西南 3 区　切尔西
惠灵顿广场 25 号

与 T.S. 艾略特的往来书信

亲爱的伯蒂：

　　在你加入这个人数不多、成就卓著、职业各异的功绩勋章获得者的行列之际，请允许我在其他人的祝贺之外再添上我诚挚的祝贺。它虽然来得迟了点，但却是对《莱布尼茨哲学》、《数学原理》以及那些我三十五年前以此为精神食粮的其他著作的作者的一种恰如其分的褒奖。而且也对里思讲座讲稿的作者——他是如今仍健在的几个能写英文散文的作者之一——的一种恰如其分的褒奖。

你的永久的朋友
T.S. 艾略特
1949 年 6 月 10 日
西中 1 区　罗素广场 24 号

　　三一学院院长建议在绶带上用安全别针；但绶带的两边各打

一个匀整的褶子则好得多。

亲爱的汤姆：

非常感谢你那令人愉悦的来信。在过去我们挤在罗素会馆的那段日子里，我们几乎不可能料到时间的推移会使我们变得如此体面。

我一有机会就会用乔治·特里维廉的意见来检验你的意见。

你的永久的朋友
伯特兰·罗素
1949 年 6 月 13 日
北威尔士　费斯廷约格

梅里奥尼斯郡
彭林代德赖思
普拉斯·彭林
功绩勋章获得者罗素伯爵阁下收

亲爱的伯蒂：

我和我的太太前几天晚上听了你的广播谈话，我们认为这次广播谈话进行得极其成功。

你可能知道，在大多数问题上我都不同意你的看法，但是我认为，你以最高贵而且甚至有说服力的方式，使你的信念为别人所接受。我之所以想要你知道这一点，是因为到现在为止你还在进步，同时也因为我希望,随着年龄的增长,我自己会变得稍微成熟些。

怀念我们过去在一起的那段令人愉悦、充满深情的美好时光。

你的永久的朋友
汤姆
1964年5月20日
伦敦　中西1区
罗素广场24号
费伯和费伯公司

亲爱的汤姆:

多谢你5月20日的来信。我很高兴你觉得我的广播谈话"高贵而且甚至具有说服力"。又有了你的音信,真好。

你的永久的朋友
伯蒂
1964年5月23日
普拉斯·彭林

N.B.富特的来信

N.B.富特为新联邦协会秘书长　　（英国分会会长:功绩勋章获得者、荣誉勋爵士、下议院议员温斯顿·丘吉尔勋爵阁下）

亲爱的罗素勋爵：

在你动身去欧洲大陆的前夕，我写这封信给你，希望它能为你提供一点你也许会觉得有用的、有关新联邦的资料。不过，首先我想对你这次出行再次表示我们的谢忱。你当我们的代表，乃是我们的光荣，我们对此深表感激，并且我们深信，你的访问，在引起各方对本协会的建议的兴趣方面，将会有完全无法估量的作用。我希望，西布索普小姐为你所作的安排，各方面都会令你满意。

谢谢你提供给我们一份你的讲稿提要。该提要我已拜读，不胜敬佩，如果我可以冒昧但却无臆断地这么说的话，那么在我看来，你的演讲似乎对我们所面临的那些问题以及我们所提出的解决问题的那些方法作了巧妙的分析。你知道，我们一贯强调迫切需要将主要的战争武器国际化，并创立和平解决一切政治与司法争端的机构。像你一样，我们也认为，建立一个具有充分资格的世界议会很可能是一个长远的目标，而我们的方案最显著的特征可能就是提议，在这种新机构成为可行之前，应把你演讲中所提到的那种立法职能交托给一个完全不偏不倚的法庭。我们完全承认，这个法庭不是一个完美的工具，但是我们深信，它在公正地解决非司法性争端方面远比安理会或常设法庭更合适，请记住：前者由政客所组成，他们的首要任务是增进其本国的利益；后者由律师所组成，他们没有多少纯法律领域之外的知识或经验。

至于协会本身，我们与联合国协会以及其他这一类组织不同，因为从我们的活动从不局限于英国这个意义上说，我们总是力图起一种国际运动的作用。战前，我们已设法在欧洲大多数国家建立这一运动的初期各国分会，这些分会通过我们称之为"国际部"

的那个部门而被联系在一起。我们现在面临重建这个机构的任务,而你这次访问低地国家①,对于帮助我们将那个任务再向前推进一步,无疑将有最大的价值。

在荷兰,一个新联邦委员会基本上已经建立,由范德科佩洛博士担任该会会长,由福泰因博士担任该会名誉干事。当然,你在访问时会见到这两位先生,而我想到你可能想知道他们与这个运动的特殊关系。我还想提一下彼得·德坎特博士和他的妻子德坎特·范黑廷加·特龙普夫人的名字,他们是我们委员会的委员,在新联邦活动中一向起主要的作用。

在比利时,我们迄今仍未能建立任何一种组织,但是我们希望在不久的将来能建立某种组织。

在为此信打扰你向你致歉之时,请允许我为你同意为我们作这次旅行再次向你表示我们深深的谢意。

你的诚挚的
N.B.富特
1947 年 9 月 25 日
伦敦　西南 1 区
维多利亚大街 25 号

新联邦协会荷兰分会的来信

---

① 即指西欧的荷兰、比利时、卢森堡三国。——译注

亲爱的罗素勋爵：

　　当你的西欧大陆之行已经结束而你又回到英国之际，我们想再次为你在阿姆斯特丹和海牙向新联邦协会荷兰分会所作的演讲表示我们深深的谢意。聆听你——我们许多人早已从你大量的重要著作中认识了你——谈论占据并压抑我们心灵的那个问题，即谈论了几百年的战争或和平的问题，是一件令人难忘的事情。我们不能说你的话消除了我们所有的忧虑；相反，尽管自30年代以来我们可能对什么事情都已经习惯了，你对目前局势精辟的分析则增加了我们不少的焦虑。但是我们现在知道，你也加入了急切想建立一个主持国际正义的政府的那些人的行列，这个政府将旨在制定各种法规，而且在必要时将用武力迫使违规者遵守法规。

　　你可能已从你的听众的人数和你所作的多次交谈中得知，你这次对我国的访问非常成功。荷兰没有一家报纸或周刊不提到你的来访和你的演讲。

　　罗素勋爵，谢谢你的来访。我们不会忘记你的话！

　　　　　　　　　　　　你的非常忠实的
　　　　　　　　　　　　会长
　　　　　　　　　　　　范德科佩洛博士
　　　　　　　　　　　　干事
　　　　　　　　　　　　福泰因博士
　　　　　　　　　　　　阿姆斯特丹　1947年10月7日
　　　　　　　　　　　　伯尔斯盖鲍，达姆拉克62A

吉尔伯特·默里的来信

亲爱的伯蒂:

你写给哲学学会聚餐会的那封信,谈到我们五十年的亲密友谊,使我非常激动。你说我们的看法基本一致,我认为完全正确;我一向就有这种感觉,并且引以为豪。

我曾解说过,与其他哲学家相比,我更喜欢你,因为他们往往试图证明某个可怕的结论——像霍布士、黑格尔、马克思等等,而你呢,我相信,如果你能真正证明 $2+2=4$,就满足了;那个结论虽然可悲,但至少还可以忍受("想想二二只得四/从不得出五或三/人心久久在苦思/此恨绵绵到何时")。

你读过乔斯·韦奇伍德的侄女为他写的传记(《最后一个激进分子》)吗?他按名单给许多人送去一份问卷,其中有一个问题是:"你将自己的失败归咎于什么原因?"只有一个人回答说自己从未失败过,此人就是比弗布鲁克勋爵!有趣而又十分自然。

老天爷已决定让我的脚长水疱,没法穿鞋子,因此使得我走起路来一瘸一拐的;真是件非常讨厌的事情。

衷心感谢你的来信,它让我一时感到自己并非一事无成。

> 你的永久的朋友
> 吉尔伯特·默里
> 1951年9月12日
> 牛津　公猪山
> 耶兹康比

陆军上将弗兰克·E.W.辛普森爵士（高级巴思勋爵士、高级英帝国勋爵士、优异服务勋章获得者）的来信

亲爱的罗素勋爵：

请允许我作一下自我介绍，我是今年年初接替海军上将查尔斯·丹尼尔爵士之职的现任帝国防卫学院院长。

我写这封信来是想问你，今年12月份是否能抽空再次莅临我院，发表你关于"人类的未来"的精彩演说。我听海军上将丹尼尔说，近几年你在我院所作的演说非常值得一听和令人振奋。

我设想的日期是今年12月4日星期四，时间是上午10点15分。你知道我们的通常程序。

我非常希望你能同意光临，并希望上述日期对你来说是方便的。

你的诚挚的

F.E.W.辛普森

1952年6月16日

西南1区

贝尔格雷夫广场37号

海渡大厦

帝国防卫学院

摘自1954年4月22日的《曼彻斯特卫报》

原 子 武 器

编辑先生：

在贵报 4 月 20 日刊登的一篇重要文章中，你们说："美国还不至于愚蠢或邪恶到在一场使用原子武器的战争中首先开火。"这句话实际上是含混不清的。如果你们的意思是说美国不会首先开火，那么这话可能是正确的。但如果你们的意思是说美国不会首先使用原子武器，那么你们几乎肯定是错了。美国当局已经宣布，俄国或中国在任何地方进行任何侵略，都将遭到全力的报复；这当然意味着使用原子弹。专家们的意见显然是：在世界大战中，如果西方列强不使用原子弹，他们就会失败，但如果他们使用原子弹，那么他们就会获胜。如果这是俄国当局的看法，那么他们就会在战争开始时不使用原子弹，而把首先使用原子弹的恶名留给我们这一方。任何一个人真的会认为西方列强会宁可失败吗？只有一个方法可防止这种选择的必然性，那就是防止世界大战。

你的诚挚的

伯特兰·罗素

[我们的论点不过是：中国由于知道限制美国行动的那些顾虑，因而可能会无视美国所提出的如果中国不停止干涉印度支那，就要用原子武器进行报复的威胁。我们与罗素勋爵总的论点是一致的。——《卫报》编者]

我的堂兄克劳德·罗素爵士的来信

亲爱的伯蒂：

弗洛拉把你写的童年回忆（刊登在《时尚》上）拿给我看，我饶有兴趣地拜读了，而且毫无疑问，由于它勾起了我对自己童年的回忆，我就更感兴趣了。彭布罗克邸园时代的人，健在的想必没有几个了。我记得，我的父母经常在星期天从伦敦坐着一辆租来的单马布鲁厄姆车①（他们在伦敦从来没有马车），带着一两个孩子到那里去。但我记得更清楚的是，我们偶尔到那里去度周末，而且毫无疑问，你的祖母和我的父母不无道理地认为，我们在一起会很愉快，而且对彼此都有好处。你的祖父在那段日子之前就去世了。我从来没有见过他，但是我记得住在奥德利广场时，有一天，吃早饭时我父亲告诉我母亲说："约翰伯伯去世了"；而且还记得，将他的嘉德勋位标志交还给女王的责任落在了我父亲身上，而勋位标志的某个重要部分——星或勋章——却找不到了，我父亲只好如实禀告女王，女王说："没关系。"我想再去看看彭布罗克邸园，在院子里走走。我相信它现在已是断井颓垣，不再是一个有功的政府官员的家了。我记得温莎城堡，而且还记得亨利八世曾站在里士满山上观看向他报告安妮·博林已被处决的炮火。我回想起了家庭祈祷，以及不得不将圣歌唱出声来时的尴尬。我不知道现在还有多少人家还在做家庭祈祷。我记得我最后一次见到家庭祈祷是在欧内斯特·萨托爵士家里。他是我在北京时的上司，我在他退休后去看他。他是一个单身汉，一个知识分子，他博览群书，是个具有百科全书式的知识的人。不过，我相信他是个虔诚的基督徒。

---

① 一种驭者坐在车厢外的四轮马车。——译注

我从他在北京公使馆小教堂的举止形成了对他的这种印象，而家庭祈祷则证实了我的这种印象。他的日本男管家、厨子和女佣，晚饭后都出来，由他领着做祈祷。我对彭布罗克邸园唯一不愉快的回忆起因于你的两个姓洛根的男朋友。我想，他们有些看不起我，而且毫不隐讳这一点。也许，他们认为我是个"懦夫"或"笨蛋"。不过，我并不经常见到他们。相反，像你一样，我对安娜贝尔（我们叫她克拉拉）①有着愉快的回忆，那时我常常去约克大厦。当她父母去印度时，她就到我们这儿来度假（她在上学），而我深深地爱上了她——我当时大约十五六岁。我不知道彭布罗克邸园的那些家具和画等等后来怎么样了。我想阿加莎把这些东西全都弄到哈斯勒米尔去了吧。我特别记得大厅里的一座雕像，一座真人大小的大理石裸女雕像。② 我想，那是意大利人民送给你祖父的一件礼物，以感谢他对意大利的解放和统一所作出的贡献。像你一样，我继承了罗素家族的羞怯和敏感——生活中的大障碍，却没有继承形而上学方面的特长，尽管我也曾力不从心地尝试过——我的父亲和哥哥具有后者，但不像你那么专业。至于我从我的法国祖先那里继承了些什么，我就留给别人去评判吧。最近，我在比肯斯菲尔德勋爵的书信集中看到一封 1865 年从沃本写给维多利亚女王的信，他在信中说："罗素家族的主要特点和器质性缺陷就是羞怯。甚至连黑斯廷斯也有这种缺陷，尽管他试图以不自在的愉

---

① 蒙斯图尔特·格兰特·达夫爵士（Sir Mounstuart Grant Duff）的一个女儿。
② 这个雕像的垫座上刻有：
        献给约翰·罗素勋爵
        以表达意大利感激之情。

快的神态来加以掩饰。"我实在是太羞怯了，装不出他那种高兴的模样。

我高兴地知道我与直布罗陀的英勇保卫者——我伯祖母的伯祖——有亲属关系。我和阿泰纳伊斯已养成了去直布罗陀过冬的习惯。随着年岁的增长，如果你什么时候想逃避英国的隆冬，我向你推荐这个地方。那里的气候比里维埃拉好，而且是英镑通行的地区。

请原谅我把信写得这么长。我在写一件事情时又联想起另一件事情。

你的永久的朋友

克劳德

1952 年 7 月 12 日

康沃尔　索尔塔什

特雷马顿堡

亲爱的伯蒂：

谢谢你的来信，我完全和你一样对彭布罗克邸园的命运感到愤慨。你所谓的"小官僚"如今变成了君王，这可能么？不管怎么说，我到伦敦后还是希望去看看这个老地方，而且可能：

"美好的回忆使我

沉浸在昔日的辉煌中"，

或者我会（更加可能）：

"觉得自己像一个
孑然一身的游客,
漫步在某个废弃的宴会厅,
那里的灯火已然消逝"等等。

但是,阿加莎并没有明智地把我记得的那座意大利雕像留在纽纳姆,在那里,这样一件艺术品会引起人们的敬佩,而我相信,绝不会引起人们的非分之想。

我希望今年冬天我们能在直布罗陀见到你,如果你想逃避英国的隆冬的话。那里的气候比里维埃拉更稳定和有利于健康,而且那里是英国的土地,如果你在国内有银行结存,你就可以把它支取出来——而且甚至可以透支。直布罗陀人,虽然不是典型的英国人,但却和蔼而又忠实。他们明白自己的利益所在,而且在他们之中没有领土收复主义。哎,要是全都这样就好了!

磐石饭店是下榻的好地方——经营得不错,但一点也不便宜。

你的永久的朋友
克劳德
1952年8月9日
康沃尔 索尔塔什
特雷马顿堡

与阿尔伯特·爱因斯坦的往来书信

亲爱的爱因斯坦：

我真心诚意地同意你的主张：被传唤到麦卡锡的审讯人面前的教师们，应该拒绝作证。当《纽约时报》发表了一篇不同意你这一主张的重要文章后，我给该报写了一封信，支持你。但恐怕他们不会将它刊登出来。我随信附上那封信的副本，如果你愿意的话，可以随你的意思对它加以利用。

你的非常诚挚的
伯特兰·罗素
1953年6月20日
萨里郡
里士满
女王路41号

亲爱的伯特兰·罗素：

你写给《纽约时报》的那封持之有故、言之成理的信是对正当事业的一大贡献。这个国家的所有知识分子，下至最年轻的学生，都已经完全被吓倒了。实际上，除了你以外，没有一个"知名人士"真正对政客们的这些荒谬的言行提出过异议。因为这些政客成功地使群众相信，俄国人和美国共产党人危及国家的安全，他们就以为自己强大得不得了。他们散布的谎言越拙劣，他们就觉得自己越有把握再次为被误导的民众所推选。这也说明了为什么艾森豪威尔，尽管他完全知道处决卢森堡夫妇会在海外给美国的名誉带来多大的伤害，却不敢赦免他们的死刑的原因。

我非常用心而且确实很愉快地读了你最近发表的作品:《科学对社会的影响》和《郊区的恶魔》。你用自己无与伦比的文学才能启迪民智,教育公众,确实功不可没。我深信,你的文学作品将产生巨大而持久的影响,尤其是因为你抵抗住了靠奇谈和夸张来获得短期效果的诱惑。

谨致以亲切的问候和衷心的祝愿。

你的

A. 爱因斯坦

1953 年 6 月 28 日

普林斯顿

亲爱的爱因斯坦:

非常感谢你的来信,我觉得这是对我最大的鼓励。颇使我感到意外的是,《纽约时报》最终还是刊登了我的那封关于你的信。我希望你能对美国具有自由主义思想的学术界人士产生影响。致以最热诚的祝福。

你的非常诚挚的

伯特兰·罗素

1953 年 7 月 5 日

萨里郡

里士满

女王路 41 号

60 阿尔伯特·爱因斯坦论罗素——1940年（正当纽约市立学院吵吵嚷嚷的时候）

> 人世美且诚，
> 此事屡发生：
> 牧师惊百姓，
> 天才遭极刑。

阿尔伯特·爱因斯坦论罗素的《西方哲学史》，1946年

　　伯特兰·罗素的《哲学史》是一本珍贵的书。我不知道人们究竟应该更多地钦佩这位伟大思想家的令人愉悦的清新和独创性呢，还是应该更多地钦佩他善于同遥远的时代和古老的心智发生共鸣的敏感性。我认为，在我们如此枯燥乏味而又残酷的这一代，能出现这么一个聪明、正直、勇敢而同时又幽默的人，实乃幸运。这是一部超越派别和意见冲突的、最适宜于教学的著作。

《自由主义十诫》[①]
伯特兰·罗素

　　自由主义观点的要义也许可以概括为新的十诫，这并不是想要取代旧的十诫，而只是想加以补充。作为一个教师，我想要传播

[①] 本文最初发表于1951年12月16日《纽约时报杂志》上我的《对狂热盲信的最好回答——自由主义》一文的结尾部分。

的十诫,可以表述如下:

1. 对任何事情都不要觉得绝对有把握。
2. 不要以为隐瞒证据继续做下去是值得的,因为证据肯定会暴露。
3. 不要因为你一定会成功就试图放弃思考。
4. 如果你遇到反对,即使这种反对来自你的丈夫或儿女,也要努力靠论辩而不是靠权威来战胜它,因为靠权威取得的胜利是不真实和虚幻的。
5. 不要尊重他人的权威,因为总是可以找到相反的权威。
6. 不要用权力来压制你认为有害的意见,因为如果你这么做,那些意见就会压制你。
7. 不要怕意见怪诞,因为现在已为人们所接受的每一个意见都曾一度怪诞过。
8. 明智的不同意比被动的同意更令人高兴,因为,如果你像你所应该的那样看重才智,那么前者比后者隐含更深刻的同意。
9. 即使事实对你不利,你也要绝对诚实,因为如果你试图隐瞒事实,那就对你更加不利。
10. 不要羡慕那些陶醉在虚无缥缈的乐境中的人的幸福,因为只有愚蠢的人才会认为那是幸福。

摘自 1954 年 4 月 1 日的《新闻记事报》

他预言过这件事

1945 年 12 月,在上议院发表的一次有关原子弹的演说中,伯特兰·罗素说：

可能某种类似于目前的原子弹的机械装置，可以被用来引发如果人们能用氢合成较重的元素便可得到的、猛烈得多的爆炸。如果我们的科学文明继续向前发展，如果它不自我毁灭，那么所有这一切必然要发生：所有这一切一定会发生。

摘自1954年4月1日的《新闻记事报》

氢 弹：
我们从这里走向何处？

数学家、哲学家伯特兰·罗素（在接受罗伯特·韦特曼的访问时）回答大家都在问的一些问题。

伯特兰·罗素笔挺地坐在他的扶手椅里，抽着一个弯弯的烟斗，温和地谈论着氢弹。但是他的结论可一点也不温和。

这位自20世纪初以来其心智和智力勇气一直推动着这个世纪前进的、仍健在的英国最伟大哲学家，现在81岁。他一头白发，嗓音柔和；像往常一样，他把自己的见解表述得非常清晰，给人以难忘的印象。我向他提出了一连串问题，他作了这样的回答：

有人一想到氢弹试验中可能会出现某种灾难性的误算便感到惊恐，请问这种惊恐有任何正当的理由吗？

虽然这些试验乃是非常危险的时候显然会来临，但我认为我们现在还没有达到那种地步。

如果发生一场氢弹战争，那么很显然，伦敦差不多所有的人都会死亡。阵雨般的氢弹几乎肯定会使广大的农业地区成为不毛之地,由此造成的饥荒将是很可怕的。

但我们在谈的是目前的试验,和平时期的试验。我估计它们不会造成灾难。我认为,那些可能受到放射性尘埃污染的人,那些其捕鱼量减少或根本就捕不到鱼的渔民,毫无疑问,完全有抱怨的权利。

但是我认为,放射性尘埃雨不会像1883年喀拉喀托火山爆发后我们所看到的火山灰的情形那样(那次火山爆发我记得很清楚)铺天盖地地洒落下来,我想,只要试爆次数不多,海洋生物不会受到严重影响。

海洋生物现在受到石油污染的影响,难道不是吗——尽管那是个不那么令人吃惊的故事?

您认为人们内心深处的一种恐惧和不确定感会对社会有不良影响吗?

呃,你知道,这种影响不会持续很久。就像最初对原子弹一样,人们焦虑不安;但是过了不久,他们就忘了。

如果你发生了不断增长的危机,那当然就不同了。不过,实际情况是:不管以前的危险有多大,人们都不会因为想它而无心从事自己的日常工作。

你大概已经注意到了,自从第一颗原子弹爆炸以来,出生率一直在持续上升。这是个可靠的检验标准。

应该说,对失业的恐惧,这是大家都了解的事情,比对原子弹的恐惧具有大得多的社会影响。

那么国际影响呢?在您看来,我们是否已到了战略上的相持阶段?俄国与西方之间现在有没有新的谈判基础?

我认为,氢弹的存在给了世界上所有的政府一个十分清楚的抉择。要么它们服从一个国际权威,要么人类就毁灭。

恐怕大多数政府和个人都会拒绝面对这个抉择。他们非常不喜欢建立国际政府这个主意,所以只要有可能,他们就回避这个问题。

问问街道上的行人,他是否准备让英国海军部分地受俄国人的指挥。他会毛骨悚然。

然而这却是我们必须考虑的问题。

您认为任何关于"氢弹试验应该加以制止"的建议都是没有好处的吗?

什么好处也没有,除非我们找到了一个使俄国的试验也受制止的方法。

在我看来,只有一个方法。那就是使俄国人确实相信他们不可能赢得胜利;他们永远不可能用氢弹使世界共产化。

也许他们正在开始意识到这一点。在我看来,俄国领导人如今在让俄国人民知道原子战争会带来什么样的灾难,这一点似乎很重要。

但是我会加快这一过程。我会请世界各国政府,特别是俄国人,派观察员去看美国的试验结果。应当尽可能地把它搞得清清楚楚。

还有一件我们应该做的事情。我们应该减少我们现在过于沉溺于其中的那种激烈的长篇反共演说,我们应该力图恢复国与国之间以礼相待的良好局面。那会是一大帮助。

那么如果——或当——俄国人确信了呢?

我想,缓解紧张局势和使俄国人相信在原子战争中他们没有任何获胜的希望,应当是可能的。然后就得采取第一个极其重要的步骤。

我们将不得不作出一个约定,即:所有可裂变的原材料都归一个国际权威所有,而且只能由该权威来开采和加工。任何国家和个人都不应当有获得可裂变的原材料的机会。

而且当然必须有一个国际稽查机构,以保证这条法维持下去。

俄国人对于受稽查有一种病态的恐惧。我们得帮助他们克服这种恐惧。因为在他们同意接受稽查之前,一切都无法有效地进行。

氢弹试验必定有助于说服他们。因此,推迟试验只会拖延达成协议的日子。不用说,我们也必须随时准备谈判和达成协议。

这第一个极其重要的协议一旦达成,那么就有可能逐渐扩大国际控制的范围。

这就是我所能看出的唯一的解决办法。

第二章　在国内与海外

在最近这二十年里,我之所以能摆脱内心的忧虑和不祥的预感,最主要是因为我爱上了伊迪丝·芬奇而且她也爱上了我。她是露西·唐纳利的密友,我和露西在本世纪初就很熟悉,而且,就像我三四十年代在美期间时常与伊迪丝见面一样,我好几次访问美国时也时常与露西见面。露西是布林·莫尔学院的教授,伊迪丝也在那里任教。自从我娶了布林·莫尔学院院长的表妹之后,我就一直与该学院保持着友好的关系。它是我被纽约市立学院解聘以后第一个打破我在美国所受的联合抵制的学校。该校哲学系的保尔·韦斯写信请我去那里作一系列演讲,我欣然接受了这一邀请。而且,当我撰写《西方哲学史》时,布林·莫尔学院当局慷慨地让我使用他们那个极好的图书馆。1950年我在哥伦比亚大学讲学时,露西已经去世,伊迪丝已搬到纽约,我在那里又遇见了她。

我们的友谊迅速成熟,不久我们就再也忍受不了大西洋的阻隔。她移居于伦敦,由于我就住在里士满,我们经常见面。结果,那段时间愉快极了。里士满公园充满了回忆,有许多是对童年时代的回忆。讲叙童年往事,件件历历在目,我似乎觉得自己又完全回到了过去,而且从叙旧中得到一种清新而愉快的舒缓感。我沉浸在回忆的快乐中,几乎忘却了核危险。当我穿过里士满公园和克佑花园在彭布罗克邸园的院子里散步时,我就回想起从前我在那里所发生的所有各种事情。彭布罗克邸园外面有一处泉水,就在那儿,我家为了使我不怕水而雇来的那个男仆,抓住我的两个脚后跟,将我提溜起来,让我的头浸在水里。与所有现代的看法相反,这种方法十分有效:只用了一次,我就再也不怕水了。

我和伊迪丝各自都有些家族传说可讲叙。我的家族传说肇始于亨利八世,他是我的家族的始祖的保护人,我的家族的那位始祖当时就站在他的山上守望着安妮·博林在伦敦塔被处死的信号。接着是关于我祖父在 1815 年的演说的传说;相传,他在那次演说中(滑铁卢战役之前)曾力陈不应当反对拿破仑。再接下去就是他对厄尔巴的访问;访问中拿破仑和蔼可亲,而且还拧了一下他的耳朵。此后,我的家族传说有一个相当大的间隔,直到有一次伊朗国王在作国事访问时在里士满公园遇到下雨,只好到彭布罗克邸园去避雨。我祖父(有人这样告诉我)为邸园屋子狭小而表示歉意,伊朗国王却回答说:"屋子是小了点,但里面却住着一位伟人。"从彭布罗克邸园看出去,视野非常开阔,可以看到泰晤士河河谷,而我祖母则认为,这一景观被一支突兀的工厂烟囱破坏了。当有人问她这支烟囱时,她总是微笑着回答:"噢,那不是工厂的烟囱,那是米德尔塞克斯郡烈士纪念碑。"

伊迪丝的家族传说,当我听了之后,我觉得似乎要浪漫得多:她的一位祖先大约在 1640 年左右被北美印第安人绞死或带走;她父亲及其家族曾历经艰险,她的父亲小时候曾生活在印第安人中间,他一家人曾在科罗拉多过过一种拓荒的生活,但时间不长;她家的顶楼上堆满了马鞍和添鞍,当年她的家族成员们就坐在这些马鞍和添鞍上从新英格兰来到费城的国会；她还讲叙了她的家族成员曾在乱石嶙峋的溪流中划独木舟和游泳，而那附近就是在马萨诸塞州迪尔菲尔德的那次大屠杀中被印第安人掳走的尤妮斯·威廉斯被害之处的故事。这也许是费尼莫尔·库珀[①]小说中的一章。在南北战争中,伊迪丝家的上代人分属南北两方。其中有兄弟俩,一个(南军的将军)最后不得不向他那已当了北军将军的兄弟缴械投降。她自己是在纽约市出生长大的,根据她的回忆,那个时候的纽约市似乎很像我青年时代的纽约,有用鹅卵石铺成的街道和汉萨姆马车[②],没有汽车。

所有这些回忆,不管多么令人愉快,都只是些蛋糕糖衣上的阿拉伯式花饰。很快,我们就有了我们自己的传说添加到家族传说集成。一天早晨,当我们正在克佑花园散步时,我们看到有两个人坐在一条长凳上,由于离我们很远,所以看过去是两个很小的身影。突然,其中一个人跳起来,飞快地跑向我们；当他跑到我们面前时,他就跪下来吻我的手。我不禁愕然,而且局促不安得想不出说什么好,一时不知所措；但是我又被他的激情所感动,伊迪丝也一样,不过当她镇静下来后,她弄清楚了他是个德国人,住在英国,他是在为某件事情感激我；我们始终不知道是为了什么事。

我们不仅在里士满附近和在伦敦,沿着泰晤士河、在公园里、

---

① 费尼莫尔·库珀(Finimore Cooper 1789—1851),美国第一位主要作家,以边疆冒险小说"皮袜子"故事而闻名。——译注

② 以原设计人J.汉萨姆(J. Hansom)的姓氏命名的一种低车身、单马、双轮、车厢式马车。——译注

在星期日的伦敦城①,作长时间或长距离的散步,而且有时还开车到较远的地方去散步。有一次,我们在朴次茅斯公路上出了车祸。在我们全然无错的情况下,我们被一辆农场的货车撞上了,我们的车子被撞得七零八落。幸亏当时有许多目击者为我们的无辜作证。我们虽然惊魂未定,但还是接受了一位好心的过路人的邀请,搭他的车到吉尔福德,再从那里坐出租车到布莱克唐去作我们预定好了的散步。在那里我想起了我儿时的一些英勇行为。我两岁时,我的家人在一个夏日假期中租借了丁尼生②的房子,我的长辈们让我站在荒野中,以一种令人心碎的尖锐声音吟诵:

噢,我的表妹,薄命啊!

噢,我的艾米,不再属于我!

噢,这凄凄凉凉的荒野啊!

噢,这贫瘠不毛的河岸!

我们还常去看戏,不管是新戏还是老戏都看。我记得特别清楚的有在摄政王公园上演的《辛白林》③、乌斯季诺夫的《五个上校》,和《小茅舍》。我的堂兄莫德·罗素邀请我们去参加一个为庆祝鲍里斯·安瑞普设计的国立美术馆拼花地板铺装竣工而举行的宴会。我的那幅召唤井里的真理的画像和我同时代的一些人的画像一起陈列在那里。雅各布·爱泼斯坦④要求为我雕一座胸像,我便高

---

① 伦敦城地处英国首都伦敦的市中心,它是全国商业、金融等的中心。——译注
② 丁尼生(Alfred Tennyson,1809—1892),英国著名诗人。——译注
③ 《辛白林》(Cymbeline),莎士比亚的一个戏剧。——译注
④ 雅各布·爱泼斯坦(Jacob Epstein,1880—1959),20世纪重要的肖像雕刻家之一。——译注

高兴兴地坐在他面前让他先塑泥模,这座雕像现在我还保存着。

这些细小的经历回想起来似乎微不足道,但在当时,每件事都沐浴在彼此发现和两心相悦的灿烂光辉中。幸福快乐使我们暂时忘记了可怕的外部世界,而只考虑我们自己和对方。我们发现,我们不仅十分相爱,而且同样重要的是,我们逐渐认识到我们的品味和感情非常投合,我们的兴趣也基本上一致。伊迪丝没有哲学或数学方面的知识;有些她懂的东西我却一无所知。但我们对人和世界的态度则是相似的。那时我们对我们的伴侣关系越来越感到满意,这种满意感似乎无限地增长,成了一种持久而又稳固的幸福,这种满意感乃是我们生活的基础。因此,我下面所讲的事情大多可以被认为有她的参与。

我们第一次远行是到枫丹白露,当时唯一使我们想起国际纷争的是穆萨德克企图垄断波斯湾的石油。除此之外,我们的幸福快乐几乎就像在一个寂静的世界里所能有的那么恬谧。阳光明媚,气候温煦。我们吃了大量的欧洲草莓和鲜奶油。我们到巴黎去旅行。在那儿,未曾想到法国广播电台为酬谢我过去所提供的服务,给了我一大笔现金。我们用这笔钱在森林餐厅举办了一次规模宏大的午餐会,还办了几件比较重大的事情。在那儿,我们游览了杜伊勒利花园,参观了巴黎圣母院。我们没有去参观枫丹白露的城堡。我们常常开怀大笑——有时根本不为什么就无缘无故地笑了起来。

后来我们又去巴黎度了几次假,其中值得一提的是1954年那一次,那次我们决定将整个假期全用于游览观光。我们俩都曾在巴黎住过相当长的时间,但我从未参观过任何一个应当去看看的景点。乘坐客轮游塞纳河,参观各种各样的教堂和画廊,逛花鸟市场,是令人愉快的。但我们也曾有过挫折:有一天,我们到圣女小教堂去,发现里面挤满了正在听导游讲解那座教堂的美妙之处的冰岛人。他们一见到我,就不再听导游的讲解,而把我当作最重要的一"景",将我团团围住。我对圣女小教堂的记忆,现在多少有点混淆不清了。我们退到法院对面我们特别喜欢的那家餐馆的露台上。第二天我们去我们俩都喜爱的沙特尔。但是,哎呀,我们发现它——在其可能的程度上——已变成了一个旅游者的麦加,到处都是明信片和纪念品。

1952年春天我们访问了希腊,在那儿,我们先在雅典待了一段时间,然后用十天左右的时间驱车周游伯罗奔尼撒半岛。像所有来希腊的游客一样,我们一到雅典就立即出发去卫城。我们犯了个错误,原想抄近路,结果却走到了卫城的背后。所以,为了到达那里,我们只好沿着羊肠小道攀登峭壁,穿越有刺的铁丝网。我们抵达时,虽已气喘吁吁,且身上多处被刮破,但不无胜利的喜悦。后来我们又常去那里,走的都是人们比较常走的路线。月光下的卫城非常美,而且也非常静;直到突然,我听到我旁边有个声音说:"你是—罗—素—先—生,对吧?",每个音节都发怪异的重音。说话的是一位来自美国的旅伴。

山顶上仍是白雪皑皑,而山谷里却到处都是开花的果树。孩子们在田野里嬉戏,人们似乎都很快乐。甚至连驴看上去也是一副心满意足的样子。唯一阴暗的地方是斯巴达,它位于散发出一种令人毛骨悚然的邪恶之气的泰耶图斯山脚下,阴沉而又压抑。到了阿卡迪亚,我的心情便豁然开朗。这个地方非常淳朴可爱,好像出自西德尼①的想象似的。在梯林斯,古城堡的看护人对把古城堡修复得很糟糕这件事耿耿于怀。当问到这令人遗憾的修复是什么时候进行的,他回答说:"是在迈锡尼时代。"我对德尔斐完全无动于衷,但埃皮扎夫罗斯却是温柔可爱的。说来也奇怪,我们到达那里后不久就来了一客车德国人,他们居然没有打破那里的沉寂。当我们正坐在剧院里做梦时,突然有一个清脆美妙的声音飞升而起,在我们的上空回荡。原来这些德国人当中有一位歌剧女主角,她也像我们一样,被这个地方的魔力所迷惑。总的说来,我们的这些旅伴并没有打扰我们。但是美国军队却使我们不得安宁。到处都是他们的卡车,尤其是在雅典;城市因他们这些大兵不管不顾、过于自信的叫喊和查问而变得嘈杂。反之,我们顺便遇见或看到的希腊人,则显得温文尔雅、乐观开朗、聪颖明智。在雅典的公园里,希腊人跟他们的孩子玩的那种快乐的样子,给我们留下了深刻的印象。

我以前从未到过希腊,我发现我所见到的一切非常有趣。然而,有一个方面,却使我感到惊讶。在对有口皆碑的那些伟大的固体成就留下了深刻印象之后,我发现自己已在一个属于希腊是拜占庭帝国的一部分的那个时代的小教堂里。使我感到惊讶的是,我觉得在这个小教堂里比在帕台农神庙或异教时代的任何其他希腊建筑物里更自在。当时我就体会到,基督教观点对我的影响比我想象的要大。它影响的不是我的信仰,而是我的感情。在我看

---

① 西德尼(Sidney, Sir Philip, 1554—1586),英国伊丽莎白女王时代廷臣、政治家、军人、诗人和学者,曾著有长篇散文传奇故事《阿卡迪亚》。——译注

来,古希腊人与现代世界的不同之处主要表现在古希腊人没有罪恶感;而我有些惊讶地体验到,我自己,虽然不是在信仰上,而是在感情上,受这种罪恶感强烈的影响。不过,古希腊的某些东西的确使我深受感动。其中,给我印象最深的是奥林波斯山上美丽而富有同情心的赫耳墨斯。

1953年,我和伊迪丝在苏格兰度过了三个星期。途中我们去看了看坐落在瓦伊河河谷山坡上的那所我曾生于该处的宅子。它从前叫做雷文斯克罗夫特,现在叫做克莱顿宅第。宅子本身没倒还在,但庭院在战争期间被搞得一塌糊涂。按照我父母亲生前的嘱咐,他们被安葬在宅子旁边的树林里,但后来根据家族的意愿,又迁移到切尼斯的家族墓地中。途中我们还去了博罗山谷中的西托勒,1893年我曾作为一个读书会的会员在那里度过了五个星期。那个读书会仍然有人记得,而且在来宾留言簿上有我曾告诉过伊迪丝而她却不相信的一件事的证据,那件事是:曾经服侍过我们的"胡椒"小姐后来嫁给了一位"蜂蜜"先生。到达圣菲伦斯(我们的目的地)时,我告诉接待员说,自1878年以后我就没有去过那儿。她睁大眼睛,然后说:"但那时候你肯定还是个很小的小男孩。"我还记得上次访问时在圣菲伦斯所看到的各种地标,例如横跨在河上的那座木桥、旅馆旁边那幢叫做"尼什"的房子,以及我曾将其想象成祈祷书中所提到的"太阳晒干的地方"之一的那个礁石林立的海湾。由于我自1878年以后没有去过那儿,我的记忆之精确便得到了证实。我们多次驱车出游,有时只是沿着大车道行驶;我们还多次在荒野上散步,那片荒野至今仍然令我们难以忘怀。有一天下午,当我们爬到一座小山顶上时,一只母鹿和它的幼鹿出现在山顶上,它们快步向我们跑来;下山的路上,在一个荒凉的山中小湖的岸边,一只高傲而又非常温顺的戴胜鸟飞落在树枝上,俯视着我们。我们驱车回圣菲伦斯时路过幽暗的格伦科①峡谷,那里非常阴森可怕,好像刚刚发生过大屠杀似的。

两年后,我们又去了一次圣菲伦斯。但是,这一次我们所拥有的逍遥自在的时间要少得多。我们不得不中途在格拉斯哥停下,因为我要发表一篇支持罗瑟格伦担任工党候选人的演说,他曾为世界政府孜孜不倦地工作。我们的情绪受下面这件事情的影响而多少有所低落:我感到自己的喉咙越来越不舒服,无法正常吞咽,我打趣说,我的这个毛病是我努力"吞"下政客们的见解造成的。然而远比这更令人烦恼的是,我的大儿子病得很重。在这整个所谓的"假期"中,我们老是在为他担忧。我们还担心他的三个小孩,他们那时多多少少是由我们照顾的,后来就几乎全由我们照顾了。

彼得离开我后,我继续住在费斯廷约格,在那儿的一所房子里愉快地工作,那所房子坐落在小山顶上,从那儿鸟瞰山谷,犹如一幅古老的、根据启示录刻成的伊甸园版画。我只是偶尔上伦敦;我上伦敦时,有时就到里士满去看我的儿子及其家人。他们住在里士满公园附近的一所小房子里,对于他们有三个孩子的家庭来说,那房子确实太小。我儿子告诉我说,他想放弃他的工作,专心于写作。虽然我对此感到遗憾,但我还是有点同情他。我不知道如何帮助他们,因为我没有足够的钱资助他们在伦敦购置一处他们自

---

① 格伦科是苏格兰斯特拉斯克莱德行政区阿盖尔-比特区的著名峡谷。1692年2月在那里曾发生过一次大屠杀。现几乎无人居住。——译注

己的住宅,而我又住在北威尔士。最后我想出了一个方案,那就是在里士满买一所房子,我从费斯廷约格搬到里士满,与我的儿子及其家人住在一起。

回到里士满(我的童年时代就是在那里度过的),产生一种有点像幽灵一样的感觉,有时候我觉得难以相信自己仍以肉身存在。彭布罗克邸园过去曾是一所漂亮的房子,而此时按文职官员的命令,它正遭到毁损。当他们得知(在有人告诉他们之前,他们并不知道)它曾是名人的府邸时,他们便决定要尽一切可能来消除它的历史影响。它的一半被改成公园管理员的公寓,另一半被改成一个茶室。里士满公园为纵横交错的带刺铁丝网所分割,所以我当时认为,这样做是为了把从里士满公园所能得到的乐趣减少到最低限度。①

我曾隐隐约约地希望自己能以某种方式租下彭布罗克邸园,将我自己和我的家人安顿在那里。由于事实证明这是不可能的事,我便买下里士满公园附近的一所相当大的房子,把底下两层交给我儿子一家使用,而上面两层则留给我自己住。这个安排在一段时间内大体上还是不错的,尽管两个家庭住得太近的话几乎总是会发生一些龃龉。我们在那里过了一段愉快的日子,两家分开过,各自有自己的客人,而当我们想要聚一聚时我们就聚集在一起。但这也使得生活非常充实,家人来来往往,我的工作,还有川流不息的来访者。

---

① 后来,我改变了对他们那些做法的看法,认为他们改造得很好,如果它必须改造的话。

来访者中有艾伦和玛丽·伍德夫妇,他们来看我是因为艾伦·伍德想写一本关于我的哲学研究工作的书。不久,他决定先写一本我的传记。在为撰写该传记而作准备的过程中,我们与他们夫妇俩经常见面,并且开始非常喜欢他们,信赖他们。然而,与某些来访者的会晤却是奇特的。一位从美国来的先生,原来他说来喝午茶,结果来的时候还带了美国的那位麦卡锡的一个情妇,她吹捧麦卡锡的德行。我很生气。还有一次,一个印度人带了他的女儿一起来。他一定要他的女儿为我跳舞,同时由他来为她伴奏。那时我刚出院不久,而且也不太乐意将我们客厅里的所有家具都统统往后退;当她旋转着跳跃起来时,整所房子直发颤,要是换一个场合,我可能会认为她跳得还是挺不错的。

那次住院成了我已经提到过的"传说"之一。有一天上午,我和我的太太在里士满公园作了长时间的散步,午饭后,她回到了自己的起居室,她的起居室就在我的起居室楼上。突然我出现在她的起居室里,说我感到病了。当然,把她吓了一跳。那是女王加冕典礼之前的一个风和日丽的星期天。虽然我太太试图找一位邻居以及我们自己在里士满和伦敦的医生,但是一个都找不到。最后,她拨打999,里士满警方非常友善、极其努力地前来救助。他们派来了一位我不认识的医生,这是他们当时唯一所能找到的一位医生。到警方终于设法找到了我们自己的医生时,我已经全身发紫了。那时已经会集了五位医生,其中一位著名的专家告诉我太太说,我恐怕只能活两小时。我被抬上一辆救护车,迅速送往医院,到了医院他们给我输氧,我又活了过来。

在里士满的那段愉快的生活中,还有其他一些阴郁的时刻。

1953年圣诞节,我正等着再度进医院去做一个大手术,而我的太太和家里的人全都得了流行性感冒病倒了。我的儿子和儿媳认定,就像我儿媳所说,他们"对孩子感到厌烦了"。他们同我和孩子们一起吃过圣诞节晚餐之后,带着剩下的食物走了,但是留下了孩子,而且一去不返。我们虽然喜欢这些孩子,但是被这一新的责任吓坏了,因为它给我们愉快而且已经非常充实的生活平添了许多令人烦恼的问题。有一段时间,我们希望他们的父母能回来尽自己的职责,但当我儿子病倒了时,我们只好放弃这一希望,而为孩子们的教育和假期作长期安排。另外,经济上的负担很重,而且令人相当烦恼:我过去已经从我的那张一万一千多一点英镑的诺贝尔奖金支票中提取了一万英镑给了我的第三任太太,而且我当时还得付给她和我的第二任太太赡养费,以及为我的小儿子支付教育和度假费用。除此之外,我大儿子的病开销也很大;而且他多年疏忽未交的所得税,现在得由我来补交。抚养和教育他的三个孩子这一前景,不管它多么愉快,都呈现出种种问题。

我出院后有一段时间身体不太好,但是到了5月份,我觉得自己已经康复了。我在国际笔会作了一次纪念赫尔曼·乌尔德的演讲,题为《作为一种艺术的历史》。后来国际笔会的秘书请我们去吃晚饭,而我则喜欢纵情谈论自己的文学好恶。具体说来,我最讨厌的是华兹华斯①。我不得不承认,他的有些作品很优秀——事实上,我对此也很赞赏和喜爱——但他的大部分作品太乏味,浮

———————
① 威廉·华兹华斯(1770—1850),英国主要的浪漫主义诗人和桂冠诗人(1843—1850)。——译注

华、无聊得令人难以忍受。遗憾的是，我有轻而易举就能记住拙劣诗句的窍门，因此我几乎能使任何一个拥护华兹华斯的人感到困窘。

不久后，我们从苏格兰回里士满，途中在北威尔士停留。我们的朋友鲁珀特和伊丽莎白·克劳谢－威廉斯夫妇已经在那里找了一所叫做"普拉斯·彭林"的房子，他们认为它可以作为我们和孩子们愉快地度假的房子。它小而简朴，但有一个可爱的花园、一个小果园和一些漂亮的山毛榉树。最重要的是，它周围的视野非常开阔，向南可以看到海，向西可以看到波马多克和卡那封山，向北沿着格拉斯林山谷往上，可以看到斯诺登山。我被这里的景色迷住了，尤其使我感到高兴的是可以看到山谷那边雪莱曾经住过的房子。我想，"普拉斯·彭林"的主人之所以同意将它租给我们，主要是因为他也是一位雪莱的爱好者，而且对我想要写一篇《粗野之人雪莱》(与"无用的天使"相反)的文章非常感兴趣。后来，我在雪莱故居"坦·y.拉利特"遇见一个人，他说他曾是一个食人生番——我所遇到过的第一个而且也是唯一的一个食人生番。在粗野之人雪莱的故居遇见他似乎是恰当的事情。在我们看来，"普拉斯·彭林"似乎是孩子们度假的理想地方，尤其是因为附近住有他们父母的朋友，他们父母的这些朋友他们早已认识，而且也有和他们同龄的孩子。我们认为，这是个替代里士满的电影院和"帐篷"的好去处。我们尽快把它租了下来。

但是这一切只是日常背景，和对乃是我主要兴趣之所在的国际事务的黑暗世界的摆脱。虽然《伦理学和政治学中的人类社会》一书受到好评，它的出版也未能平息我的焦虑不安。我觉得自己必须设法使世人了解那些他们正盲目地迎面朝之奔去的危险。我想,如果我在英国广播公司的节目中重述《伦理学和政治学中的人类社会》一书的部分内容,它也许会造成更大的影响。然而,我的这一构想受到了挫折,英国广播公司拒绝重述任何已经出版过的东西。因此,我又开始工作,为人类再谱写一首新的挽歌。

甚至在那时,即在反核毁灭斗争的那段相当早的日子里,在我看来也几乎不可能找到一种新的方式来表达我觉得自己已经用那么多不同的方式说过的东西。我的广播讲话的第一稿是个贫血的作品,话都说得没有力度。我立即把它扔了,作好准备,决定说出如果不采取措施的话,前景究竟有多可怕。结果写出来的讲稿则浓缩了我过去说过的一切。它的内容非常紧凑,我过去就这个问题所说过的一切,至少在实质上,都可以在其中找到。但是英国广播公司仍有异议,怕我会使许多听众感到厌烦和恐惧。于是他们想出了一个替代的方案,要我和一个年轻而又快乐的、能够抵消我那些可怕的预言的足球运动员举行一场辩论。这在我看来完全是轻浮无聊的,而且很清楚地表明英国广播公司当局对我为什么会感到绝望完全不了解。我没有答应他们的请求。最后,他们终于同意我在12月单独作一次广播讲话。我已经说过,在这次讲话中,我讲述了我所有的恐惧以及产生这些恐惧的原因。这篇当时叫做《人类的危机》的广播讲话,以下面这段话结束:"在我们面前,如果我们选择的话,就有幸福、知识和智慧方面持续不断的进步。难道我们会因为我们无法忘却我们的争吵而选择死亡?我作为人类的一员,向全人类呼吁:记住你的人性,忘掉其他一切。如果你能这样做,那么就有路通向新的天堂;如果你做不到,那么在你面这次广播讲话既有私人效果,又有公众效果。私人效果是暂时减轻了我个人的焦虑,并且给了我一种我已经对这个问题作了恰当表述的感觉。公众效果则更显著。我接到了不计其数的要我去作演讲或撰文的信件和邀请,远远超过我所能应付的。而且我还听说了许多我以前不知道的事情,其中有些令人颇为忧郁:有一位巴特西郡政会委员来看我,告诉我巴特西郡政会颁布了该地区全体居民在遭受核攻击时都要遵守的一些规定。一听到警报声,他们就必须马上跑到巴特西公园去挤公共汽车。希望这些公共汽车能把他们迅速送到乡下安全的地方。

几乎所有我所知道的对这次广播讲话的反应全都是严肃而又令人鼓舞的。但是我的有些演说也曾出现过闹剧性的插曲。其中有一次我现在回想起来还有点沾沾自喜:有一个人怒气冲冲地站起来,说我看起来像一只猴子;对此,我回答说:"那你将有幸听到你祖先的声音。"

我曾获得皮尔斯百科全书授予的上一年度卓越成就奖。前一年,该奖授给了一个跑一英里不到四分钟的年轻人。那个奖杯我现在还保存着,奖杯上写有:"指明通往和平之路的伯特兰·罗素。1955年。"

1955年4月为纪念1943年2月在华沙遇难的犹太人而举行的那次集会,是我发表过演说的那些最令人难忘的集会之一。音乐悲怆凄美,与会者的感情如此深挚,以至使得这次集会非常感人。我的演说和会场的音乐都录制了唱片。

最早对我的观点表现出明显兴趣的团体有世界议会法学者联

合会和也许更加认真的议会制世界政府协会,我和他们都曾有过多次会晤。他们打算于1955年4月在罗马举行联合会议,邀请我在会上讲话。说来也奇怪,我们下榻的就是半个多世纪以前我第一次去罗马时和莫德姨妈一起住过的那家旅馆。那是一家冷清而简陋的旅馆,已经不再为客人提供膳食,但它位于旧城的一个景物宜人地区。当时正值春暖花开的季节。在城里四处闲逛、沿着台伯河散步、到平乔山去品尝别处没有供应的膳食,都是一大乐趣。我觉得罗马会议非常感人,而且也很有意思。令我感到高兴的是,我在众议院和其他地方的集会上的讲话似乎打动了人们的心。我的每次讲话,都有来自不同民族的听众。有一次散会后,一个男人拦住了我,原来是因为他不会说英语,听不懂我的话,急得他几乎要哭了。他恳求我将我所说的翻译成世界语。哎呀,这我可办不到。我还喜欢会见文学界和政界的一些友好的知名人士,我对他们的著作早就很感兴趣,但以前却没有机会与他们讨论一些问题。

我原本希望在从罗马北上的途中到塞蒂纳诺去拜访一下伯纳德·贝伦森。但由于工作上的压力而没能去成。后来,我听说他对我的变卦很不高兴,尤其是,他说,在我们上一次见面时他就觉得我傲慢而且不友好。我对此感到非常遗憾,因为我对他一向十分友好,而且我觉得我对他一点也不傲慢。不过他所提到的上一次见面,对我来说,是个多少有点尴尬的场合。他的太太玛丽邀请我与他们共进午餐,我就去了。早在我和她的妹妹艾丽丝分手的时候,她给我写过一封尖酸刻薄的信,说他们再也不想跟我有任何瓜葛。后来过了许多年,她邀请我去共进午餐。我很高兴地接受了,因为我从来就不希望我们的友谊出现任何破裂,但是我感到有一点尴尬和难为情,因为我不能完全忘掉她以前的那封信。伯纳德·贝伦森显然从不知道这封信的事,要不然就是忘了。我本人觉得那次午餐弥合了以前的裂痕,当他要我再去塔蒂街1号时,我很高兴,因为我很想再去。

在我评估我的广播讲话所引起的反响和考虑下一步该做什么的同时,我已认识到我必须全力以赴地宣传的论点是国与国之间需要合作。我想到也许可以起草一份许多很有名而且受人尊敬的资本主义或共产主义意识形态的科学家都愿意签名的、要求采取进一步联合行动的声明。不过,在采取任何措施之前,我曾写信给爱因斯坦,想听听他对这样一个计划的看法。他很热情地回了信,但是他说,因为他身体不太好,而且他目前已承担的任务都很难按时完成,所以他本人除了把他认为会赞同的一些科学家的名单寄给我之外,帮不了什么忙。不过他还是请求我把这一想法付诸实施,并要我亲自起草声明。我这样做了,以我的圣诞节广播讲话《人类的危机》为基础起草了声明。在我跟议会法学者们一道去罗马之前不久,我列了一份东西方科学家的名单,并且都给他们写了信,信中附有那份声明。当然,为了得到爱因斯坦的认可,我也给他寄去了那份声明,但没有收到他的回信,还不知道他对那份声明有什么看法,他愿不愿意在那份声明上签名。正当我们从罗马飞往巴黎(世界政府协会打算再在巴黎进一步举行会议)的途中,机长宣布了爱因斯坦去世的消息。我感到心里非常难过,这不仅是由于那些显而易见的原因,而且还因为我明白,我的计划会因没有他的支持而流产。但是,当我到达巴黎的旅馆时,我就收到他的一封同意签名的来信。这是他的社会生活中最后的行为之一。

当我在巴黎时,我和弗雷德里克·约里奥－居里就我的计划作了一次长时间的讨论。他热烈欢迎这一计划,并且赞同那份声明,只是对其中的一个词提出了不同意见:我写道,"怕的是,如果大量使用原子弹,那么就会导致普遍的死亡——只有幸运的少数人是突然死亡,而大多数人则慢慢地被疾病和蜕变折磨而死"。他不喜欢我把少数人称作是"幸运的"。他说:"死亡不是幸运的事情。"他也许是对的。反话,若在国际上采用,则需慎重对待。总之,我同意将它删去。我回到英国后有一段时间,一直没有收到他的来信。后来才知道他病了。我也未能劝使其他一些有名望的科学家回信。我曾写信给一位中国科学家,却始终没有收到他的回信。我想可能是我把地址写错了。爱因斯坦曾劝我谋取尼尔斯·玻尔[①]的帮助,他认为玻尔肯定会赞同我的计划和声明。但是尽管我一再写信和打电报,却好几个星期都得不到他的回音。后来来了一封短信,说他不想与我的计划或声明有任何关系。俄国的院士们对西方仍心存疑虑,也拒绝签名,尽管他们写信来对这一计划表示了一些赞许。在通了几封信之后,奥托·哈恩[②]教授拒绝签名,据我了解,这是因为他当时正在为即将发表的科学家们的《梅劳宣言》工作。这个宣言已经在起草,但在我看来似乎因为它只是让西方科学家签名而显得有点无力。幸亏在梅劳宣言上签名的其他科学家同意我的看法,在两份宣言上都签了名。我个人最感到失望的是,我未能得到英国皇家学会会长、我的母校三一学院

---

① 尼尔斯·玻尔(1885—1962),丹麦物理学家、量子理论创立者之一。——译注
② 奥托·哈恩(1879—1968),德国化学家。曾于1944年获诺贝尔化学奖。——译注

院长艾德里安勋爵的签名。我知道他同意我的广播讲话中的那些原则，它们也是我希望他签名的那份宣言的原则。他自己也公开发表过类似的看法。而且我很高兴地知道三一学院想把《人类的危机》的手稿收藏在其图书馆里。但当我跟他讨论了我的声明或宣言之后，我想我明白了他不愿意签名的原因。我问："是因为它太善辩了，对吧？"他说："是的。"不过，在我写信去的那些科学家当中有许多人立即热情地同意签名；而且有一位科学家，莱纳斯·泡令①，他只是间接地听说了这一计划，便提出他也要签名，对此我欣然同意。

当我回顾这段时间时，我不明白那些日日夜夜怎么会有那么多的时间让我完成我所做的一切。去罗马和巴黎然后又回到苏格兰、家庭的烦恼、安排去北威尔士度假事宜、信件、讨论、来访者，以及演讲。我写了不计其数的文章。我经常与一位美国人，R.C.马什，会晤和通信，他当时正在收集和编辑我早期的一些论文，这本论文集第二年出版，书名为《逻辑与知识》。而我当时也在撰写《记忆中的肖像》一书，准备在 1956 年出版。1955 年 1 月，我在英国科学院发表了一篇关于 J.S. 穆勒的演说，这篇演说稿相当难写。我过去曾经常常谈到穆勒。但这次演说中却有一个我所珍爱的短语：在谈到命题都有一个主词和一个宾词这一事实时，我说这导致了"三千年的重大错误"。这次演说受到了最令人满意的喝彩。听众站了起来，挥拳，鼓掌。

到了 6 月，我写给科学家的信有一些仍然没有回音。我觉得

---

① 莱纳斯·泡令(1901—1994)，美国化学家。曾两次荣获诺贝尔奖。——译注

无论如何得制定一个如何发表这一宣言的具体计划。在我看来，似乎应当为它举行一个戏剧性的发布仪式，以便引起人们对它、它的内容以及支持它的那些人的显赫的关注。在摈弃了许多计划之后，我决定征求专家的意见。我认识《观察家》的主编但不熟，我相信他是个思想开明且富有同情心的人。事实证明，他当时确实如此。他召集同事们讨论这件事。他们一致认为，除了公布那篇宣言是由一些不同意识形态的著名科学家撰写和签名的这一事实之外，还需要做点别的。他们建议举行一次记者招待会，由我在会上宣读这个文件并回答有关的问题。他们所做的还远远不止这一些。他们表示愿意筹备这次记者招待会并为其筹措资金，条件是不能在事前让大家知道他们做了这些事情。最后决定记者招待会将在（1955年）7月9日举行。一个星期之前在卡克斯顿会馆订了一个房间。给报刊主编、外国报刊代表，以及英国广播公司和外国电台、电视台驻伦敦代表送去了请柬。请柬上只是说请他们参加一次记者招待会，会上要公布一个具有世界性影响的重要事情。反应令人振奋，房间不得不改为会馆里最大的一间。

那是可怕的一个星期。整天电话铃和门铃响个不停。记者和电台导播想要知道这个重要的新闻究竟是什么。显然，每个人都希望抢先获得这个新闻。《工人日报》有个人每天三次打电话来说他们报社没有收到请柬。每天告诉他们三遍已经邀请了他们。但他们似乎过去被人冷落惯了，总是不相信。毕竟，这个宣言的目的之一是促进共产主义世界与非共产主义世界之间的合作，虽然这不能告诉他们。这一阵子忙乱的负担全都落在我太太和管家身上。记者招待会的组织者不许我露面，也不许我接电话，除非是家人打来的电话。我们谁也不能离开这所房子。那个星期我一直坐在我书房的椅子上试图看书。后来有人告诉我,我有时还忧郁地嘟哝:"这快要成为湿爆竹了。"我记得那个星期一直下雨,而且很冷。

这件事情最糟的一个方面是,在此前不久我收到约里奥－居里的一封信,信中说他恐怕最终不能在这个宣言上签名。我弄不懂他为什么改变主意。我请求他来伦敦讨论这件事,但是他病得太重了。我一直与 E. H. S. 伯霍普博士保持着联系,以便使宣言在任何方面都不会冒犯那些共产主义意识形态的科学家。主要是由于他的努力,在记者招待会预定要举行的前一天晚上,比卡尔先生从巴黎赶来与我和伯霍普讨论约里奥－居里的反对问题。从那时起比卡尔先生取代了约里奥－居里在世界科学工作者联合会的地位。他们在晚上 11 点 30 分抵达。午夜后,我们达成了协议。宣言只能保持爱因斯坦签名时的样子,不能再改,况且要想征得其他签名者的同意修改宣言已为时太晚,无论如何也来不及了。因此,我建议把约里奥－居里的反对意见以脚注的形式加在必要的地方,并由我在第二天上午宣读宣言文本时将他的反对意见也一并读出。我是在处理一位美国科学家的反对意见时突然想出这个方法的。约里奥－居里的使者最后同意了这个建议,并代表约里奥－居里在宣言上签了名,因为他已得到授权,可以在达成协议后代为签名。

让我伤脑筋的另一个困难是物色一位不仅会给记者招待会增光而且还能帮我回答那些肯定会被问到的技术问题的会议主席。我所邀请的每一个人都以这样那样的理由拒绝承担这项工作。我承认,我怀疑他们的拒绝是由于怯懦。凡参与这个宣言或其发布仪式的人都冒着遭受非难的危险,这种非难,至少是在一段时期内,可能会使他们受到伤害或成为笑柄,对于后者他们或许甚至更为介意。或者,他们的拒绝也许是由于他们不喜欢记者招待会的那种有意的、戏剧的性质。最后,我听说约瑟夫·罗特布拉特教授挺有同情心。他当时是,而且现在仍然是,圣巴塞洛缪医院附属医学院的著名物理学家,和原子科学家协会的执行副会长。他勇敢而且毫不犹豫地同意担任主席,而且到时候还表现得非常圆熟。从那次幸运的见面的时候起,我常常很融洽地与罗特布拉特教授一起工作,我非常敬佩他。在勇敢、正直,和放弃他自己的专业(不过,他在专业上仍然是出类拔萃的)而致力于同核危机以及其他诸如此类的祸害作斗争的那种完全自我牺牲精神方面,几乎没有人能与他相比。如果有朝一日这些祸害被根除了,国际事务走上了正轨,他真的应该在群英榜上名列前茅。

在这次记者招待会上支持我的其他人当中有艾伦·伍德和玛丽·伍德。为了使这次记者招待会能顺利进行,他们与《观察家》的肯尼思·哈里斯一起,承担了各种繁重而又烦人的单调乏味的工作。结果,这次记者招待会的确进行得很顺利。会馆里不仅挤满了人,而且还塞满了各种录音和录像设备。我宣读宣言和签名者名单,说明宣言产生的原因和经过。然后,我在罗特布拉特的帮助下回答与会者提出的问题。当然,记者的心里对爱因斯坦的签名寄达的那种戏剧性方式留下深刻印象。从此以后,那份宣言就被称为《爱因斯坦－罗素宣言》(或《罗素－爱因斯坦宣言》)。记者招待会刚开始时,新闻界表现出极大的怀疑、冷漠和某种不加掩饰的敌意。随着会议的继续,记者们似乎变得同情,甚至赞同,只有一个美国记者是例外,他觉得我在回答一个问题时所说的某些话乃是对他的国家的当众侮辱。两个半小时后,记者招待会在热烈的气氛中和在大家对呼吁科学家们举行一次会议的结果寄予很大希望的情形下结束。

然而,当记者招待会已全部结束,我们回到米尔班克的那套公寓度周末时,反省开始了。我回想起了一件极其糟糕的事情:我在介绍签名者时说罗特布拉特是利物浦人。虽然他本人似乎没有注意到这一错误,但我还是感到羞愧。这件事情在我心中膨胀开来,成了一个硕大的疙瘩。由于这是件很没面子的事情,我甚至不好意思提起。当我们为了想看看晚报是否登了这次记者招待会的消息而走到议会大厦外面的阅报栏前,发现这则消息是以通栏大字标题登出时,我还是高兴不起来。但是更糟的还在后头。我听说,在签名者的名单中我把马克斯·玻恩①的名字给漏了,甚至还说他拒绝签名。事实刚好相反。他不仅签了名,而且还非常热心,帮了我许多忙。这是我的一个严重大错,对此我一直感到后悔不已。到我知道自己错了时已经来不及更正了,虽然我当时立即采取,而且后来也一直在采取,一切我所能想到的办法加以纠正。玻恩教授本人宽宏大量,继续与我保持友好的通信联系。像对其他大多数签名者来说一样,那份宣言的努力完成比个人感情更重要。

有关世界各地对那份宣言的发布作广泛的新闻报道的消息,继续源源而来。其中大多数是赞同的消息。我的情绪好起来了。

---

① 马克斯·玻恩(1882—1970),德国物理学家。1954 年与 W. 博特共获诺贝尔物理学奖。——译注

但我暂时不可能再做点什么以推进反对核军备的下一步行动计划。我必须用接下去几个星期的时间来专门处理家里的事情。在宣言发布之前的那个可怕的星期里,打进来的电话如果不是关于那个话题的,那就是来告诉我关于我大儿子病情的最令人苦恼的消息。接下去的几个星期我得一门心思处理那件事,并且把我的家搬到北威尔士的新居去度夏。我们不在时,北威尔士的那所房子已在鲁珀特和伊丽莎白·克劳谢-威廉斯夫妇友好的赞助下粉刷和整修过了。除了从上一个房客的家产中买下了一些家具以外,6月底他们又花了五个下午的时间在伦敦添置了一些必要的新家具。因此,几乎一切都为我们准备好了。我们去那里为尽快地接三个孙子孙女过来作准备。我很高兴逃离伦敦。大多数人似乎都认为我是一个城里人,但实际上,我一生的大多数时间是在乡下度过的,而且我觉得在乡下比在我到过的任何一个城市都快乐得多。但是,刚把孩子和那个在里士满照顾了他们多年的保姆安顿好,我又得到巴黎去参加另一次世界政府会议。这次会议在大学生居住区举行,会开得很有意思。还有各种各样与会议有关的宴会,有些是正式的,有些不那么正式。有一次是在法国外交部举行的。有一次,在伟大的女装设计师斯基亚帕雷利家举行的鸡尾酒会上,我走出房子来到花园,很快就被一群妇女围住了。她们认为妇女应该专门为反对核战争做点事情,希望我支持她们的计划。无论是谁,如果他尽其所能反对核战争,我都完全支持,但是我一直弄不懂,为什么男女两性不应当一起来反对核战争。根据我的经验,父亲完全和母亲一样关心其子女的幸福。我太太当时正站在花园上方的阳台上。突然她听到我提高嗓门儿,以极度痛苦的声调大声地说："但是，你们知道，我不是个母亲！"她立即派了一个人来为我解围。

这次巴黎会议于7月底结束后，我们回到里士满去参加另一个大会。议会制世界政府协会在6月份就计划召开一个由东西方科学家和其他人士参加的大会。如果弄得好的话，这个大会在8月初就能召开。他们和我一样，认为共产主义者与非共产主义者一起工作的时候已经来到了。我参加了他们的协商会，并准备在第一次会议上发言。从莫斯科科学院来了三位俄国人，还有来自世界许多地区的其他人，尤其是科学家。俄国人由托普切夫院士领队，后来我常与他见面，对他越来越尊敬，而且非常喜欢他。这是战后俄国共产党人第一次参加西方会议，我们全都非常希望把会开好。会开得基本上还算顺利。但是在第二天快要结束时的一次委员会会议上，俄国人曾一度无法与他们的西方同行达成协议。大会组织者打电话给我，问我是否能出面斡旋一下。很幸运，协议达成了。于是在最后的那次会议上我就能够宣读一致通过的大会决议。总的来说，这次大会是个合作的好兆头。由于事情终于按照本人所希望的那样向前发展，我就可以怀着愉快的心情回威尔士去度几星期真正的假。

当然，即便在度假期间也不是所有的工作全都停了下来。我同罗特布拉特教授和鲍威尔[1]教授早已在考虑如何落实呼吁举行一次科学家会议来商讨所有与核危机有关的问题的那份科学家宣

---

[1] C. F. 鲍威尔（1903—1969），英国物理学家。1950年获诺贝尔物理学奖。——译注

言。约里奥－居里教授本人病得很重,无法积极参与我们的计划,他在远方鼓励我们。到这时我们已经有了相当大的把握,相信能够把一批优秀的东西方科学家召集在一起。

在起草那份宣言的初期,我就希望自己在这方面能够得到印度科学家和印度政府的支持。在1955年2月尼赫鲁刚开始访问伦敦时,我的希望高涨。尼赫鲁本人似乎非常有同情心。我曾与他共进过午餐,并且在各种会议和接见中与他谈过话。他非常友好。但是当我在尼赫鲁的访问接近尾声,会见印度主要官方科学家巴巴博士时,我被浇了一盆冷水。他对任何这一类宣言都深表怀疑,更不要说对将来我想要举行的任何这一类会议了。显然,我不可能从印度官方的科学界得到任何鼓励。然而,在那份宣言成功地发布以后,尼赫鲁比较友好的态度占了上风。由于得到印度政府的批准和帮助,第一次东西方科学家会议拟于1957年1月在新德里举行。

整个1956年的初期,我们都在尽可能地完善我们的会议计划。到这一年的年中,我们已以我的名义给大约六十位科学家发出了邀请。但是对我来说,1956年则是零敲碎打的一年,主要是忙于广播讲话和写文章。旧友新交络绎不绝地来来往往,令我感到愉悦。我们决定卖掉里士满的房子,永久迁居北威尔士。然而,我们保留了米尔班克的那套公寓作为在伦敦的落脚点,那里可以看到我所喜欢的河流美景。后来,为了米尔班克的现代化,我们只好搬出那套公寓。在政治上,我参加了无数与各种事务有关的会议,有些与塞浦路斯的动乱有关,有些与世界政府有关。(2月份,世界政府协会在下议院设宴招待我。我一直感到没有把握,不清楚宴会上究竟有多少人知道这已被宣布是为我举行的宴会。不管怎么说,宴会上有些人的讲话会使我感到飘飘然,只要我能相信它们的话。)我尤其关心营救被关押在美国的莫顿·索贝尔的运动。

在1951年卢森堡受审和被处死(我很想说这是暗杀)时,说起来很不好意思,我对当时所发生的那件事情不太经意,只是略微知道一点。现在,1956年3月,我的表妹玛格丽特·劳埃德带莫顿·索贝尔的母亲索贝尔太太来见我。索贝尔已被美国政府从墨西哥绑架去接受与卢森堡一案有关的审讯。根据一个众所周知的作伪证者的证言,他被判处30年徒刑,当时他已服了5年刑。他的家人正在设法博得人们对他的支持,而他的母亲则来英国寻求帮助。美国有几位名人已经为他仗义执言,但是没用。无论是这里还是在美国,人们对他的困境和造成这种困境的原因似乎都一无所知。我记得我曾与一位不但有名而且备受称赞的联邦法院法官谈过这个案子。他声称对莫顿·索贝尔的案子完全不知情,而且对我所告诉他的一切深感震惊。但我注意到他后来并没有勉力去查明事实真相,更不用说采取什么行动加以补救了。在我看来,这是个极其荒谬的案子,我同意尽我所能唤起人们对它的注意。伦敦已经成立了一个小团体来做这件事,他们同意帮助我。我给报社写信,并写文章谈论此事。在我的那些信当中有一封含有这样一个短语:"一群被吓得够呛的作伪证者",这个短语很中我的意,然而却惹恼了与我意见相左的那些人。美国人和其他地方人愤怒的信件如潮水般涌来,否认我的指控,愤怒地责问我怎么可以如此大胆,竟敢对美国司法表示怀疑。有几封信是来自与我观点相同的人,包括上面提到的那个伦敦团体的成员,虽然就我所知,英国没有一个人公开支持我的观点。我被普遍而且往往是恶毒地指责为反美，如同我对任何美国人或任何美国的事物作不利的批评时往往会受到的指责一样。我不知道原因，因为我在那个国家几度长期居留过，在那里有许多朋友，而且还经常对许多美国人和美国人的所作所为表示钦佩。此外，我还娶了两个美国人。然而——十年之后，人们终于普遍认为对莫顿·索贝尔的指控是站不住脚的。1962—1963年上诉法院公开宣判这个案子。在宣读法官的裁决时，我理解他们的意思是说索贝尔一案不值得重新审理。在请教索贝尔的辩护律师对于我对裁决的解释的意见时，他们告诉我说："虽然不完全像你想的那么露骨，但确实是非常糟糕。"辩护律师们论证说："埃塞尔·卢森堡在受审期间被剥夺了宪法第五修正案所规定的权利，这一点在随后的最高法院一个判决——通常被称为'格鲁内瓦尔德'判决——中完全得到了证实。这个判决指出，埃塞尔·卢森堡有权得到重新审理；而且，由于她的无辜可以证实她的丈夫和索贝尔的无辜，因此他们也有权得到重新审理……。可惜卢森堡夫妇已经不在人世了，但索贝尔应该在法庭上时来运转。"尽管他的家人为使他获得自由坚持进行长期、勇敢的斗争，但莫顿·索贝尔还是被关在监狱里。

1947年年初我在上院曾说过，在美国"任何拥护联合国的人都被称为危险的'赤色分子'"。这种不分青红皂白的反共态度使我感到担忧，尤其是因为越来越多自认为思想开明的团体采取这种态度。因此，1953年年初我觉得必须退出美国文化自由委员会。我仍然是国际文化自由大会的名誉主席。三年后，有人给我寄来一本书的校样，该书叫做《司法公正吗？卢森堡－索贝尔案》，作者是芝加哥大学法学教授马尔科姆·夏普。这本书使我,而且我认为也使任何一个人,非常清楚地看出,那是一个误判。我在报刊上谴责对卢森堡夫妇和索贝尔所使用的那种歇斯底里和警察国家的手段。鉴于这几年所增加的证据,美国文化自由委员会的反应似乎比那个时候甚至更为荒谬。该委员会声称:"根本就没有任何证据可以证明联邦调查局在卢森堡一案中犯有暴行或雇用凶手。根本就没有什么人支持你认为索贝尔是一个无辜者,是政治歇斯底里的受害者的指控。你的关于索贝尔或卢森堡夫妇是根据作伪证者(不管他们是否被吓得够呛)的证言被判刑的论点,也完全是无稽之谈。……你对美国司法程序的评论,你在联邦调查局的方法与纳粹德国或斯大林时期俄国的警察手段之间所作的类比,已构成对自由民主事业的重大伤害。"在得知美国分会只赞成在共产主义国家而不赞成在其他地方争取文化自由之后,我辞掉了国际文化自由大会名誉主席的职位。

但是在1956年夏天,就拟议中的科学家会议而言,事情似乎朝着我们那个方向发展。后来,10月份世界上突然发生了两件不幸的事情:第一件是匈牙利叛乱和对它的镇压①;第二件是苏伊士运河事件。关于后者,正像我公开所说的那样,我感到震惊,并且对我们政府的军事和其他方面的阴谋感到厌恶。我欢迎盖茨克尔②的演说,尽管它枯燥无味而且来得晚了,因为它或多或少正式

---

① 时常有人问我为什么当时没有强烈谴责俄国对匈牙利叛乱的镇压。我之所以没有那样做是因为没有必要。当时所谓西方世界的大多数人都在强烈谴责。有些人强烈反对入侵苏伊士的行动,但大多数人则持默认态度。

② 休·盖茨克尔(1906—1963),英国工党领袖、政治家。——译注

说出了一些应该说的话。由于这次入侵苏伊士的不明智的行动，英国必然会失去自己在国际事务中的影响，但是在我看来，这种损失几乎是无法弥补的。无论如何，要让当时必须绕道的西方与会者于1957年1月到达印度，显然是不可能的。因此，我们不得不重新拟订下一步的行动计划。

问题是这项工作该如何完成，这样的会议应当在什么地方举行，以及，最重要的是，如何筹措资金。我觉得毫无疑问，这个会议不应当受任何一个已成立的团体的信条的约束，它应当完全是中立而且独立的；其他参与拟订计划的人也有同样的想法。但是我们在英国找不到一个愿意（如果有能力的话）资助这个会议的个人或组织，而且确实没有一个人愿意没有附带条件地这样做。不久前，我收到美国赛勒斯·伊顿①的一封热情的信，信中他对我当时正在做的事情表示赞同。他曾表示过愿意资助。希腊海运业大王亚里士多德·奥纳西斯也曾表示过，如果会议在蒙特卡洛举行，他愿意帮助。后来，赛勒斯·伊顿进一步确定，如果会议在他的出生地新斯科舍省的帕格沃什举行，他愿意提供资助。他曾在那里举办过其他各种性质并非完全不同的会议。我们同意了这一条件。在罗特布拉特教授和鲍威尔教授的指导下，计划进展很快。他们得到伯霍普博士，和圣巴塞洛缪医学院的物理学家帕特里夏·林多普博士在当时以及后来很大的帮助。我发现，她对和平事业和科学家之间合作事业明达而富有献身精神的忠诚，甚至可以与罗特布拉特教授媲美。她表面上无忧无虑并且温雅圆通地做自己的

---

① 赛勒斯·伊顿(1883—1979)，美国－加拿大企业家和慈善家。——译注

工作，看管自己的孩子，料理家务，以及管理科学家。第一次会议于1957年7月初在帕格沃什举行。

我因年事已高，身体不好，未能参加这第一次会议。1957年我的大部分时间都用来去医院做各种检查，以确定我的喉咙到底是什么毛病。2月份，为了查明我是否得了喉癌，我只好短期住院。入院的那天晚上，我在英国广播公司与唐赛德的修道院院长勃特勒进行了一场辩论，我觉得这场辩论非常有意思，我想他也有同感。住院检查这件事进行得像这种考验人的表演一样令人愉快，最后发现我并没有得癌症。但我得的是什么病呢？因此继续进行检查，我还得继续靠婴儿食品以及其他这一类食物维持生命。

从那时以后，我出了几次国，不过没有一次像去帕格沃什的那次走得那么远。我之所以避免作较远的旅行，部分是因为我怕如果我去一个国家，其他国家一直在竭力劝说我去那儿的人会觉得受到了公开侮辱。对于一个非官方人士来说，避免这种情况发生的唯一办法就是放弃远程旅行。不过，1958年我还是去奥地利参加了一次帕格沃什会议。会后我留了下来，和我太太一起开车去旅行。我们驱车沿着多瑙河去自从我小时候喜欢上狮心王理查之后我便一直想去看看的迪恩施泰因。河边峭壁上梅尔克宏伟苍凉的富丽和它的图书馆的华美给我留下非常深刻的印象。后来，我们驱车在山区绕了一大圈回维也纳。空气甜润馥郁。旅行中的我们好像进入了我少年时代所读的故事书中，乡村的景色就像童话书中一样，人们都很和善、纯朴和快乐。在一个小村子里有一棵很大的欧椴树，村民在傍晚和星期天聚集在树下聊天。那是一棵矗立在一片神奇的草地上的神奇的树，恬静，可爱，充满祥和之气。

有一次，当我们沿着山脚下水流湍急的小溪旁一条狭窄的小路驱车前行时，我们被一处塌方挡住了。巨大的杉树树干横堆在路上。我们停下车，寻思着如何绕过或越过去。突然，出现了男男女女，好像是从地下冒出来似的，其实他们来自附近的农家。他们动手干了起来，说说笑笑地把障碍物搬开。我觉得似乎一转眼的工夫道路就畅通了，于是人们微笑着挥手向我们告别。

不过还是回到帕格沃什的话题上——第一次帕格沃什会议的主持人通过信函和电话与我保持密切的联系，他们及时向我通报会议的进展情况，我对我所听说的一切感到满意。我们原本就决定，不但应当邀请物理学家，而且还应当邀请生物和社会科学家参加会议。总共有 22 位与会者——他们分别来自美国、苏联、中国、波兰、澳大利亚、奥地利、加拿大、法国、英国和日本。会上用英语和俄语进行交流。尤其使我感到高兴的是，这次会议表明在"意识形态"极为不同、而且科学以及其他方面的观点也明显对立的科学家之间，能够进行我们所希望的那种真正的合作。

这次会议叫做帕格沃什科学家会议，为了保持连贯性，这个运动后来就继续用帕格沃什这个名字来称呼。除了别的以外，这次会议还成立了一个由我任主席的 5 人"常设委员会"，以负责筹备以后的会议。更加重要的是，这次会议确立了一种以后的会议都遵循的形式。举行了若干次全体会议，在会上宣读了重要的论文。一开始便成立的那些小型委员会开了很多次会，会上对总题目的某些方面展开讨论并作出决议。最重要的是，这次会议是在友好的气氛中进行的。也许，这次以及后来那几次帕格沃什会议唯一的特色就在于，与会者不仅在会上而且还在会后的业余时间相互交往，并且渐渐地作为人而不只是作为这个或那个潜在敌对的信仰或国家的科学家相互熟悉起来。这个最重要的特色之所以成为可能，在很大程度上是由于赛勒斯·伊顿对形势和我们想要达到的目标的敏锐了解，以及他圆通得体的款待。

由于我没有出席，我不打算详细叙述这次或其他任何一次会议的活动或成果。罗特布拉特教授编了一本极好的会议录，该书全面地记录了这次以及随后一直到它1962年出版时为止的七次会议的详细情况。在此只要说第一次会议有三个委员会就够了：(1)关于由原子能的使用所产生的危险；(2)关于核武器的控制，它概述了以后的会议要详细加以讨论的裁军的总目标；(3)关于科学家的社会责任。如同罗特布拉特教授所指出的，第一个委员会的成果可能包括东西方科学家之间在核试验的影响方面所达成的第一个协议。第三个委员会将其成果概括成十一条共同信念，只不过一年以后，这十一条共同信念就成了众所周知的《维也纳宣言》的基础。这第一次帕格沃什会议发表了一篇声明，苏联科学院在这篇声明上正式签了字，这篇声明在中国也受到热烈欢迎，但是在西方对它的宣传却比较少，而且也比较慢。

常设委员会于1957年12月在伦敦举行第一次委员会议，于是另一次类似的会议（又是赛勒斯·伊顿使这次会议成为可能）于1958年春在加拿大的拉克博波尔举行。接下来是一次更加雄心勃勃的努力：1958年9月在奥地利的基茨比厄尔举行的一次大型会议。这次会议是由于汉斯·蒂林教授的斡旋，并得到特奥多尔-克尔纳基金会的赞助，才得以成为可能的。随后在维也纳又开了几次会。前两次会议不准新闻界或观察员参加。这第三次会议不仅有观察员参加,而且他们之中还有与会者的家人。在维也纳召开的那几次大会都有记者参加。9月20日上午在奥地利科学院举行的那个会上发布了《维也纳宣言》。它是除一票弃权外获得基茨比厄尔会议全体与会者通过的一个声明,而且,如同罗特布拉特教授所说的,它成了帕格沃什运动的信条。这个宣言太长,在此无法引录,但可以在罗特布拉特教授所编的会议录中找到。这个会由奥地利总统阿道夫·舍夫博士宣布开会,因为这次会议受到奥地利政府非常慷慨的欢迎。同许多东西方其他科学家一样,我也以该运动的最高领导人和常设委员会主席的身份发表了演说。在我看来,这是一个令人印象深刻、难以忘怀的正式场合。我在演说中回叙了克里米亚战争期间我祖父在一个大会(也在维也纳召开)上的演说,在那次演说中他呼吁和平,但被驳回。大会结束后,我们参加了总统在旧王宫所设的午宴。接着在维也纳市政厅举行了一个重要的集会,会上十位与会的科学家向一万名听众发表了演说——但我未能出席这次集会。

帕格沃什运动最显著的成就是那个部分禁止核试验条约的缔结(这主要应归功于帕格沃什运动),该条约禁止和平时期在地面以上进行核试验。我个人,无论当时还是现在,对这种部分禁止并不感到满意。在我看来,如我预料的那样,它是对于不该加以抚慰的良心和恐惧的一种抚慰。同时,它只不过是稍微缓解了一下我们全都面临的那些危险而已。在我看来,对于实现我们想望的全面禁止来说,它更可能是一种阻碍而不是一种促进。不过尽管如此,它还是表明了:东西双方可以通过合作得到他们想要得到的东西;帕格沃什运动想要在什么时间什么地点起作用,它就能在什么时间什么地点起作用。它有点像是我们以某种怀疑的目光对其所作所为观察了好多年的各种"裁军会议"的真情流露。

现在，帕格沃什运动似乎已牢牢地站稳了脚跟，并且成了科学与国际事务的关系方面所取得的相当大的进展的一部分。最近这几年，我本人与这方面的进展几乎没有什么直接的关系。我的兴趣已转向新的计划，那就是说服各国人民和政府杜绝战争，尤其是销毁大规模的毁灭性武器，首先是核武器。在作这些新的努力的过程中，我感到自己在那些比较保守的科学家眼里已经变得很不光彩。1962年9月，帕格沃什运动在伦敦举行了一次来自世界各地的科学家大会。大会安排我作一次演说，讲讲发起这个运动的经过，于是我就预先告诉我的朋友们说，演讲时有人可能会嘘我下台——因为我完全相信他们会这么做。结果当我站起来讲话时，除了黑尔什姆勋爵以外，(有人告诉我说)所有与会者全都站起来热烈鼓掌，使我深受感动。黑尔什姆勋爵是以英国科学大臣的身份前来参加大会的。我想，他个人对我是很友好的，但碍于官职身份，他坐着没动。那是我最后一次公开参加帕格沃什会议。

书　信

伯纳德·贝伦森的来信

亲爱的伯蒂：

玛丽在23日去世了，因为我知道她一直很喜欢你，所以我就把她去世的消息告诉你。这是一种解脱,因为她很遭罪,而且最近几年越来越痛苦。

几个月前,我把你发表在《地平线》上的一篇关于美国的文章念给她听。这使她和我都很愉快。

我们有好几年没有见到你发表的其他著作了。我们与西方世界断绝音讯已整整五年了。我很高兴知道你已回到你的母校剑桥大学三一学院。因此我相信我们可能会有一天再见面。见面的地点可能会是这里,因为我拿不准自己是否会很快去英国。

想必你现在已经有了一个成年的儿子吧。他怎么样?深深地怀念你。

你的真诚的
伯纳德·贝伦森
1945 年 3 月 29 日
佛罗伦萨
塞蒂纳诺
塔蒂街 1 号

亲爱的伯蒂:

听斯普里格太太说你想重访塔蒂街 1 号。再见到你,我会感到由衷的高兴,还有你太太,我记得她。我建议你们在 12 月 1 日到 4 月 1 日之间的任何时候来这里住上十天半个月。其他月份我们要么不在家,要么家里人太多,而我则想单独和你们在一起。多年来我一直在读你所发表的有关人类事务的著作,觉得好像另外没有人能够像你那样说出我所想说的话。

别再拖延了,因为再过几个星期我就满90岁了,上帝随时都有可能叫我去。

深深地怀念你。

你的永久的朋友
伯纳德·贝伦森
1954年6月1日至7月
威尼斯
欧罗巴和不列颠饭店

亲爱的伯蒂:

谢谢你寄来《名人的梦魇》。我喜欢你的机智、你的召唤、你的愤世嫉俗的幽默。继续写!

对了,1月10日到3月1日之间的任何时候对我来说都是再合适不过了。如果你能来住上两个星期,我会很高兴。

你的诚挚的
伯纳德·贝伦森
1954年7月12日
佛罗伦萨
塞蒂纳诺
塔蒂街1号

又及:过段时间请来信告诉我确切日期。　　伯纳德·贝伦森

亲爱的伯蒂:

你12日的信使我感到伤心。我盼望见到你——我的最后一个接近于同龄的人、和我有这么多共同点的人。

除非你被工作拴住,无法离开伦敦,否则你在这里至少可以像在家里一样进行工作。我除了用餐时以外,从不见客,或者如果他们想要见我的话,可以和我一起作我如今很短程的散步。

如果1月15日至3月15日不可能来,是否还有其他比较适合你的时间?

你能夏天来吗?我们三人住在瓦隆布罗萨的一个乐园里,不过这个乐园很土气,而且远远说不上宽敞和舒适。

希望你能接受我的建议。

　　　　　　　　　　　　　　　诚挚的
　　　　　　　　　　　　　　　伯纳德·贝伦森
　　　　　　　　　　　　　　　1954年11月16日
　　　　　　　　　　　　　　　佛罗伦萨
　　　　　　　　　　　　　　　塞蒂纳诺
　　　　　　　　　　　　　　　塔蒂街1号

又及:我再也过不了阿尔卑斯山了。伦敦、巴黎、纽约等地,现在对我来说,由于旅途太累人,实在是去不了了。

89 亲爱的伯蒂：

我当然知道你在罗马，而且我还曾怀有一线希望，希望你能抽时间来佛罗伦萨与我相聚一两天。你未成此行，令我失望。

我再次恳请你在11月15日至3月15日之间的任何时候来住上半个月左右，最好是1月15日至3月15日之间。你在这里可以像在家里一样工作，因为我除了用餐时和傍晚——如果客人们愿意在晚饭后陪陪我的话——以外，从不见客。

重温那么久以前的日子当然是一件乐事。对你太太我也留有愉快的回忆，而且我很乐意与她叙叙旧。

你真的相信灾难可以避免吗？恐怕那些试验是不可避免的，还有那些该死的后果。

> 你的诚挚的
> 伯纳德·贝伦森
> 1955年5月8日
> 萨涅特·沃尔皮－的黎波里

下文是我到里士满在与我儿子及其家人共住的那所房子里住了不久之后写的：

我常常独自在彭布罗克邸园的花园里散步，而且由此产生了一种几乎无法忍受的忧郁心情。政府正在干大事，可全是些坏事。花园的一半美极了：到处是杜鹃花、风铃草、水仙花和鲜花盛开的山楂树。他们小气地将这半个花园用有刺的铁丝网围起来（我爬进去），生怕公众来观赏。这和布莱克①的《爱情花园》像极了，只是"牧师"换成了官僚。

　　我也因涉足约翰和苏珊的生活而感到苦恼。他们是1914年以后出生的，因此不会快乐。他们的三个孩子都很可爱：我爱他们，他们也喜欢我。但他们的父母却分开生活，各自生活在梦魇和绝望的牢笼里。那并不是在表面上；表面上他们是快乐的。但是实际上约翰生活在多疑的孤独中，不能相信有什么人可以信赖；而苏珊则因为对这可怕的世界的思索而被一阵阵突发的剧烈痛苦逼得无法忍受。她在写诗中找到慰藉，而他则毫无慰藉。我看出他们的婚姻会破裂，而且他们两个人永远也找不到幸福或安宁。我常常能够拒斥这种可怕的直觉认识，但是我由于太爱他们俩而无法继续在世俗常识的层次上想他们的事情。如果我没有卡珊德拉②的那种可怕的预见悲剧的天赋才能，我在此就会在表面层次上感到快乐。但事实上，我感到痛苦。而且他们的毛病也是全世界所有青年的毛病。我非常同情这迷惘的一代——他们之所以迷惘乃是因为包括我在内的这一代人的愚蠢和贪婪。这是个沉重的负担，但人们必须超脱它。也许，受苦到了极限，某句安慰的话就会显露出来。

1950年5月12日

---

　①　威廉·布莱克(1757—1827)，英国诗人、画家、版画家。——译注
　②　卡珊德拉，希腊神话人物，特洛亚公主，普里阿摩斯和赫卡柏的女儿，被赋予预言才能。——译注

90 致我的《名人的梦魇》一书的插图作者查尔斯·W.斯图尔特。我极想找一个像杜米埃①那样的画家,或者最好像戈雅②那样的画家,来凸现这本书强烈的讽刺意味和我的《伦理学和政治学中的人类社会》一书中所含有的警告。

亲爱的斯图尔特先生:

你寄来的插图草稿已收到,谢谢。我非常喜欢这些草稿,因此叫你画插图我很高兴。我注意到你所说的有关斯大林的话,因而我想成图与草稿多少会有些不同。我特别喜欢那幅存在主义者的梦魇和《查哈托波尔克》中那位女士被焚的那一幅插图。《查哈托波尔克》的另一幅插图,我也很喜欢,只是我认为山谷应当更加明媚而且漫山遍野都是花,不过也许当你完成这幅插图时它就会变成这样了。在《索思波特·沃尔佩斯博士》的那幅插图中,我想天空中的东西大概是飞机吧,我认为如果将它们画得大一点、醒目一点可能更好些。我完全同意你关于让其他每一个梦魇的标题全都单独占一页的建议,而且我也不反对你所提出的将沃尔佩斯置于艾森豪威尔和艾奇逊之间。我喜滋滋地盼望着《信仰与山脉》中的一幅两位女士吵架的插图。由于这篇小说正在排印中,我现将一份备用的打字稿寄给你,不过希望你用完之后寄还给我。

我现在正在写另一本书,不是小说,而是关于伦理学和政治学的,书名叫做《人类社会:诊断与预后》。我想在这本书中安排三幅

---

① 奥诺雷·杜米埃(1808—1879),法国讽刺画家、油画家、雕塑家。——译注
② 弗朗西斯科·戈雅(1746—1828),西班牙著名画家。——译注

3. 伊迪丝·罗素（洛特·迈特纳－格拉夫摄）

4. 汉斯·厄尼画的油画《伯特兰·罗素》

插图，或者是由三个部分组成的一幅图，像一组三幅相联的宗教画一样，说明过去、现在和将来对智慧的使用。如果你有意承担这项工作而且斯坦利·昂温也同意的话，我将非常高兴。在最近四个月内的任何时候画好都行。我希望这三幅插图都尽可能地生猛辛辣。

插图草稿随信寄回。

你的诚挚的
伯特兰·罗素
1953 年 11 月 20 日

艾恩·布拉比有关《好公民的基本知识》一书的来信

亲爱的罗素勋爵：

你寄来的书已收到，非常感谢。这是本令人愉悦的书。我不能确定究竟是图配得上文呢，还是文配得上图。不管哪种情况，它们几乎是好得不能再好了。我认为"愚蠢"、"贪婪"和"高兴"是我最喜欢的，不过我也很喜欢"不公正"、"错误"和"暴戾"以及其他诸多篇文字。另外还有，开场白（我觉得那是最贴切的字眼）和它的一些插图，我也很喜欢。我确信你和那位画家会被判服比一般剂量大三倍的毒药，因为你们会被控不仅使年轻人而且还使中年人和老年人堕落——而使后两种人堕落是非常不道德的，因为他们复原的时间已经不多了。不管怎么说，我非常乐意受它的毒害；再次感谢你。

上上个周末我已把我的书寄给牛津大学图书馆馆长,希望很快能得到回音。我几乎用不着再次说我多么感谢你的关心和帮助了。

致以最良好的祝愿
你的诚挚的
艾恩
1953 年 3 月 31 日
肯特郡伯青顿附近
韦德河上的圣尼古拉
昆士兰

鲁珀特·克劳谢-威廉斯的来信

亲爱的伯蒂:

看了你的小说我很高兴——而且尤其是因为这篇小说的大部分我是在都柏林的一个神学院学生宿舍的一间非常昏暗肮脏的斗室里看的——所以我决定给你写一封其篇幅足可对我所喜欢的各个地方作一番评论的长信;而我却把这件事情耽搁了下来——主要是因为我在爱尔兰的假期过得不像个假期,而且不知怎的,使我的心情变得很糟,干什么事情都比以前干得差——而且还慢了许多。(但这也许多少有点是因为修改,而且尤其是删节,比思想的实际表述要乏味得多。)

不管怎么说,《信仰与山脉》确实是到目前为止你所有的小说中我最喜欢的一篇。我想这部分地是因为它的主题正好是我所熟悉的东西。不过我认为你把这个主题处理得非常好,模仿和夸张的手法用得恰到好处,一点也不过分。那两个对立的学说的那种伪科学的貌似合理性令人愉悦,尤其是按照瓦格索恩先生后来关于人类的那种认为事后出现的东西是没有意义的能力的观点,更是如此。顺便提一句,43页上的那一整段使所有以M起首的名字逐步具有时间掌握得非常好的喜剧效果。一般说来对于你的效果的时间掌握——例如,你选择轻描淡写地陈述或尖刻激烈地陈述的时机——现在在技术上是极其有效的。(那位教授在大会上的开幕词;第七章开头概述他未来的那一段的简明扼要——关于登辛的点睛之笔!;"于是,他们互相拥抱"。)

还有很多装出一副正经的面孔(当然,这是你的特点之一)暗中进行挖苦的话语:马格内特一家不吃纯精肉;信徒们最终留在偏僻的郊区。而且我喜欢关于那非常狭窄的山谷和关于桑尼先生使用六分仪的奇想。还有对T. L. S.的模仿,它具有"浅明的确定性"、"较深邃的智慧源泉"和"冷静客观地批判的非凡才智"。

你的《信息》当然非常值得称赞;事实上,扎卡里最终对他父亲的答复是简要明确的。但是,在我看来,最后一段甚至更加明确——因为它使我放声大笑(而且也使伊丽莎白放声大笑,她要我向你问好,并表示完全同意你的看法)。你如此巧妙和滑稽地再现了那么多赞美诗的陈腐平庸。(现在我想起来了,这种效果部分产生于第三行与第四行之间思想的略微混淆:那胸腔的疾病和使我们的肌肉发达。)接下来是——非常恰当地——最后一行的"崇高"一词。

顺便提一下，我很高兴地看到你在几个星期前的《星期日泰晤士报》上的一篇评论中强调强权政治而不是意识形态的作用——而且你还再次强调科学以及科学方法制约西方价值观念（中的所有"最好的"东西）的那种情形。叫人受不了的是甚至最不黏黏糊糊的人也都接受相反的"黏黏糊糊的"信念的那种情形。

　　几天前有个叫安格斯·威尔逊的小说家在《观察家》上评论一本关于乔治·桑的书时——完全是按我的意思——使用了我的"黏黏糊糊的"("soupy")这个词。我非常希望这是该词正在传播开来的一个迹象；我相信，安格斯·威尔逊是我曾向其介绍过该词的西里尔·康诺利的朋友。

　　汤姆金斯和梅罗这两个名字（一起）我似乎听起来耳熟，但想不起来了。你是否能告诉我他们是谁？我认识吗？

你的永久的朋友

鲁珀特

1953 年 8 月 1 日

梅里奥尼斯

彭林代德赖思

波特梅里翁

城堡院

　　今天是星期天，我刚想起本地邮局的信筒不能投大信封。因此我要等明天才能把手稿寄回。

J. B. S. 霍尔丹的来信

亲爱的罗素：

你寄来的资料已收到，非常感谢。当然，我对那一段作了修改，以便使其符合事实。到了老年，我对动物行为越来越感兴趣，甚至还做了一些"破译"蜜蜂语言方面的工作（对这种语言的充分说明可见诸里班兹的《蜜蜂的行为和社会生活》）。你知道，从丰富的食物源回来的蜜蜂会跳舞。所有舞蹈的类别是一个有四个变元的命题函项，它可表述为：

"在距离 C，方向 D，有一个 A 味的、需要 B 个工蜂的食物源。"

A 由实物来表示，B、C、D 则象征性地加以表示。我不太准确地翻译了表示 C 的符号。到时候我会把论文寄给你。但是，如果给蜜蜂采集的花蜜是在它们的垂直上方，它们就无法传达这一事实，虽然它们以不规则的方式跳舞。有些事实真相，就像须避讳的上帝之名一样，是不能用跳舞表示的。

林道尔发现，蜜蜂的政治制度甚至更令人惊奇。他有一场持续五天之久的关于筑巢地点的辩论记录。

如果我把命题函项说成命题类是错误的，你也许会纠正我。如果人们像观察蜜蜂那样"从外部"考察命题，这似乎是一种考虑问题的自然方法。

同时，许多德国人（不包括冯·弗里施和林道尔）正在以相当纳粹的方式大肆宣传动物行为的固定性（参见我太太的重印书）。在索普的倡导下，"印记"（imprinting）一词被用来表示由幼时经验而造成的各种历久性的行为改变（例如，小鸡跟着斯波尔丁走）。

你的诚挚的

J. B. S. 霍尔丹

1953 年 11 月 5 日

伦敦大学学院

生物统计学系

H. 麦克黑格先生

亲爱的先生：

去年我有幸给你讲课：当时你在悉尼。但是，本周的一个晚上，你就更近了：在这里，在奥克兰，我听见了你的声音——奥克兰 I. Y. A. 广播电台播放的录音。

现在我明白了那位《公报》画家怎么，或为什么，能把那家周刊的专栏中描绘的——标有你名字的——卑污人物画得如此可怕：他肯定既听过你讲话，也见过你本人。

每当打开收音机，我常常在想，广播电台的人究竟有没有耳朵；或者说，如果有耳朵的话，他们自己究竟有没有一点鉴赏力。但是，播音员一点明你就是发出那些非常令人厌恶的声音的那个人，我就知道，不管有没有耳朵，那些人根本不在乎使别人蒙受痛苦——而且也根本不在乎将一个人对他自己所能作出的那种令人震惊的毁损（你就是这种情况）公之于众。因为，除非彻底沦为禽兽，没有一个人能从口中发出这样的声音。

当（或者如果）你有朝一日感到羞耻或自我厌恶时（我祈望这个时候很快来到），我建议你把录有你声音的所有录音带收集起来,统统销毁;你至少应当采取那种补救措施。

愿上帝保佑你。

你的真诚的
H. 麦克黑格
1951 年 8 月 17 日
新西兰　奥克兰
奥雷瓦路 87 号

与 H. N. 布雷斯福德的往来书信

我亲爱的罗素:

我相信,你已经被贺词淹没了,但我还是想加上我的,因为来自上个世纪就认识你的朋友的贺词可能寥寥无几。我清楚地记得布尔战争期间我们在考特尼家第一次见面时的情形。我欢迎这个生日,因为它给我一个因我从你的著作中所获得的一切教益而向你致谢的快乐机会。现今最可贵的是你最近在广播讲话中所表现出来的那种勇气和乐观精神。

我和伊娃玛丽亚都怀着感激之情向你致以最热烈的祝贺。

你的永久的朋友
诺埃尔·布雷斯福德
1952 年 5 月 19 日
伦敦

西北3区

贝尔赛兹公园街37号

我亲爱的布雷斯福德：

谢谢你5月19日的来信。我非常感激你。在我非常需要鼓励的时候，你对我《社会改造原理》一书的评论给了我比其他任何人更多的鼓励。我从你的《钢铁与黄金之战》中引用了一段说明教区牧师之流正在从军备中捞取多少好处的话，在剑桥引起了愤怒。这种愤怒是我乐于引起的。我很高兴你喜欢我最近的广播讲话。请向布雷斯福德太太转达我的谢意，同时也向你致谢。

你的永久的朋友
伯特兰·罗素
1952年5月[没有注明日期]

精神分析学家欧内斯特·琼斯的来信

亲爱的伯特兰·罗素：

你在今天的《观察家》上发表的那番你所特有的无畏、直率、透辟的言论，给了许多人以莫大的快感。你和 W. K. 克利福德[①]在这些特性上彼此非常相似。不知研究数学对你们两人的这些特性的形成有多大助益。你的最后一段可能是他《讲演与短论集》的最

[①] 威廉·金登·克利福德(1845—1879)，英国数学家和哲学家。——译注

后一篇的释义,怕你万一找不到他的这本书,我随信附上该篇的复印件。他的许多短论如今完全可以重印。想到自从他写那些短论以来的八十年间还是很少有人能理解他所阐述的那些明确的原则,不免令人悲哀。

顺便提一下,他在别处引用柯尔律治①那尖刻辛辣的警句:"一开始爱基督教甚于爱真理的人,进而会爱他自己的教派或教会甚于爱基督教,最后则爱他自己甚于爱其他一切。"

你的非常诚挚的
欧内斯特·琼斯
1955 年 2 月 20 日
萨塞克斯　米德赫斯特附近　埃尔斯特德
普拉特

亲爱的伯特兰·罗素:

你在《观察家》上发表的那篇有关爱因斯坦的简明易懂的短论中,有一句话我有点想加以质疑:那就是关于他令人惊讶地对经验证明不感兴趣的那句话。以下是从他 1936 年 4 月写给弗洛伊德的一封信中摘录下来的:

"直到最近为止,我只能思索你的关于我们现在环境的强烈影

---

① 塞缪尔·泰勒·柯尔律治(1772—1834),英国抒情诗人、评论家、哲学家。——译注

响的思路。我无须评价你的理论的正确性就能理解这些思路。然而最近我有机会参加了一个关于你的学术讨论会,会上人们(对于压抑理论)提出了各种不同的解释。这使我很高兴,因为当发现一个重大而奇特的思想是切合实际的时总是令人满意的。"

我认为这最后一句话是以他自己的经验,如 1919 年的光弯曲等等,为根据的。

如果我的签名或用我的名字能够对你在罗马发起的那个伟大的运动有所助益的话,请吩咐一声。

> 你的诚挚的
> 欧内斯特·琼斯
> 1955 年 4 月 25 日
> 萨塞克斯　米德赫斯特附近　埃尔斯特德
> 普拉特

格雷夫斯小姐是个非常虔诚的女士,她的宽宏大度令我吃惊。我第一次同她接触是为了中国的事情。后来她主要关心的是拉丁美洲。

安娜·梅利莎·格雷夫斯的来信

亲爱的罗素勋爵:

我没有得到维克托·阿亚·德拉托雷的消息,也就是说我没有收到他的信,不过他给我寄来了发表在《观察家》上的一篇关于他的报道,从那篇报道或"访谈录"来看,他显然已经拜见过你了。我很高兴,因为我相信,见到你对他来说有——或应该有——实际好处。我希望你并不认为你接见他的时间是白费了。

在这篇"访谈录"中,他说你很"真实"并且"充满希望"。他不需要乐观的榜样,他始终相信未来的日子将会更好;但是大多数拉丁美洲人——也许每个国家的所有政客,都需要一个像你那样看重"真实"的人作为榜样。我很高兴他首先在你身上辨认出了那种东西。

不知你是否还记得,我曾问你是否可以把他写给我的那封要我请你接见他的信退还给我。它附在我写给你的第二封信中,而你回了我的第一封信。如果你认为第二封信无需回复,那也是很自然的事;但如果你没有把维克托的信毁掉或丢失了的话,若你能寄还给我,我将表示感谢;但如果已经丢了,那也不是什么大不了的事情。

如果你告诉我你对他的印象,我也会表示感谢。我想,我会到加州洛杉矶去和安娜·路易斯·斯特朗住在一起。我想,我离开这里比留下来更能为这里的黑人做事。如果一个人干他渴望干的事情,他就常常会给他们带来麻烦。我认为,这里的情况比以往更糟(或者更确切地说,比雷金纳德·雷诺兹撰写他那本书时更糟),比南非更糟,当然并不比肯尼亚更糟,但是在南非,想要公正地对待非洲人的那些非非洲人(英国人和布尔人)似乎——曾似乎——比这里的人更自由地为正义而工作。伊斯特兰[①]非常坚决地把所

[①] 詹姆斯·奥利弗·伊斯特兰(James Oliver Eastland,1904—1986),美国政治家、民主党参议员。——译注

有为黑人伸张正义的人都称为"共产党人"、"莫斯科的间谍"。但是真正危险的并不是伊斯特兰们,而是那些有教养、有魅力的"南方白人"。他们能够终止一切不公正,可是如果他们这样做的话,他们就不是他们自己了。他们不能睁开眼睛,因为他们不敢。

感谢你抽出时间接见维克托。

你的非常诚挚的
安娜·梅利莎·格雷夫斯
1957年2月24日
美国
路易斯安那州 卡温顿
扬克大街921号

克莱门特·戴维斯的来信

我亲爱的伯特兰·罗素:

请允许我为你昨晚精彩的广播讲话向你说声"谢谢"。我十分真诚地向你说一声"谢谢"。你唤起了多么美好的回忆!我的思绪以超音速的速度与你的思绪一道疾驰。是的,我们完成了很多我50多年前就渴望见到其完成的事——想当初我们是在多么不利的情况下进行战斗,而如今,从前的那些反对者不仅站到了我们这一边,而且对某些改革还热心得声称是他们发起的。

对那些日子的回忆,以及已经引起和造成的那些变化,使我对国际形势感到振奋。不利于你我的理想、不利于采用"理性"而不是"武力"作为人类争端的仲裁者的势力显然是如此强大,以至我们的斗争可能看来似乎是无望的。但是在此,我们又将见到而且很快将见到一次巨大的变化;如果我们的国内事务方面的经验再现于国际事务,那么今天反对我们、而且拒不接受我们的挽救办法的那些人,将不但接受那些挽救办法,而且还会声称,那些挽救办法是他们(而且完全是由他们自己)提出来的,他们给受苦受难的人类带来了所有男女都向往的和平。

好了,我希望我是对的,而且我将为他们大声而且长时间地喝彩,就像今天我为我的那些很久以前说他们不会舔邮票的反对者喝彩一样。

我再次向你表示最衷心的谢意。我们向你们俩致以最热忱的问候和祝愿。

你的非常诚挚的
克莱门特·戴维斯
[1954年12月24日]
伦敦　西南1区
卡莱尔广场
伊夫林大厦31号

我亲爱的伯特兰·罗素:

你回想起自己因反对厉害的乔·张伯伦①及其支持关税和极

---

① 约瑟夫·张伯伦(1836—1914),英国实业家、社会改革家、激进政治家和狂热的帝国主义分子。——译注

端民族主义的狂热而激烈的宣传而涉足政治舞台的事,勾起了我对往事的回忆。

我的第一次努力也是反对可畏的乔·张伯伦。那是在1899年11月,我当时虽然只有15岁,但已经很成熟老练了。我在一次保守党的集会上走上讲台谴责南非战争——尽管作了一番很大的努力,我的演讲还是没被允许持续多久,我两眼青肿流着鼻血回家。这与其说是一次反战的努力,不如说是为布尔人辩护。我做梦也没有想到他们会滥用我们希望他们拥有并于1906年归还给他们的自由——损害非洲黑人和有色人种的人的利益。

我们向你们俩致以最热忱的问候和最良好的祝愿。

你的永远诚挚的
克莱门特·戴维斯
1955年9月19日
伦敦 西南1区
卡莱尔广场
伊夫林大厦31号

记者招待会

召集人:罗素伯爵
地　点:威斯敏斯特卡克斯顿会馆
时　间:1955年7月9日星期六

J. 罗特布拉特教授: 女士们,先生们,这个招待会是伯特兰·罗素伯爵召集的,目的是为了发表一份由若干科学家签名的关于核战争意义的声明。我相信你们每个人都已经收到了那份声明的副本。我打算请罗素勋爵就那份声明向你们作一简短的解说,然后你们可以就这一主题自由发问。罗素勋爵,请。

罗素伯爵: 女士们,先生们,这个招待会的目的是要引起你们,并通过你们引起世人,对一份由与核战争有密切关系的领域中八位最著名的科学家签名的、关于核战争必然会带来的危机以及因此避免战争的绝对必要性的声明的注意。

在此我只向你们宣读一下我想你们已经有的那份简短的摘要:

"所附的这份由世界各地一些最著名的科学权威所签署的声明论述的是核战争的危机。它使人明白,无论哪一方都不可能希望在这样的战争中取得胜利,而人类确确实实有被来自放射性云的尘埃和雨灭绝的危险。它暗示,无论是世界各国的政府还是公众,对这种危险都没有足够的认识。它指出,协议禁止核武器,虽然可能有助于缓减紧张局势,但不能提供解决问题的方法,因为尽管先前有相反的协议,这种武器在大战中仍必定会被制造和使用。人类的唯一希望是避免战争。提倡可以使这种避免成为可能的那种思维方式,乃是本声明的目的。

第一步行动是我和爱因斯坦合作的结果。爱因斯坦的签名是在他生命的最后一个星期寄出的。他逝世后,他同东西方的一些科学家进行了联系,因为政治上的分歧不应影响科学家们对可能发生的事情进行评估,但是我所联系的那些科学家中有些迄今仍未回复。我正在使世界上所有大国的政府注意这些签名者所发出的警告,并热切希望它们会同意让它们的国民生存下去。"

现在我想稍微读一下这份声明的缘起。我想它是我去年12月23日在英国广播公司所作的一次关于核战争的危机的广播讲话的结果。我收到了许多人写来的表示赞赏的信,其中有一封是法国著名科学家约里奥-居里教授写来的,我收到他的表示赞赏的信,特别高兴,因为他是一位著名的共产党人。

我认为,我所企求的目的之一是要在持有对立的政治见解的人们之间架设一座桥梁。那也就是说,通过一份只讲事实而根本不谈论人们所认为的那种政治问题的声明,而使得科学家们联合起来。我写信给爱因斯坦,建议著名的科学家们对于核战争采取某种引人注目的行动,他回信说完全同意我的意见。因此,我在与一些人商量之后拟了一个草稿寄给爱因斯坦,他——他的健康状况已经不是很好——建议说(我引用他的原话),我"应当把自己看作是这个计划的独裁者",我想这主要是因为他的健康状况已使他无法胜任这项工作。我把声明草稿寄给他后,他回信说:"我很乐意在你那份极好的声明上签名。"我就在他去世的那一天,而且在我得悉他去世的噩耗后,收到这封信,因此我想,这大概可以说是他一生当中最后的一个社会行为。

起草这份声明的宗旨是将声明的内容局限于科学家本人能够作出判断的问题,避开政治,从而获得左派和右派科学家的签名。科学应该是不偏不倚的,当时我就认为人们可以使政见各异的人士就避免战争的重要性取得共识,在这方面,我想这份文件是相当成功的。

这份文件的签名者,除了我自己之外,还有八位①。这八位全都是科学界非常著名的人物。他们大多数是核物理学家,有些是与核物理学有关的一个重要领域中的专家,遗传学家,还有些人了解辐射线所引起的突变,这是一个你考虑核战争时便会产生的非常重要的课题。但是之所以选择他们,完全只是因为他们在科学界的声望而别无其他考虑。

我想,我总共向十八位科学家提出签名的要求,其中有一半,或将近一半,实际上是八位②同意签名。有些则由于种种原因我迄今仍未收到回音。特别是,我向中国最杰出的自然科学家李四光博士提出签名的要求,但我迄今仍未收到他的回信。我所收到的回信无不表示同情。那些没有签名的人都有各种充足的理由,例如,身居官位,或从事某项使得签名成为难事的官方工作,但无论是右派还是左派,凡是回信的人全都抱着一种同情的态度。

我收到了华沙大学因费尔德教授的签名,他曾和爱因斯坦合著过两本书。莫斯科的斯科别利岑没有寄来签名,但寄来了一封深表同情的信。约里奥-居里教授首先是镭的发现者的女婿,但他并不靠那种关系出名,他是一位诺贝尔奖得主。他是因科学性的工作而获得诺贝尔奖的那八个人当中的第六个;而其他两个我想可能不久也将获得诺贝尔奖!那是这些人的显赫地位的顺序。

约里奥-居里先生提出两条保留意见,其中有一条相当重要,另一条则没那么重要。我谈到限制主权的必要性,而他希望补充

---

① 是十位,应加上马克斯·玻恩教授和莱纳斯·泡令教授。
② 是十位。

说这些限制必须经大家同意而且必须对大家有利,这我完全同意。此外还有他所提出的另一条保留意见。我说:"是我们毁灭人类呢,还是人类放弃战争?"而他想说:"人类会放弃作为解决国与国之间争端的一种手段的战争吗?"他保留这些意见,同意在文件上签名。

马勒①教授也提出一条很小的、似乎只是解释我的意思的保留意见。

关于这些人我想略微说几句,他们当中有些人可能在新闻界不像在科学界那么知名。他们包括两位英国科学家、两个美国人(我没把爱因斯坦算作是美国人,因为爱因斯坦的国籍有点世界性)、一位波兰人、一位法国人和一位日本人。罗特布拉特教授在这里,我很高兴。你们知道,他是利物浦核物理学研究所所长。②他干过一件很有意思的、你几乎可以称之为有关比基尼岛的炸弹的侦探工作的事情。你们当中年纪大一点的人可能还记得,1945年人们对原子弹感到十分震惊。如果你们把原子弹看作是某种诸如弓箭之类的东西,那么原子弹现在已成了古代史。

我们已经从原子弹发展到了氢弹,氢弹远比原子弹厉害得多,而且后来结果表明(我想,起初是通过罗特布拉特教授的侦探工作,后来是由于美国当局的承认),比基尼岛上爆炸的那颗炸弹远比氢弹厉害得多。氢弹现在也成了古代史。你们有一种双重引爆装置。你们先用铀235引爆氢,然后再用氢引爆铀238,而在生产

---

① 赫尔曼·约瑟夫·马勒(Hermann Joseph Muller, 1890—1967),美国遗传学家、遗传学奠基人之一。——译注

② 伦敦大学物理学教授。

铀 235 的过程中有一大堆一大堆铀 238 的熔渣被丢弃。现在我们用铀 238 来达到这一目的,造价就低得多,而这种炸弹一旦造出来,它们的摧毁力却大得多,因此你们可以看到,科学发展得很快。到目前为止比基尼岛的炸弹是最新的东西,但是我们无法预测下一步我们将研制出什么样的炸弹。

我认为,这份声明,如同我所设想的,只是第一步。必须继续劝说科学家对事实发表权威性的意见,而且我认为,接着应当召开一次所有科学发达的国家都参加的国际科学家代表大会,在会上我希望那些签名者提出某种像我在这份声明的末尾所提出的那样的解决问题的方案。我认为,在适当时候召开的各国大会上都可以提出带有若干那样一些条款的解决问题的方案。我认为,科学家应当通过一种普遍的民众运动使世界各国的政府和公众了解这些事实。你们知道,叫科学家搞民众运动是一件非常难的事情;他们不习惯于干那种事情,而且这也不是他们想干就能干的事情,但是我认为,在此时让公众了解情况是他们的责任;他们必须说服世人避免战争,先是用一切想得到的权宜手段,但最终得靠某个国际机构,它会使得避免战争成为不是日常应急的事情,而是世界组织的事情。我认为,他们应当强调,尽管在一般公众的心目中科学已经具有相当邪恶的意味,但我认为,如果战争这个问题一旦得到解决,科学就能给人类带来极其巨大的福利,并使这个世界成为比以往任何时候都幸福得多的地方。我认为,他们应当既强调战争所带来的危险也强调那一点[①]。

[①] 即科学造福于人类。——译注

现在由我来回答问题，我很乐意尽自己最大的努力来回答你们任何一个人想要问的任何问题。

第三章　特拉法尔加广场

　　在 1957 年的前五个月,我为英国广播公司作了很多广播讲话。我和艾伦·伍德与英国广播公司的一位代表之间关于艾伦出版他为我写的传记一事的访谈,差不多是这些广播讲话中最后的一次。艾伦对这次访谈感到非常失望。他的广播讲话方面的经验比我少,因此当代表英国广播公司的那位女士问我们一些在排练时她没问过、实际上关涉我的私生活等等的问题时,他感到相当惊讶。她的问题使我们俩都感到有点困窘。不过,尽管广告做得并不怎么样,这本书本身倒是挺受欢迎的。在我看来,那是一本优秀的著作。

　　我非常希望艾伦对那本书所受到的评论感到满意。我们愉快地在我生日那天在米尔班克举行的小型宴会上分送那本书给我的一些老朋友和亲戚。这差不多是我最后一次见到艾伦。此后不久他就得了重病,于 10 月去世。两个多月后,他的太太玛丽也去世了。这是个令人心碎的损失。他们年轻、快乐、聪明、能干,对自己以及他们的两个小儿子的未来有很多计划。他们的去世对我来说是一个不可估量的损失。我不但很喜欢他们,而且已经依赖他们关于跟我有关的一切的知识和他们富有同情心的理解,我非常喜欢与他们为伴。

必须要说的是,艾伦对我著作中所讨论的问题的理解有限度。尤其对于政治问题则更是如此。我认为他有点保守,而他则认为我比过去或现在更激进。当我主张每个人都应当有选举权时,他认为我是在强调每个人的能力是均等的。我通过指出我一直支持与自然能力的差异有关的优生学,才消除了他的这一看法。不过,这种意见分歧从未损害我们的友谊,而且也从未影响纯哲学的谈话。

这些伤心的事情,以及6月初我太太严重的心脏病突发,打乱和延缓了我们的活动达几个月之久。有段时间我几乎没有干任何可以算得上对公众有益的事情。不过,到了11月份,我对国际事务又突然关心起来。我觉得我必须再做点什么,以便至少促使少量的常识打入俄美两个大国的政策。它们似乎正盲目但却坚决地沿着一条不甚令人愉悦的道路奔向毁灭,一种可能会把我们所有人全都吞噬的毁灭。我给艾森豪威尔总统和赫鲁晓夫总理写了一封公开信,称他们为"最有权势的先生"。我在信中试图说明这样一个事实:他们的共同点比他们的相异之处多得多,而且也重要得多;他们通过合作所能得到的比会失去的多得多。就像我现在仍然相信的那样,当时我就相信,作为避免战争的唯一方法的国与国之间合作是必要的;避免战争是避免灾难的唯一方法。当然,这就需要所有国家有点儿令人不快的让步。十年后,俄国似乎认识到了合作的需要——可能除了和与她同是马克思主义国家的中国的关系之外。美国继续混淆合作与支配。但是在1958年,我对这两个大国的醒悟仍寄予希望(尽管是希望不大),因此在这封信中我试图向他们陈述我的观点。

赫鲁晓夫总理几乎立即回信。艾森豪威尔总统则没有回音。

两个月后,约翰·福斯特·杜勒斯替他回信。赫鲁晓夫总理受这封回信的刺激而又给我写信回答杜勒斯先生提出的各种论点。所有这些信全都发表在《新政治家》上。不久,它们便与此刊主编金斯利·马丁的一篇引言以及我给杜勒斯先生和赫鲁晓夫先生的一封最后的回信一起,以书的形式出版。这些信都各说各的理,而我的那封最后的回信则表述了我对这些信的看法。杜勒斯先生在其信中表露出来的那种正直而坚毅的心态比赫鲁晓夫先生的怒斥和有时的矛盾更令我充满不祥的预感。在我看来后者似乎表现出对于现实和二中择一的某种基本的理解,而前者则不然。

那年秋天,乔治·凯南一直在英国广播公司作里思讲座演讲,发表了一些从他的关于美俄政策广博而直接的知识中敏锐地推断出的精辟的见解。12月初,我们一群人应金斯利·马丁之邀与他见面商讨一些事情。就我所记得,禁止核武器运动的第一道微光就是在这个会议上闪现的。"全国禁止核武器试验理事会"的发起者在阿门大楼的卡农·约翰·柯林斯家开了一个会,于是,禁止核武器运动于1958年1月初正式开始。该组织由卡农·柯林斯任主席,佩吉·达夫太太任秘书,我任会长。后来又成立了一个执行委员会,其成员包括一些在反核运动中已为人们所承认的领袖人物和其他一些感兴趣的知名人士。有一段时间曾有许多社团在从事消除国际舞台上弥漫的各种危险的工作。禁止核武器运动打算把这些社团全都收纳进去——或者至少把它们几乎全都收纳进去。

禁止核武器运动于1958年2月7日在威斯敏斯特中央大厅召开的一次大会上被公开发起。参加这个大会的人非常多,因此不得不增设一些分会场。现在在许多人看来,好像禁止核武器运动一开始就是国内舞台的一部分,它由于熟悉而失去了光彩和能量。但是在其初期,它的信息和推理不仅纯真而且新鲜,并且引起了全国各界重要人士相当大的关注。这第一次会议开得非常成功。此外,对于禁止核武器运动的兴趣迅速蔓延。不久,全国各地成立了一些委员会,后来还成立了一些地方委员会。各地举行许多会议,我曾在其中的一些会议上发表演说。我尤其记得1959年在曼彻斯特举行的、由威森肖的西蒙勋爵担任主席的那一次会议。

在那段日子里,以及直到1960年10月西蒙勋爵去世,我经常与他见面,因为他非常关心核危机,并且努力工作,以便让世人知道这些危险。他在上院就这个主题安排了一次辩论,并且在他伦敦的寓所举行了许多次会议和记者招待会。他是禁止核武器运动执行委员会委员,我们在与此有关的大多数问题上看法完全一致。像我已经所是的那样,他也成了"直接行动委员会"的活动的支持者。我们俩都认为,必须用尽可能多的方法促使公众关注这些危险,如果我们只限于举行集会和非暴力游行,那么不管它们是多么值得赞美,我们最终只是向已皈依者宣传而已。禁止核武器运动的主席不赞成非暴力反抗,因此,禁止核武器运动虽然表面上承认"直接行动委员会",但却未能公开帮助它。例如,禁止核武器运动没有参加1958年的奥尔德马斯顿游行,因为它是由"直接行动委员会"发起的。这次游行结果很成功,于是第二年禁止核武器运动完全插手接管,当然,它把这看作是一件非常大而且比较重要的事。我未能参加1959年的游行,也未能参加随后在特拉法尔加广场举行的集会,不过第二年游行结束时我在特拉法尔加广场发表了演说。那几年,我真希望自己年轻一些,好参加游行。后来,我觉得它们似乎蜕化成了一年一度的野餐活动。尽管参加游行的个人的努力仍然像以前那么真诚,那么令人钦佩,这些游行在达到他们的目的方面则完全无效,他们的目的是使人们密切注意该运动并使之扩展开来。这些游行大多变成了一种无聊、苦恼或快乐的事情,只改变了极少数尚未皈依者的观点。不过,我认为,这些游行在使该运动持续下去(如果没有扩展开来的话)方面,还是有用的。为了争取皈依者并吸引观点迥异的人们的兴趣,必须不断地寻求反对危险的核政策的新形式。

1960年的那次奥尔德马斯顿游行之后不久,举行了艾森豪威尔与赫鲁晓夫之间的峰会——结果峰会失败。对这次峰会我们全都抱着很大的希望,峰会在 U-2 飞机事件之后破裂对我们来说是一个打击。我们对该事件背后的阴谋诡计了解得越多,就越觉得这是个凶兆。这对于合作的进展来说是个坏兆头,更不用说对于裁军的进展了。看来似乎比以往任何时候都更有必要寻求新方法,以便在人们再度陷入因受挫而导致的冷漠之前,使公众铭记越来越不稳定的国际事务状态。但是这种新方法可以是什么,我却想象不出来。

禁止核武器运动一直在为单方面裁军而工作,认为如果英国放弃核竞赛,甚至要求美军基地撤出英国,那么其他国家也会跟着这样做。这是个微小的希望,而且现在仍然如此,但不管怎么说,无论是过去还是现在,这总是一个希望。因此,这似乎值得继续干下去。该运动还希望不仅能说服一般公众而且还能说服政府接受这一想法。由于该运动的支持者大多出自工党,因此它倾向于对议会工党施加影响。我个人的观点是:这是件超越党派政治,甚至超越国界的事。由于在我看来,这个合理的观点似乎无法抓住公众的想象力,因此我愿意支持该运动的各种努力。为达到我们双方都想要达到的目的而采取的手段,与目的的达到相比,并不重要。我想,如果能够说服工党支持该运动,也许我们可以缩短达到目标的路程。

在我1958年夏天撰写、1959年年初出版的《常识与核战争》一书的引言中,我已经明确地表述了我的观点。1958年,我因接受加林卡奖而受到鼓励,当时我由于无法到印度去,只好在巴黎联合国教科文组织接受此奖。(当然,当时负责陪伴我的那位法国物理学家,在我表述了自己的观点之后,安慰他的太太说:"没关系,亲爱的,到明年法国也能爆炸自己的原子弹。")而且,帕格沃什运动持续不断的成功,以及赫鲁晓夫与艾森豪威尔(杜勒斯)之间的那些公开信中所表现出来的兴趣,也令人鼓舞。我继续进行我从那时起已经进行的探索,以寻求试图改变公众看法(包括政府看法)的新方法。我在1958年所做的所有事情只涉及这个或者那个相当小的圈子。禁止核武器运动在那时提供了这样一个希望,那就是:还可以进一步扩展到一般公众。我当时的看法和现在的看法一样,认为必须按常识看待政府政策。必须去除政府政策的繁文缛节、"传统"和通常的神秘性。它们当时往往被认为,像它们现在的情况一样,只是导致可能出现的普遍毁灭。

我们需要的是受常识支配的政策。如果能让公众明白这一点,那么我就有了一线希望,那就是,他们可能会坚决要求政府政策必须符合常识。我就是怀着这种希望撰写《常识与核武器》一书的。这本书我相信读的人相当多,并受到好评。但它并没有处理每个人究竟如何才能使自己的见解为人所知并影响决策的问题,这一点使一些读者不满意。当国防大臣邓肯·桑兹写信称赞这本书并说想要跟我面谈时,我曾一度抱有很大的希望。他是一位保守党人,政府的一位决策者,而且他自己与人合写过一本有关这个问题的小册子。但是当我去见他时,他说:"这是本好书,但我们不但需要禁止核武器,而且还需要消灭战争本身。"我指出书中我说"确保世界不发生核战争的唯一方法是终止战争"的一段话给他看,但是徒然。他仍然认为我不可能说出这么聪明的话。他将我的其他一些论证弃之不顾。我颓然离去。我知道,已经了解情况的人读我这本书往往抱有非常强烈的偏见,只接受他们想要接受的东西。因此,在随后的几个月,我又干起那些零零碎碎的事情,即在各种集会、禁止核武器运动和其他场合发表演讲,作广播讲话,而且又体会到我个人生活的乐趣。

为了庆祝我的 87 岁生日,我们驱车南下,经过巴斯、韦尔斯和格拉斯顿伯里,到达多塞特。我们参观了阿伯茨伯里的天鹅饲养场和花园,在那里碰巧看到一只雄孔雀在跳求偶舞,它表达准确,这是我所见过的最迷人、最优美的芭蕾舞。我们到我以前没见过的意大利风格 18 世纪金斯顿·罗素小屋作了一次感情上的朝圣。我认为它非常完美,非常完美地坐落在它的花园和山谷之中。我非常希望自己能住在那所小屋里。我很少有这种羡慕感,但金斯顿·罗素小屋却深深地打动了我的心。而且,我对找出我的家族开始其较为显赫的事业的那个村子和那些旧农舍感兴趣。这是一次各方面都令人满意的旅行,但因为某个我现在已记不起来的原因，不得不提前结束。所以，为了完成我们事先定下的假期，我们在我的生日过后，又驱车出外旅行，这次是到皮克区。然而，从享乐的观点来看，这一次则完全失败。一些应该人迹稀少和安静的地方挤满了像我们一样的度假者；一些虽然安静但却似乎应该充满生机的地方，比如简·奥斯汀的贝克韦尔，被一些会议搞得黯然失色。这一切之所以显得令人沮丧，也许是因为我们一开始就作了错误的决定，到我外祖父母（斯坦利勋爵和夫人）曾有过一个庄园的奥尔德利去。那幢房子已经毁了。只有田园还在，但却一片荒芜。政府曾因某个不神圣的规划而接收了它。我有一张小桌子，它是奥尔德利那棵叫做"世界末日"的栎树不得不砍掉时，庄园木匠用那棵树为我母亲做的，另外他还用它为我父亲做了一张较大的桌子。但这整个地方使我感到忧郁。那里非常荒凉。

1960年年初，我们到哥本哈根去了很短的一段时间，去接受哥本哈根大学因我对欧洲文化的贡献而颁发给我的索宁奖。领奖演说给了我一个根据过去的文化变迁史来概述我对当前文化差异的看法的机会。如果世人对我的看法加以思考，并像我所认为的一样，认为它是正确的而加以采纳，那么它就会使目前国与国之间的合作变得更加完善，而且还会增大进一步有效合作的可能性。我的这篇演说后来被冠以《新旧文化》这一标题收录在《事实与虚构》一书中出版。

颁奖大会是个愉快的场合，其间有个欢迎酒会，随后又有一个豪华的国宴。我太太坐在自称不会讲英语的教育大臣和因此谈话的重担落在其身上的尼耳斯·玻尔教授之间。尼耳斯·玻尔教授认真地履行自己的职责，在宴席上从头到尾讲个不停。我们听说他讲的话很难懂,甚至在他对丹麦人讲他的母语丹麦话时也是如此;他讲英语时,我总是觉得非常难懂,因为他讲得很快。我太太觉得要想听懂他的话是不可能的。那是够令人恼怒的了,因为他显然是在谈一些她很想听的事情。然而更糟糕的是,当他谈话时,他的身子越来越向她靠过去,完全沉浸在他自己的言谈之中。最后,在同桌就餐的其他名人的旁观之下,他吃她盘子里可口的甜食,喝她杯子里的酒,谈笑自得,浑然不觉自己所做之事。她像我一样继续喜欢他,这要归功于他的魅力。

  这些年里我的许多演说和文章很少给我带来乐趣,因为它们通常讲的都是些核问题。不过我也时常愉快地谈论其他问题,就像我在哥本哈根所做的那样。稍后,我甚至在给《泰晤士报》的一封信中大胆地评注莎士比亚的作品。曾经有好几个星期,关于那些付梓的十四行诗可能是题献给谁的问题,引发了言辞谨慎但又恶毒的通信。人们对W.H.这两个姓名首字母作了这样那样的解释,极富想象力,而且很有学问。依我看,像麦基洗德一样,W.H.先生似乎是W.S.先生的笔误,而后者实际上就是那些十四行诗的"唯一促成者"。我鼓起勇气,犹犹豫豫且半开玩笑地把这一看法提了出来。结果没有一个人对此作出反应,也不再有人写信谈论这一话题。恐怕我扫了学者们的兴。

  有一天晚上,我去做和一些亚洲学生一起谈亚洲事务的广播节目。当我沿着我们会谈的饭店走廊走过去时,一位像鸟一样的小个子女士从沿墙放置的红色长毛绒大椅子上跳起来,站在我前面情绪激昂地说"我真真切切地见到了雪莱",然后便坐下。我被吓得够戗,颤颤悠悠地前进,但心里很高兴。

我做过一系列电视访谈节目，主持人是伍罗德·怀亚特，后来这些访谈以书的形式发表，书名叫《伯特兰·罗素述说自己的想法》。这给了我一个向世界各地广大读者述说许多我想说的有关国际事务和其他方面的看法的机会。1960年2月，我与印度科学家巴巴和"氢弹之父"特勒在加拿大广播公司的节目中进行了一场辩论，爱德华·默罗担任主持人。我觉得这是个非常令人苦恼的节目。辩论进行得很艰难，因为我们每人都在各自的国家发言，讲话时看不到对方脸部的表情或反应。更令人困窘的是，我对特勒强烈的厌恶和那些我觉得是言不由衷的阿谀之词，使我感到压抑。我离开英国广播公司播音室时，觉得我没有较好地阐述自己所持的论据，因而使得所有同意我的观点的人感到失望。另一次令人失望的电视节目，是我和罗斯福夫人、布思比勋爵、盖茨克尔先生在英国广播公司所做的关于核问题的讨论。我非常震惊地听到罗斯福夫人宣布这样一个信念，即：与其让人类屈服于共产主义，还不如让它毁灭，而且她宁可如此。我离开时认为自己可能是听错了。当第二天早上在报纸上看她的这番话时，我不得不面对她确实表达过这一危险的看法这个事实。

在此期间，我与一位名叫西德尼·胡克的美国哲学家发生了一场我们俩都觉得难以用合乎逻辑的语言沟通的争论。他是一位担心俄国统治世界的孟什维克。他认为这太可怕了，还不如人类不再存在。我根据下述理由反对这种看法：我们不知道将来，但只要人类生存下去，将来就可能会比过去好得多。我举成吉思汗和忽必烈两个时代为例，它们只有一代之隔，但一个令人恐惧，一个令人钦佩。但是他也可以举出大量相反的例子，因此要想得出一个明确的结论是不可能的。不过,我坚持认为,世界变得更好的任何机会都取决于希望,因此是人们更加愿意选择的。这不是一个合乎逻辑的论证,但我认为大多数人会觉得它有说服力。几年后,胡克再度公开攻击我,但这一次他所采取的方式使我觉得对它没有评论的必要。然而,使我觉得好笑的是,为了保护"自由"和攻击我对越南的看法,他竟然选择一份后来承认得到过中央情报局资助的杂志作为工具。[1]

大多数人对人类的毁灭所抱的态度令我惊讶。1959年12月,我读了内维尔·舒特的《在沙滩上》,而且还看了由该书改编的影片试映。该影片有意回避核战争所带来的恐怖、严峻的事实——被污染的空气、水和土壤所造成的疾病和苦痛,没有通讯工具而且陷于无政府状态中的人们之间有可能发生的掠夺和残杀,以及其他一切可能产生的罪恶和痛苦——令我沮丧。它跟有时候听说的有关第一次世界大战期间堑壕战的那些被美化的故事一样。然而该影片公映后,受到那些想要弄清楚情况,而不是想要缩小这种恐怖的人们的赞扬。尤其使我感到苦恼的是,我自己在看过之后抱着有一点点总比什么也没有强的错误想法而马上对该影片加以称赞。后来我才想到,所有这一类东西,会使人们觉得习以为常,使其丧失应该造成一种震惊、厌恶效果的真正价值。诸如

---

[1] 《新领袖》杂志曾因发表一篇敌视中国的文章而接受蒋介石国库3000美元。后来该杂志准备出版《蒙骗战略:对全世界共产党策略的研究》一书,美国政府暗中资助它12000美元。当美国中央情报局要求众议院拨款小组委员会将"图书发展"津贴从90000美元增加到195000美元时,美国中央情报局曾向这些立法者保证这笔资金会用在出版"按照我们自己的具体要求撰写的"而且有"强烈反共内容"的书籍上(1964年5月3日《纽约时报》)。

《斯特兰奇洛夫医生》或《噢，多么美好的战争！》中的那种反讽，则是另一回事。那种反讽确实促使人们思考，至少得思考一阵子。

到1960年夏天，我认为，帕格沃什、禁止核武器运动，以及我们尝试过告知公众的其他方法的作用似乎已经发挥到了极限。也许可以鼓动普通大众一起（因此也是不可抗拒地）要求重新制定现政府的政策，这种办法现在可以先在英国试行，以后再扩大到世界上的其他地方。然而，有一段时间，我不得不把那些令我操心的事情置于脑后，因为我的女儿、女婿以及他们的孩子来看我，尤其是因为那些事情都还八字没一撇呢。我很长时间没有见他们了，自从我上一次在美国见到他们之后一直没有见过他们。从那时以后，我的女婿成了美国新教圣公会的一位正式牧师——他原来是个俗人，在国务院工作——这次他是带着全家到乌干达去传教。我的女儿也变得非常虔诚，而且全心全意地支持他的抱负。我本人在这方面当然并不支持他们。当我想在他们来英国之前寄一笔钱给他们，而不得不到英国银行去办理汇款手续时，我的汇款要求引来别人的微笑，有的甚至是嘲笑，笑我这么坚定的一个老无神论者，竟然想帮助某人成为福音牧师。但是对于许多事情我们的看法相同，尤其是自由政治方面更是如此，再说我很爱我的女儿，而且也喜欢她的家人。他们计划在英国待两年，为他们的传教工作作准备，而这两年中的每年7月他们都到北威尔士来，住在波特梅瑞昂饭店内的一栋小楼里，我们每天都见面。这，以及其他一些小事，就占去了我这两个月中的大部分时间。

大约在1960年7月底，我接待了一位叫作拉尔夫·舍恩曼的美国年轻人首次对我的访问。我听说过他的一些与禁止核武器运动有关的活动,因而我有点好奇,很想见他。我发现他精力充沛,很有主意,而且很聪明,虽然在政治方面经验不足,而且有一点空谈理论。另外,我还欣赏他的反讽意识和在本质上很严肃的事情中发现幽默的能力,但我觉得令人遗憾的是,许多为我所拥护的事业而工作的人就缺乏这种意识和能力。我发现他很快就能产生共鸣,而且是个急性子。我后来才逐渐觉察到的东西,随着时间的推移才能显露的东西,是他对相反意见的难以容忍,和他那十足到令人惊讶程度的、不可捉摸的自信。我相信,对经验起作用的才智会执行必要的纪律。我起初并不完全了解他,但我碰巧得到他的赞同,反过来,我也赞成他当时正在为之工作的事业。而且因为他对我个人一直慷慨大方,所以我曾经,而且直到现在仍只能,深表谢意。他的脑子转得很快很稳,而且他好像有使不完的劲儿。所以,求助于他把事情做好乃是一种诱惑。在我们最初几次见面的那段特殊时期,他对我的关于如何使我们禁止核武器运动的工作产生新的活力的探索起了一种催化剂的作用。他很想发动一场和平抵抗运动,该运动可以发展成一场如此强烈地全面反对政府的核政策,以至直接迫使政府接受其意见的民众运动。不管刚开始是多么小,它都可以成为一场民众运动。因此,它是一场与过去"直接行动委员会"的抱负不同的新的运动,因为"直接行动委员会"常常只是热中于个人表白,以使个人的良心得到宽慰。

  这个方案在我看来成功的可能性很大,而且我与舍恩曼越谈越赞成这个方案。我知道,"禁止核武器运动"主席不赞成和平抵抗,而且甚至不太同情"直接行动委员会"。我也知道,禁止核武器运动不但容忍,而且越来越在口头上(尽管不是在行动上)支持"直接行动委员会"的活动。我与"禁止核武器运动"主席讨论这件事。他并未对和平抵抗可能具有的效力提出异议,也没有反对我支持这样一场新的运动。他只是恳求我不要在工党会议之前宣布这个新的计划,他希望在这个会议上工党会"一边倒",至少会支持我们的一些主张。对此我欣然同意。

我知道"禁止核武器运动"主席既不会反对也不会帮助这场新的运动,所以我并没有想到要与他商量我们准备工作的具体日程。我与舍恩曼一起列了一份可以与之联系以支持这类运动的人的名单。我们以我的名义给他们发信。我坚决要求,信一定要寄给我们知道他是同情这场运动的人,但不幸的是,错误还是发生了。有一封信寄给了某个名字与预期的收信人相同,但地址不同,而且倒霉的是,看法更是完全不同的人。他立即把我们的信寄给《标准晚报》,并附上他自己一封用刻薄的言辞谈论我们的活动和意图的信。这封信在我们的计划远未完全成形或参与者远未聚集之前登了出来,更糟的是,它是在"禁止核武器运动"主席认为该计划可以透露之前登了出来。9月24日特拉法尔加广场有一个盛大的集会,我在集会上发表演讲。在举行这个集会之前,我曾向"禁止核武器运动"主席建议我在演讲中谈"禁止核武器运动"内部已打算发动的这场和平抵抗的新民众运动。他回答说这可能会损害"禁止核武器运动"影响工党会议的机会。我说我会与运输工会会长弗兰克·卡曾斯商量,如果他觉得这会在某种程度上危及禁止核武器运动的愿望,我就不会在演讲中触及这个主题。弗兰克·卡曾斯给我写了一封简短的回信,信中说,无论我做什么或说什么,不管怎么样都没关系。我把卡曾斯的回信告诉了"禁止核武器运动"主席,同时告诉他,我因此打算在演讲中谈这场新的运动。他接受了这一建议,因此我就在特拉法尔加广场谈这场新的运动。

在《标准晚报》披露了已打算发动的这场和平抵抗的民众运动之后,我们必须赶紧执行我们的计划。但是这件事引起了一场轩然大波。"禁止核武器运动"主席向他的朋友、执行委员会和新闻界发表声明,实际上是指责我背着他发动一场新的运动,而且是一场未经"禁止核武器运动"许可的运动。10月的第一个星期,我每天与他在我的位于哈斯克街的房子里会谈几个小时,试图达成某种临时协议。他带着一位,说得婉转些,不赞成和平抵抗的朋友来参加这些会谈,因此我也请了一位当时曾表示支持我的"禁止核武器运动"执行委员会委员参加会谈,以示平衡。因为从前关于我说过什么和没有说过什么曾有过许多传言,所以我这次坚决要求把这些会谈用磁带录音机录下来,并将它拷贝一份送"禁止核武器运动"办公室给主席,原带由我保存。

到10月7日,我们达成了协议,该协议允许我们继续一起工作,并向新闻界作了那样意思的说明。但不久我就明白,我不能继续担任"禁止核武器运动"会长的职位,因为担任会长必须与"禁止核武器运动"的主席一起工作;而且我还明白,即使只是为了使"禁止核武器运动"本身的工作保持和谐,我也必须辞职。我在致新闻界的一封信中宣布自己辞去会长职务,随后我给主席写了一封辞职信。

所有这一切的结果是,全国各地支持"禁止核武器运动"的人纷纷来信来访规劝我,而且,其中大多数人指责我造成"禁止核武器运动"的分裂。这使我感到惊讶,因为我无意于造成分裂。我也并不认为我造成了分裂。而且,我也注意到"禁止核武器运动"的工作并未因我辞职而受影响。我认为,如果"禁止核武器运动"的主要领导人的看法完全(至少大致上)一致,那么,它开展起工作来就会比在彼此公然互不信任的那些人的领导下更顺利。我曾说过,而且是一再重申,我无意于收回我对"禁止核武器运动"的许多工作的支持。我给"禁止核武器运动"的各分会寄去声明,以说明这一点以及我辞职的理由。据我所知,这些声明根本就没有人看。在11月5日召开的"禁止核武器运动"执行委员会会议上,接受了我的辞职请求。有人告诉我,有一个委员,因为我曾说过或写过的某些话,想控告我诽谤。后来他在别人的劝说下打消了这一想法——这,也许对于我个人的名誉来说,是件遗憾的事情。我继续应邀在"禁止核武器运动"的集会上发表演说,而且我仍然是"禁止核武器运动"威尔士分会的会长。我只是不再对"禁止核武器运动"的决策感兴趣,也不再负我曾作为其会长对其主要领导人的行为所负的任何责任。

与此同时,旨在发动民众和平抵抗的那个新运动终于被定名为"百人委员会"。我同曾是该运动早期支持者的那一小群年轻人一直保持着频繁的联系。主要在拉尔夫·舍恩曼的热情的激励之下,这群人发展成了一个相当大的、而且一直在持续不断地扩充的团体。9月初,他带着迈克尔·斯科特牧师来看我。斯科特是直接行动委员会的一名活跃分子,而且成了百人委员会最坚强的成员之一。我几乎天天见他和舍恩曼,我和他联名发表一份题为《行动或灭亡》的传单,该文披露了百人委员会策略的中心内容。

百人委员会的早期成员大多来自"禁止核武器运动"和"直接

行动委员会"。活动很多,而且天天都有会议或集会,我大多无法参加,他们也不指望我参加。我想,我只是在1960年10月在尤斯顿路友人楼举行的一次会议上,再就是在12月在金斯韦厅举行的一次记者招待会上,代表百人委员会发表过演说。外来的支持者逐渐增加,这一过程由于以下两个原因而大大加快:(1)在霍利湾建立美国北极星基地,引起了人们普遍的反对;尤其是,(2)宣布了举行和平抵抗的第一次示威行动。这就是1961年2月18日在国防部外面的"静坐示威"——希望至少有两千人参加。我们计划,随后的每一次示威都要有更多的人参加,参加每一次新的示威的人数不断递增,直至成为一场真正的群众运动。为了确保有一个良好的开端,我们决定让尽可能多的人发誓参加第一次静坐。

　　百人委员会的活动在2月18日前几天进入紧锣密鼓阶段。贴海报(后来被人撕掉),到街上、酒馆、咖啡屋去拉人,与他们争辩,直到他们转而相信这次示威行动的必要。但这一切我只是听说而已。我只参加没完没了的讨论。

　　我希望读者不要以为我在试图写百人委员会、或者禁止核武器运动、或者甚至其他任何运动或公众事件的历史。我只是在试图记叙我所记得的、影响我自己生活的事情。

　　对于2月18日的静坐示威及其准备工作,我的热情很高,而且我完全同意百人委员会的计划和抱负。在这一卷自传中我已经谈到过我对和平抵抗的看法,当时我曾公开在演说和文章中述说我的看法,尤其是在2月17日《新政治家》上的一篇文章中我公开地表述了自己的看法。我唯一担心的是,由于我们的策略过早地公布,因而它们制订得很仓促、很零碎,而且,考虑到可能会遭到的反对,恐怕很难——也许不可能——避免群众当中发生暴力行为。我认为,在那种狂热之中,关于要坚持消极抵抗的劝说,可能很少有人听得进去。结果并未造成任何麻烦。

2月18日早晨天色阴暗,下着毛毛细雨,很冷,我们的情绪也为之低落。如果雨势转大,参加示威的人数肯定会减少,尽管骨干分子大多已发誓参加。但是当我们在特拉法尔加广场集合时,那里已聚集了一大群人。这群人究竟有多少,谁也不可能精确地说出。根据新闻界、警方和百人委员会的估计,取中位数,大约有两万人。演说进行得既顺利又迅速。然后开始游行,队伍沿着白厅①进发,最前面由一面大旗开路,百人委员会的纠察们非常熟练地维持着游行队伍的秩序。队伍中包含原先在特拉法尔加广场的五千多名蜂拥而又平静严肃的群众。我们一度遭到警察的阻拦,他们企图以阻塞交通为由,阻止队伍继续前进。但是,这个理由显然站不住脚,游行队伍继续前进。最后,五千多人在国防部周围的人行道上或坐或躺。我们在那里坐了大约两个小时,直到暮色降临,非常强烈而又安静(即使并不是完全缄默)地抗议政府的核政策。在这段时间,有许多人加入我们的队伍,而更多的是来看我们静坐示威,当然,新闻界和电视台的记者更是蜂拥而至进行采访。当有人传话说所有的游行者全都坐下了时,迈克尔·斯科特、舍恩曼和我立即拿出我们早已准备好了的一张告示,将它贴在国防部门上。我们知道政府已要求消防署用水龙带对付我们。所幸的是,消防署予以拒绝。当六点一过,我们便宣布这次静坐示威结

---

① Whitehall,伦敦的一条街名,英国主要政府机关所在地。——译注

束。人群中响起一片欢呼。当我们在暮色和灯光中朝着白厅返回,走过欢呼的支持者身边时,我感到很高兴——我们完成了那天下午出发时要做的事情,我们严肃的目标已经公之于世。人们向我欢呼,当我走过时他们大喊"因为他是个大好人",也令我感动。

这次示威比我们有任何期望权都吉利得多。在随后的几个月,百人委员会的气运一直很旺。在全国各地以及其他一些国家设立分会;有些国家则发展它们自己的委员会。这一活动所需要的通信联系,印制和散发必要的"宣传品"(传单、声明等等),更不用说维持某种办公所需要的费用了,全都花费很大。当然,这意味着,如同在任何没有固定会员或会费的组织中总是发生的事情一样,大量时间浪费在筹集资金上。虽然如此,但由于许多人慷慨而且常常自我牺牲的、自觉自愿的努力,百人委员会的力量逐渐增强。

为了表示我对禁止核武器运动的继续支持,我于3月中旬和4月中旬对伯明翰青年禁止核武器运动发表演说。其中有一次演说,由于我说了一句有关当时首相的话,引起了骚动。这句话普遍被新闻界断章取义地引用。在上下文中,它只不过是前一论证的证毕。不幸的是,等到骚动平息下来时,我已经病了好几个星期,无法为自己辩护,后来要想解释已为时太迟而不起任何作用了。奥尔德马斯顿游行结束时,我也在特拉法尔加广场的集会上发表过演说。

大约在3月底,我与企鹅出版社,然后他们与我著作通常的出版者斯坦利·昂温爵士商定,再为他们写一本关于核问题和禁止核武器的书,该书为我的《常识与核战争》一书的续篇,并将它的部分内容加以扩充。这本新书被定名为《人类有未来吗？》，我马上着手开始撰写。但是撰写工作却因我在伦敦所做的一系列录音和两次伯明翰会议，以及后来使我一度无法做任何工作的那次十分严重的带状疱疹而中断。但是在病愈休养期间，这本新书我写了许多，而且在其第一截稿期及时地完成了全书。它于当年秋天出版。

8月6日"广岛日"，百人委员会安排举行两次集会：上午在白厅举行向两次世界大战死难者纪念碑献花圈仪式，下午在大理石拱门①举行演说集会。前者举行得庄严肃穆。我们希望人们回想起广岛的核弹事件。我们还认为，在悼念英国的死难者时，我们可能使人们注意到这样一个事实：活着的人们理应避免无谓的牺牲。下午的演说，我们希望人们支持这一观点。然而，对许多人来说，将在广岛和长崎的死难与在第二次世界大战中同日本人作战的那些人的死难相提并论，乃是亵渎神圣。持这种看法的那些人中的许多人是否反对华盛顿将军或斯穆茨将军的塑像受公众瞻仰，是值得怀疑的。

海德公园的集会是一次气氛紧张的集会。警方不准我们使用麦克风，因为海德公园禁止使用麦克风。这条规定以前曾多次被忽视，但这次对我们却要坚决执行。我们之所以决定设法使用麦克风，部分地是因为我们知道必须使用麦克风才能让更多的人听到我们所说的话，部分地是为了揭露公园各项规定执行上的那种奇怪的不一致。我们毕竟是一个致力于和平抵抗的组织。所以，我开始用麦克风讲话。一个警察悄悄地规劝。我坚持。那个警察

---

① 该拱门位于伦敦海德公园东北角。——译注

就将麦克风拿走了。于是我们便中止集会,宣布要游行到特拉法尔加广场去继续举行集会。这一切是我们原先就计划好的,而且计划执行得相当成功。我们没有料到的是,当群众沿着牛津路前进时突然下起大雷雨,而且在广场集会的大部分时间一直下个不停。

一个月后,有一天下午我们在北威尔士开车兜风回来,发现一位虽然表情非常尴尬但却讨人喜欢的警官跨坐在他停在我们正门前的摩托车上。他是来给我太太和我送传票的,传我们9月12日到博街治安法庭去接受审讯,罪名是煽动民众和平抵抗。有人说,治安法庭给百人委员会所有的领导人都送去了传票,但事实上只是给其中的一些人送去了传票。接到传票的人很少有拒绝出庭的。

我们到伦敦去听取我们律师的意见,更主要的是,去同我们的同事商议。我不想成为这一事业的殉道者,但我觉得我应该充分利用任何一个机会来宣传我们的观点。我们不至于天真无知到看不出我们的入狱会引起某种骚动。我们希望这能使那些原先对为什么我们要做违反规定的事情一直不了解的人对我们产生足够的同情,至少对我们所持的某些理由产生共鸣。我们已从我们的医生那里得到我们最近生过重病,如果长期监禁会产生严重后果的证明。我们把这些证明交给将在博街治安法庭陪我们出庭的那位专门律师。凡是我们所认识的人没有一个相信我们会被判监禁。他们认为政府会觉得这对他们来说划不来。但我们自己则看不出他们可能不会将我们判监禁。因为有段时间,我们的活动显然令政府厌烦,警方对百人委员会办公室进行突然搜查,并且笨拙地暗中监视经常进出百人委员会办公室的。那位专门律师认为,他完全能帮我们打赢这场官司而使我太太和我不被判监禁。但我们既不希望完全不被监禁,也不希望被监禁时间太长。我们叫他设法不要让我们受到宽大处理而免于处罚,但同样地,还叫他设法使我们被判的监禁时间不要超过两个星期。结果,我们两人都被判处两个月监禁,但同时又宣布,由于医生的证明,我们每人的监禁期都减为一个星期。

9月12日上午将近10点30分,我们在一群旁观者的簇拥下,和我们的同事一起,沿着博街走向法庭。此时的博街犹如舞台的场景。大多数窗口都挤满了人,有些窗口摆着一盆盆亮丽的鲜花。相形之下,法庭里的场面看起来就像一幅杜米埃的蚀刻画。当法官宣判我监禁两个月时,旁听者大叫"可耻,可耻,一位八十八岁的老人!"这使我感到不快。我知道他们这样叫是出于好意,但我是故意要被监禁的,而且无论如何,我看不出年龄与罪有什么关系。如果说有什么关系的话,那也只是使我感到更加有罪。在我看来,那位治安推事说的差不多是对的,他说,从他的观点来看,我这么大年纪了,应该知道什么事能做什么事不能做。不过总的来说,法庭和警方对待我们都比我们所能希望的要温和。在庭审开始之前,一位警察在这所建筑物里到处搜寻,想找一块垫子给我垫在又硬又窄的法庭木条凳上。结果找不到——这正合我意——不过我还是感谢他的好意。我觉得我们有些同事被判得确实过重,但是使我感到愤慨的只是那位治安推事对我们之中一位碰巧是来自德国的犹太难民所说的那番话。我觉得那位警方证人在作证时给人的印象不好。我们的人,我认为讲得很好,既有尊严,又言辞有力。所有这些讲话并不令我感到惊异。我很高兴,因为我得到法庭的容许,基本上说出了我计划要说的话。

到傍午,我们的案子全都申述完毕,法庭给我们一个小时的吃饭时间。我太太和我回切尔西。我们走出法庭,进入欢呼的人群当中,而使我感到莫名其妙的是,有一位女士冲过来拥抱我。但是根据上午那位治安推事所说的话以及他总的神情,我们下午回去聆听判决时,并不抱会被从轻发落的希望。我们按名字首字母的顺序一一被判决之后,便被带到牢房,在那里我们像度假的男孩一样,有的唱歌,有的讲故事,志忑紧张的心情松懈了下来,我们别无他事可做,只是等着被囚车运走。

这是我第一次坐囚车,因为我上一次被判入狱时,是坐出租车到布里克斯顿监狱的,但这次我太累了,无法享受新奇感。我被径直送进了监狱医院病房,我的一个星期的时间大部分是在床上度过的,每天都有医生过来看我是否领到了我所能吃的那种流食。谁也不可能假装喜欢被监禁,除非是保护性的监禁。被监禁是一种可怕的经验。就可怕的程度来说,受到特殊、严酷的对待或虐待,以及身体上的不舒服,也许是最低的。最可怕的是那种无所不在的气氛,那种老是受监视的感觉,那种死一般的阴冷与幽暗,以及那种总是会被注意到的、不会被弄错的监狱气味——还有那某些其他囚犯的眼睛。对于所有这一切,我们只体验了一个星期。我们一直很清楚,我们许多朋友遭受这种可怕的痛苦达许多星期之久,我们只是因为情况特殊,而不是因为"罪"较轻(如果我们是有罪的话),才得到从宽处理。

在此期间,百人委员会已将我发自布里克斯顿监狱的信印制成传单。传单背面是百人委员会的紧急呼吁，它号召所有的同情者于9月17日（星期天）5点钟在特拉法尔加广场集合，然后游行到议会广场举行公众集会并静坐示威。当时内政大臣已发布公开令，禁止我们使用特拉法尔加广场，但百人委员会认定不予理睬。对于我们来说不幸的是，我太太和我还在监狱里，要到第二天才能被释放。我之所以说不幸，是因为这肯定是一个值得纪念和令人振奋的活动。

我们很高兴星期一一大早在家里自由地团聚。但是我们几乎马上就被拥入哈斯克街的报社、广播电台和电视台的记者们所包围。他们一直缠着我们，使得我们有段时间无法得知前上个星期博街治安法庭开庭之后所发生的所有事情。根据我们在狱中从报纸上所看到的，我们知道，不仅在英国，而且还在其他许多国家，举行过各种集会和静坐示威，以抗议对我们的囚禁。此外，我太太从霍洛韦监狱的一些囚犯口中得知，17日的那次示威举行得很成功。他们收听了无线电广播，站在监狱大厅的阳台上（下面是他们的牢房）向她竖起大拇指兴奋地大喊这次静坐示威成功极了。我们后来才逐渐地知道它取得了多大的、令人难以置信的成功。

关于那次示威的全部故事，我应当留给某位历史学家或参与者去讲述。重要的一点是参加的人数前所未有。这对于使之成为我们所企望的群众运动的发展趋势来说是个好兆头。到傍晚，特拉法尔加广场和通往广场的街道都挤满了静坐的人和尽可能往前挤到有利的位置上去看热闹的人。游行到议会广场是不可能的。没有一个人能够通过，虽然人们曾经尝试过。静坐示威者没有暴力，没有喧嚣。他们很严肃。其中有些人是在表现个人英雄主义。

例如奥古斯塔斯·约翰老人,虽然他当时已身患重病(他不久后便去世),但还是从国立美术馆出来,走进广场,坐下来加入示威行列。没有一个人知道他计划这样做,而且几乎没有人认识他。我只是过了很久以后才知道他的行为,但我怀着敬佩的心情将它记录了下来。其他还有一些为了证明极度的信仰而表现出英雄气概的事例。同时也有许多荒唐可笑的事情。有人告诉我,尤其是在晚上较晚的时候,许多名人过去看看情况如何,结果被警方误认为是百人委员会的热心支持者;他们尽管抗议,但还是被塞进了囚车。不过这种错误可以说并不能怪警方。在浩瀚的人群中,个人的身份是不可能区分的,甚至戴着身份证明牌链也是不可能区分的。但是警方对其屡屡采取的暴行就难辞其咎了。这是无可争辩的,因为有许多当时所拍的照片,其中有一些则记录下了警方令人遗憾的行为。

电视和报刊中有关这次示威以及此前的囚禁事件的报道和照片出现在世界各国。它们对于引起各国人民思考我们在做什么、企图做什么和为什么要做等问题,具有极好的效果。那是我们原先就希望发生的事情,但是我们对于会被引起的那种不可阻挡的公众的关注和兴趣,却没有充分的准备。我们一开始就仔细地作了安排:任何一次特定的示威,只有几位我们的成员会使自己有可能被囚禁。这样,总是有一伙领导人继续开展工作。但是政府并不是根据特定时间的特定罪行,而是以笼统的煽动罪为由,判决了一大批人,因而打乱了我们的安排。此外,当9月17日的静坐示威发生大骚动时,警方便进行逮捕,而此时我们几乎还不能确定谁会被捕谁不会被捕。结果是,百人委员会只剩下少数几个成员来处理急迫的事情和制定未来的计划。当时我感到很累,整天忙于处理主要是因为我的入狱而发生的、只有我才能处理的事情。所有这一切确实非常遗憾,因为曾给过我们一个极好的机会,而我们却未能充分利用。

出狱后的那个周末,我们回到北威尔士,但是不管我们到什么地方,报社和电视公司的记者仍然络绎不绝地前来采访,当然,每天还有来自世界各地的访问者——意大利人、日本人、法国人、比利时人、僧迦罗人、南北美洲人等等。接待来访者是件十分烦人的事情,因此我们一有可能就驱车出去到乡间躲清静。我们有过一些惊险的遭遇。有天下午,我们沿着沙滩,绕着岩岬,步行去一个小海湾。岬角的礁石为干海草所覆盖。起先我们还小心翼翼地先试试落脚处是否坚实,但后来就越来越大意,结果走在前头的我,出乎意料地陷到了大腿。每动一下,我就陷得更深一点。我太太差一点儿也陷进去。她设法爬到一块礁石上,最后把我拽了出来。另外还有几次,我们的车子陷入沙坑或泥沼里,只好找人把它拖出来——有一次,使我们觉得既好笑又可气的是,把它拖出来的是一辆核基地的大货车。

我们回到伦敦后,也有过一些奇特的遭遇。有一天上午,两个男青年和一个女青年出现在我家门口,要求见我,他们说想要和我讨论反核工作。我和他们讨论了一段时间,然后示意他们该走了。他们拒绝离开。我和我的管家——当时家里只有我们俩——谁也说不动他们,我们也没有足够的力气把他们推出去。他们开始在我家客厅举行静坐抗议。我有点害怕,派人叫来了警察。警察的行为是无可挑剔的。他们甚至没有一丝微笑,更不要说嘲笑了。

他们将静坐抗议者撵了出去。后来有人告诉我,警方已查明那个女青年是个想出风头的年轻女演员,那两个男青年是想要帮助她的仰慕者。他们这下子出了风头,而且提供给了我一个好故事和很大的乐趣。百人委员会的有些人对我叫来警察这一做法有点反感。

在随后的几个月里,百人委员会举行了多次公开和秘密的集会,我在这些集会上发表演说,其中值得特别一提的是10月29日在特拉法尔加广场和11月1日在加的夫举行的那两次集会。百人委员会宣布12月9日要在全国各地的美国空军基地和核基地举行示威活动。但是在谋划这一活动时,对于不是在伦敦而是在乡间举行大规模示威活动缺乏经验的百人委员会,尤其是对有关运输方面的问题,想得过于乐观。例如,他们确信,他们租来运送示威者从伦敦到目的地之一韦瑟斯菲尔德去的大轿车会如期出现,因为那些大轿车的司机曾亲口说过,他们赞成百人委员会的观点。然而,像我们有些人所担心的那样,汽车公司在最后一刻拒绝将其大轿车租给百人委员会。一些坚决的示威者利用其他交通工具抵达韦瑟斯菲尔德,但是失去了这些大轿车,而且又没有任何变通的安排,使得参加的人数比原来预期的少了许多。后来遇到的困难也不小:曾经对百人委员会办公室进行过突然搜查并骚扰百人委员会成员的警方的阴谋诡计,以及政府的反对,政府用大量的地面部队和空军、警犬和消防水龙带保卫百人委员会示威的目的地,使之免受手无寸铁、保证不使用武力的示威者的侵扰。虽然如此,示威的场面还是挺壮观的。不过,百人委员会犯了一个错误,那就是事先宣布示威的场面会比人们可能希望的更壮观,而对于一些可以预见到的困难却没有仔细周到地预想出各种应变措施。

在其他方面，百人委员会已经开始自我削弱。在其成员中间，就百人委员会应该只致力于禁止核武器方面的事情呢，还是应该开始反对国内、社会和政府的一切不公正行为，开始进行冗长的讨论。这是浪费时间，白费精力。这种普遍的反对，如果要完全沉湎于其中的话，显然是遥远的将来亦即百人委员会的势力和能力得到巩固以后的事。制订这种计划，只能延误势力和能力的巩固。其次，这种不幸的趋势，主要是百人委员会缺乏实际的政治和管理经验，再加上过高地评价9月17日示威成功的意义造成的。9月17日示威的成功应该被看作是很大的鼓励，但无论如何不应该被看作是对民众和平抵抗运动的确实允诺。按照全国人口的比例来说，这个运动的规模仍然很小，而且它也尚未证实可以抵挡得住坚决的反对势力。不幸的是，12月9日那次示威相对而言的失败，只是被看作是一次令人沮丧的挫折，并未被看作是临近巩固时期的一个教训。我试图在我当时的一些公开声明中克服这种沮丧，并且在私下反复灌输这个教训。但在这两方面我都失败了。

12月9日的那次示威的直接后果是，根据1911年的《政府机密法》对百人委员会的五名领导人提起诉讼。根据门外汉的观点，这是一次奇特的审判。原告方被允许充分地陈述其起诉的理由，最后谈到这样一个问题：人们未经许可，擅自进入韦瑟斯菲尔德机场，企图使那儿的飞机动不了而停飞，这是不是危害国家的安全。被告方陈述的理由是：诸如韦瑟斯菲尔德这样的基地，就像所有用核武器"保卫"国家的基地一样，本身就已危害国家的安全。物理学家莱纳斯·泡令和雷达的发明者罗伯特·沃森-瓦特爵士，从美国来出庭作证，陈述目前核政策的危险，而韦瑟斯菲尔德则是该政策的一部分。他们和我在法庭上待了好几个小时。后来我们的所有证词,就像被告方的其他证人(我相信,其中有一些人根本就不被允许传唤出庭)的证词一样,被宣布与起诉的内容无关而被摈弃。审判进行得完全合法,但所有的空子对于被告方全都无情地堵死,而对于原告方却全都变成是行得通的了。当然,审判过程中也出现过一些欢快的时刻:当问原告方的主要证人空军司令麦吉尔从伦敦到韦瑟斯菲尔德有多远时,他回答说:"坐快速飞机,大约50英里"。尽管陪审团退庭四个半小时(这是相当耐人寻味的),他们最后还是裁定被告有罪。没有一个人相信,在这种情况下会作出任何其他的裁定。五个被判有罪的男人,各被处以18个月徒刑;一个被判有罪的女人,即百人委员会的福利秘书,被处以1年徒刑。

我深深地感到,由于我鼓动这次示威而又未能参加,我与被判刑的那些人一样有罪,而且我在最后能在审判中发言时作了这样的表白。其他许多人也有同样的感觉,因此审判结束后,我们就到坎农街警察局去声称我们自己有罪。正像我们所预料的那样,警方虽然客气地听取了我们声称自己有罪的陈述,但并没有把它当回事。为了说明这次审判的意义和百人委员会自己对这次审判的态度,百人委员会在特拉法尔加广场举行了一次集会。在风雪中,我和罗伯特·沃森-瓦特爵士以及其他一些人,向人数不少的听众作了演说。

打那以后有一段时间,我很少为百人委员会作公开的演说。在7月的最后那一个星期,百人委员会和"禁止核武器运动"派代表参加在莫斯科举行的"世界裁军会议"。就在会议即将开幕之前，我接受了贝尔纳①教授的要求，他竭力劝我派一个代表到会议上致辞。曾参与过百人委员会的策划和行动的克里斯托弗·法利代表我去。他到那儿后，与一些非共产主义者一起，在红场举行公开集会并散发传单。这是非法的。当时也在那儿的"禁止核武器运动"主席，用各种手段，强烈反对这种非法活动。它也受到其他人的反对，甚至有些在国内热衷于和平抵抗的人也反对这种活动。他们觉得他们是俄国人的客人，应当严格遵守为客之道。这次集会虽然遭到驱散，但举行集会的人很得意，因为他们相信，他们已经指出了和平抵抗运动的国际性，而且能够在遭驱散之前可以说举行了辩论。当时，我所听到的只是强烈的反对，但是谁也没有说明反对的理由。法利回来后向我说明了事情的经过，我觉得他支持那次集会做得对，这有助于使人们承认这样一个事实：我们是中立的，为了国际性的目标，无论何地，凡是我们能进行和平抵抗的地方都应当进行和平抵抗。

将近8月底，百人委员会开始实施其预定在9月9日举行示威的计划。他们接受上一年12月9日的教训，决定回到伦敦市中心，并且要人们立誓参加。他们宣布，如果找不到7000人立誓，就不举行示威。9月9日快到了，他们显然不可能按时凑齐这一立誓人数。我很坚定地认为，既然他们公开宣布过不到7000人立誓就不举行示威，他们就应该放弃这次示威，尤其是因为那些已立誓的人，为了恪守诺言，可能会要求他们参加没有预定数目的共同参与者保护的示威。伦敦百人委员会的干事很不愿意放弃，许多委

---

① 贝尔纳(1901—1971)，英国物理学家，伦敦大学教授。——译注

员也认为没有必要放弃。这种出尔反尔,将诺言当儿戏的行为令我憎恶,而且更加使我相信百人委员会正在瓦解。最后,这次示威还是被取消了。

在那次秘密审判以后的那段时间里,我发生了许多与百人委员会无关的事——午宴(例如外国记者在伦敦为我举行的那次午宴)、电视广播讲话(例如萨斯坎德主持的那次为美国人录制的长篇讲话)、各方显贵要人的来访(例如五位俄国著名记者的来访,他们和我在威尔士度过了一个下午)。3月底,我们还开车出去度假了两个多星期,这次度假完全失败,因为天气湿冷阴郁,我们俩在整个假期都患了重感冒。关于我个人生活最重要的事情,是以5月18日我的90岁生日为中心的那些事情。

我承认,我怀着相当激动的心情期盼我的生日庆祝活动,因为虽然筹办活动的人没有告诉我成功地举办那些活动所需付出的辛劳和焦虑,但他们告诉了我它们是些什么活动。我只是后来才听说乐团经理和音乐厅经理所设置的特殊障碍,或指挥、管弦乐队和独奏者极度的仁慈和慷慨。我后来才逐渐知道,我的朋友们为了让我高兴,在好多个星期里花费了大量的时间、精力和心思,并且下了破釜沉舟的决心。我的这些朋友中最活跃的是拉尔夫·舍恩曼,他主要负责有关音乐会的所有事情,包括制定安排得极好的、在我看来非常令人满意的节目单。当我知道这一切时,我深受感动,就像我被这些庆祝活动本身所深深地感动一样。而使我感到惊讶的是,我发现我非常喜欢成为这种出乎意料的友好的喝彩和赞颂的中心。

在我生日那天,我们与我的两个孙子和我在伦敦的管家琼·

雷德蒙一起,举行了一个欢乐的家庭茶会;为了庆祝,准备了一个上好的蛋糕,上面适当地摆放着一个小军官(面包师傅送的),他擎着一支蜡烛,以示好运。晚上,A.J.艾尔和鲁珀特·克劳谢-威廉斯安排的晚宴在皇家餐厅举行。我认为这是一次愉快的聚会。我的一些朋友讲了话:艾尔和朱利安·赫胥黎对我倍加赞誉,E. M. 福斯特回忆起早先在剑桥的日子,并且非常高兴地谈到了我的老朋友鲍勃·特里维廉。我在这次晚宴上第一次见到了我们家族的族长贝德福德公爵及其夫人。我称赞他尽管有很大困难但却不惜任何代价在沃本给自己保留一座私人庄园的决心。我也喜欢他那不受陈规约束的脾性。有人曾告诉过我,当邀请他在音乐会上向我致贺词时,他毫不犹豫地接受了。因此我准备喜欢他——他并未让我失望。那天晚上与一些老朋友(例如,阿瑟·韦利和迈尔斯·马勒森)重新取得了联系,同时又结交了一些新朋友,使我颇为高兴。

至于第二天下午(在"节庆厅"经理 T.E. 比恩的大力支持下)在"节庆厅"举行的庆祝会,我真不知道该怎么说或说些什么。有人告诉过我,庆祝会上将会有音乐,并且会有人向我致贺词,但我事先并不可能知道音乐(无论是科林·戴维斯指挥的管弦乐,还是莉莉·克劳斯的独唱)会有多美妙。我也不可能知道贺词会有多感人,贺词中使用赞美之词会有多慷慨:致贺词的有拉尔夫·舍恩曼(庆祝会司仪)、维克托·珀塞尔、丹麦的索宁夫人、恩斯特·维利(瑞士雕塑家)、非洲的莫莱·恩科西、瓦妮莎·雷德格雷夫(女演员)和我的表妹伊恩·贝德福德等人。有些不能亲自来参加庆祝会的人,事先寄来礼物,由主持人当场送给我——我的堂妹弗洛拉·罗素送给我一座苏格拉底半身雕像,汉斯·厄尼送给我一幅他画的、惟妙惟肖的我的肖像。许多人发来贺信贺电,它们或由舍恩曼当场宣读,或被辑印成《生日贺词》。这本贺词的封面是波特马多克的 T. E. 莫里斯所拍的一张我的照片。我听说这本贺词已被寄给世界各地的人们。音乐家协会拒绝将现场音乐录制下来,英国广播公司也拒绝记录庆祝会的过程。那些礼物、节目单、私下拍摄的庆祝会过程的录像带,尤其是我所感受到的与会者和演员们的那种亲热的友情,迄今我仍十分珍惜,而我将永远珍惜。当时我感动得一个字也说不出来,更不用说找到能表达自己感激之情和解说这次聚会对我来说意味着什么的话语。但是,很幸运,后来话匣子打开了。我认为我不可能再次非常动情地,或者说,带着那种纯粹的、未经思考的真挚情感述说我当时的感受,所以我就把我的演说原原本本地抄录于此,它是我根据录像整理而成的:

"朋友们:

这是我几乎不知道如何找出话来说的一次聚会。我所受的感动,甚于我所能说的,而且比我在任何时候所能希望表达的更深。我必须向为促成这次聚会而工作的那些人致以最衷心的感谢:谢谢演出者,他们优雅的音乐,精彩的演出,充满了欢乐;谢谢那些默默地工作的人,比如我的朋友舍恩曼先生;谢谢所有送我礼物的人——礼物本身很珍贵,而且也是对这个危险的世界永远寄予希望的表示。

我有一个很简单的信条:生命、欢乐和美比灰不溜秋的死亡好,而且我认为,当我们聆听像今天我们所听到的这种音乐时,我们大家肯定都会觉得产生这种音乐的能力,和聆听这种音乐的能力,是值得保存的东西,不应当在愚蠢的争论中将其丢弃。你们可能会说这是一个简单的信条,但我认为,一切重要的东西其实都是很简单的。我一直觉得有这个信条就够了,而且我还认为,你们中的绝大多数人也会觉得有它就够了,否则你们就不会到这里来了。

但我现在只是想说,当一个人走上了一条招致某种程度的迫害、斥责和辱骂的道路后,就很难发现他反而像我今天这样受欢迎。这使他感到相当卑微,所以我觉得我必须设法不辜负促成了这次聚会的那种感情。我希望自己能够做到这一点;而且我从心底里感谢你们。"

我生日的最后一次正式的庆祝活动是在第二个星期举行的,当时芬纳·布罗克韦非常友好地邀请我参加在下议院为我举行的午宴。对此,我心里多少有点紧张,因为在我看来,无论是上议院的议员还是下议院的议员,他们似乎都不太可能会来为我祝寿。当我们在前厅等着人来领我们去举行宴会的哈考特厅,以及再次站在门口有点渴望地看着议员们喝餐前饮料提神时,我的心情越来越紧张。但是,当宴会开始时,气氛既欢乐又友好,我认为参加这次宴会的那些议员中许多人都很大度。有一段时间对政客们的活动我曾进行过毫不留情的抨击,在这种场合,我恐怕没有机会而且实际上也没有义务直接责备他们。

当与我成为九旬老人有关的这番令人愉悦的忙乱全都过去之后,我们便返回威尔士,只是在7月份为了与吴丹①谈关于国际核

---

① 吴丹(1909—1974),缅甸教育家、外交家,联合国第三任秘书长(1962—1971)。——译注

政策和裁军政策的事，我们才又回到伦敦待了几天。这是我第一次与他相见；不光是他的精力和对事情清楚的了解，而且还有他的均衡的客观态度、缜密的思考能力以及他那随和悦人的好脾气，给我留下了非常深刻的印象。在这段时间里，我还首次参观了沃本隐修院。我觉得这幢宏伟壮丽的房子非常赏心悦目，可爱的庭园绿树成荫，园内草地绵延开阔，大卫神父的小鹿嬉戏于树荫之下，景色非常祥和恬静。

那一年的最后几个月时间，全都花在了古巴危机和后来的中印边界争端这两件事情上。12月初，企鹅出版社接受了我的关于我想在1月份动笔撰写一本有关这两个事件的书的建议。这本书于4月份由企鹅出版社与艾伦和昂温出版公司联合出版，书名是《非武装的胜利》。关于我在那段时间的想法和行动的任何趣事，要说的我在这本书中已经全都说了，在此我不打算重复了。不过，也许我应该再加上一句：对于那段时间我所做的与这两次危机有关的一切，我一点也不后悔。对于这两次危机，尽管作了进一步的研究，但我的观点仍然没变。我只想给批评我的人这样一条橄榄枝：我对我10月23日发给肯尼迪总统的电报措辞不够婉转感到遗憾。我同意，那份电报的直率使得它不可能起很大的作用。但当时我几乎不抱什么希望，就像现在在相似的情况下我对美国政府明智而迅速地撤军几乎不抱什么希望一样。

百人委员会的某些领导在9月事件中的愚行，以及百人委员会的越来越没有策略，使我非常生气，因此在1月初我辞去百人委员会伦敦总会的职务。不过，我不想在我公开辞职时提及以上这些理由。我所提出的辞职理由同样也很正当、很有说服力：我在威尔士的时间越来越长，无法有效地参与伦敦总会的工作。我仍然非常支持百人委员会早期的目标和行动，如果我认为这些目标和行动有成功的希望，我会支持再现。在我看来，民众和平抵抗仍然是攻击目前国际政策（这些目前的国际政策，如果说不是更糟的话，也与以前的一样糟）最有效的方法。

与此同时，英国政府对于发生核战争时该怎么办有其自己的计划。我们从一个自称为"维和间谍"的组织那里知道了这些计划的部分内容。这个组织打听到了政府当局准备在战争爆发时付诸实施的秘密计划。届时英国将被分成若干个地区，每个地区都有自己的政府，拥有绝对的权力，各地政府都由预先安排好的一班官员组成，他们将住在地下想必安全的"地区政府所在地"，（在敌人允许的范围内）决定我们其余人的命运，尤其是如果我们还能活着的话，决定如何处理放射性坠尘。政府的这些措施恐怕老百姓不会喜欢，所以必须保密。"维和间谍"发现了一些有关文件，并且急于想公之于众。他们没有资金，向我求助。我给他们50英镑，并祝他们好运。这些文件尽快地被公布出来，副本被分发给参加奥尔德马斯顿游行的人们。

（我觉得）不幸的是，禁止核武器运动的领导人对于和平主义者居然使用秘密方法感到震惊。他们千方百计阻挠"维和间谍"散播其所设法获得的情报。"维和间谍"搞到了一批新的文件，就拿去给一份主要的和平主义杂志的主编，以为他会把那些文件刊登出来。但是这位主编生恐走漏风声和如若发表那些文件必定会招致的惩罚，把那些文件寄给一位"维和间谍"的母亲，而她怕警方突然搜查，就把那些文件烧了。所以，我们获知政府的关于地区政府的拯救和可能被允许存活的那些民众的救助的计划的希望就破灭了。对阐明我们的立场和大大地推动和平工作的这一沉重的打击，竟然出自本意良好而且并非才疏学浅的和平主义者之手。

书　信

与欧内斯特·琼斯的往来书信

亲爱的琼斯博士：

　　信中附上一位杰出的英格兰圣公会主教来信的副本。我认为，这是一份值得纳入你的个案记录簿的文件。如果你能来信告诉我你对此信的意见，我会非常感谢。

你的诚挚的

罗素

1957年2月2日

普拉斯·彭林

以下是我附寄给琼斯博士的信（没有这位主教的地址，也没有他的签名）：

罗切斯特的主教的来信

亲爱的罗素勋爵：

拜读了你在《星期日泰晤士报》上发表的关于死后重生"大奥秘"的文章之后，我的良心驱使我给你写信。我知道，84岁的你，正处在那个门槛上。

你的同代人，像我本人一样，称赞你是我们这一代最伟大的智者。而且许多人肯定也同我一样相信，要是你的道德境界不亚于你的智力以及其他非凡的才能，你就能使我们免受二战之苦。然而，在你的那本论"友爱婚姻"①的《婚姻与道德》(1929)一书中，好色之徒的本性不禁露了出来。好色是你的"阿喀琉斯之踵"②，它蒙蔽了你伟大的心智，辨识不出所有现象——例如形成你那迷人的研究的现象——背后的那个无限伟大的"心智"。只有心地纯洁的人才能看见上帝；一个具有这么睿智的一个头脑的人，居然娶过四个太太，离过三次婚，那一定是个奇耻大辱。

此外，虽然你的名声具有很大的影响力，但我还是不得不相信，你一定时常为对因两次大战之间年轻人试验你所倡导的"友爱婚姻"而发生的谋杀、自杀和极度痛苦的回忆所纠缠。我本人是个72岁的老人，没有杰出的才能或学识；然而，我想谦卑而真诚地将活到100岁才去世(1854)的牛津大学马格达伦学院院长 M.J. 劳思博士写给他认识的一位被关押于死囚牢房中的教友派信徒的一段话奉送给你：

---

① "友爱婚姻"(Companionate Marriage)，一种婚姻制度的建议，其主要内容即为彼此不承担任何法律义务，只要双方同意即可离婚。——译注

② 阿喀琉斯为希腊神话中的英雄。据传说，在他小时候，他母亲把他浸到斯堤克斯河水里，所以他后来周身刀箭不入。但因为他母亲是捏住他的脚跟把他浸入这条冥河的，所以他的踵部是致命的弱点。"阿喀琉斯之踵"的喻义即致命的弱点。——译注

"先生，这封信来自一位已经 90 岁，像你一样没有多长时间可活的人。他比大多数人有更多机会明确地知道新约圣经为人类救主的使徒所撰写。这些使徒在新约圣经中明确地说道，耶稣基督的血洗净所有的罪，如果我们坦承自己的罪，仁慈而公正的上帝就会因我们的悔悟而赦免我们的罪。在你去另一个世界之前，你应尽力去想、说和做一切事情，以拯救你的灵魂。"

你可能知道，在智力方面能与你相匹敌的达勒姆的约瑟夫·巴特勒大主教，临死前耳际充满了约翰一书第 1 章第 7 节的那段经文，并低声说："嘀，这真舒服！"

我向上帝祈祷，希望你能认识到，因为某个原因，我一直深深地为你担忧。

                                你的真挚的
                                克里斯托弗·罗夫腾
                                1957 年 1 月 29 日
                                罗切斯特
                                毕晓普斯考特
                                珀森尔[1]

亲爱的罗素：

你觉得这位英格兰圣公会主教的信很奇特，使我感到有点惊

---

[1] Personal，意为个人的，私人的。——译注

讶。我本以为你收到过许多这样的信,而且我甚至真的在想,到底有多少人为你的灵魂做过弥撒。

这一类信,有趣的当然是平心静气地认定性活动就是邪恶。弗洛伊德过去常认为宗教的主要功能是遏止人天生的侵略性(一切邪恶的显著根源),但令人奇怪的是宗教导师常常又把它带回到性活动。这使人们想到两者之间必定有某种深层的联系,现在我们相信,大多数(也许是全部)侵略性最终都可以追溯到无数种形式的性挫败。不过,仍然值得注意的是,你这位我们真道德(爱、仁慈、宽容等等)的主要倡导者,竟然因为不接受天主教的婚姻观而被打入地狱。

如果你想要听取对此信所作的精神分析的评论,那么,他归诸你的那种全能(制止战争的能力等等)中就有一个线索。那只能指向一个高大的父亲形象(一个世俗的上帝),他令他儿子非常愤恨的唯一的罪,是他跟他儿子的母亲睡觉。令人奇怪的是,这些人从不对上帝与圣母马利亚的通奸行为感到震惊。这可需要大事洁净。

你的诚挚的
欧内斯特·琼斯
1957年2月4日
萨塞克斯　米德赫斯特附近
埃尔斯特德　普拉特

亲爱的琼斯:

谢谢你2月4日的那封令人非常愉快的来信。接到你的来信后，我一直沉浸在把自己视为在等级森严的英格兰圣公会中引起恐惧的、使人望而生畏的父亲形象的喜悦之中。我附寄给你的那封信令我惊讶的是，我原本以为杰出的英格兰圣公会神职人员通常都是相当文明的人。我收到过几百封与我附寄给你的那封非常类似的信，但它们一般都是没有受过什么教育的人写来的。我无法确定，写那封信的人究竟是因后悔他所犯下的罪而苦恼呢，还是因他没有犯下的那些罪而感到非常懊悔。

你的诚挚的
罗素
1957年3月14日
普拉斯·彭林

与利物浦的罗素的往来书信

亲爱的罗素勋爵：

随信寄上埃德蒙·帕里斯先生的来信，他把我们两个人搞混了，而且不只他一个人如此。他的信第一段是写给你的。其他部分则是写给我的，我会回复。你看完之后，请将此信寄还给我。

你的忠实的
利物浦的罗素
[1959年]2月13日

西南 19 区

温布尔登公地

老沃伦田庄

亲爱的罗素勋爵：

　　谢谢你的来信，所附之信随此信寄还给你。我一直在想，是否有什么方法可以使别人不把你我二人搞混。我有一个浅薄的想法，即认为我们可以联名给《泰晤士报》写这样一封信：先生，为了使经常发生的混淆不再继续下去，我们恳请贵报代为声明，我们两人彼此都不是对方。你认为这个办法好吗？

你的诚挚的

罗素

1959 年 2 月 18 日

普拉斯·彭林

129 亲爱的罗素勋爵：

　　多谢你 18 日的来信。

　　关于给《泰晤士报》写联名信一事，我不知道你是当真还是开玩笑，但无论哪种情况，我都认为那是个好主意。即使这样做无效，那也可以给人们提供一个小小的、令人轻松愉快的乐子。如果你想写这样一封信，我会很高兴将我的名字签在你的名字之下。

　　说到这个话题，顺便提一句，你将会发现卡斯尔公司将于 3 月 19 日出版的我的回忆录《那使我想起》一书中第 61—62 页颇有趣味。这两页详细叙述了我两次被误认为罗素伯爵的经过。1927年在印度被误认为是你的哥哥，1954年被误认为是你。

第60页也会使你感到有趣。

你的诚挚的
利物浦的罗素
[1959年]2月20日
西南19区
温布尔登公地
老沃伦田庄

亲爱的利物浦的罗素勋爵：

谢谢你2月20日的来信。我提议写一封联名信，乃既当真又是开玩笑。信中附上我已签好名的联名信草稿，但是如果你认为此稿太轻浮，我完全愿意在措辞方面进行修改。不过我认为目前的措辞比较为严肃的声明更能引起注意。

你的诚挚的
罗素
1959年2月23日
普拉斯·彭林

致《泰晤士报》的编辑

先生：

　　为了避免经常发生的混淆，我们在此恳请代为声明：我们两人彼此都不是对方。

你的
利物浦的罗素
（利物浦的罗素勋爵）

罗素
（伯特兰·罗素伯爵）
谨上
1959 年 2 月 23 日
普拉斯·彭林

亲爱的罗素勋爵：

　　我已将我们的信寄给《泰晤士报》，不过，我当然要他们将你的大名放在我的名字之前。

　　我非常喜欢你的措辞。

利物浦的罗素
1959 年 2 月 25 日
西南 19 区
温布尔登公地
老沃伦田庄

5. 伯特兰·罗素坐着,让爱波斯坦为其塑像(1953年)

Lord Russell

All earthly knowledge finally explored,
Man feels himself from doubt and dogma free.
There are more things in Heaven, though, my lord,
Than are dreamed of in your philosophy.

伯特兰·罗素的一篇手写的反驳文字

6. 罗纳德·塞尔画的伯特兰·罗素像（载于 1957 年 3 月《笨拙周刊》）

与 A. J. 艾尔的往来书信

亲爱的艾尔：

我刚刚看完你的《知识问题》。我看了这本书非常高兴，而且我同意书中的大多数观点。我喜欢你分析问题的方法，例如你谈论电视和预知这类问题时所说的那些话，在我看来恰到好处地结合了逻辑和健全的感官意识。我唯一非常不同意的是你对知觉的看法。我对这个问题的看法，虽然在科学家看来只不过是集合一些自明之理而已，但却被各派哲学家斥为完全是自相矛盾的荒论。所以，你不必因我不支持你的看法而有丝毫的不安。不过，我要说明一点：你在126页中说，从"物体的那些可感知的性质在原因上取决于感知者的状态"这一事实，并不能推断出物体实际上并不具有那些性质。这当然是正确的。能推断出的是：没有理由认为物体具有那些性质。从"当我戴着蓝色的眼镜时，看到的东西都是蓝色的"这一事实，并不能推断出它们不是蓝色的，但可以推断出我没有理由猜想它们是蓝色的。

因为我发现哲学家们，与科学家们相反，全都曲解我的知觉理论，所以我在信中附上一纸有关这一问题的短信，此信与你的书并没有什么特别的关系。

你的非常诚挚的
罗素
1957年1月19日
普拉斯·彭林

亲爱的罗素：

我刚从卢德里奇①那里听说你已收回授权，不再允许维特根斯坦的《逻辑哲学论》一书新译本使用你所写的序言。我提及此事的原因，是因为我是包括该书在内的那套丛书的编辑。

我想，你之所以这样做，肯定是因为奥格登的弟弟所出的难题。我不知道奥格登对你说了些什么，但我确实希望我能说服你重新考虑你的决定。在我看来，最重要的事实是：这个新译本将取代旧译本，所以如果新译本中没有你的那篇序言的话，以后人们几乎再也看不到它了。我认为这将是一大遗憾，因为除了阐释维特根斯坦的理论之外，你的序言本身就是一篇非常有趣的作品。

新译本的译者，皮尔斯和麦吉尼斯两位先生，告诉我说，如果你现在在准许他们使用你的序言之前想提出任何条件，他们将尽量予以满足。

听说你病了，我很难过，希望你现在已经康复了。

你的诚挚的

弗雷迪·艾尔

1961 年 5 月 26 日

牛津

新学院

皮尔斯和麦吉尼斯说，他们已尽量满足奥格登，但发现他非常

---

① Routledge，亦即卢德里奇出版公司。——译注

难缠。

亲爱的艾尔：

　　谢谢你 5 月 26 日的来信。我一直弄不明白奥格登弟弟与你之间争论的问题。原则上我不反对重印我为《逻辑哲学论》一书所写的序言。我受到以下事实的影响：维特根斯坦及其所有追随者都讨厌我的序言，而维特根斯坦之所以同意用我写的序言，只是因为出版商们把这作为他们出版《逻辑哲学论》的一个条件。在我今天上午收到你的信之前，我并不知道有人认为我的那篇序言有价值。既然你认为它有价值，我十分乐意重新授权将之再版。请你将此信的内容转告卢德里奇。

你的诚挚的

罗素

1961 年 5 月 27 日

普拉斯·彭林

亲爱的罗素：

　　非常感谢你准许我们重印你为《逻辑哲学论》一书所写的序言。维特根斯坦老是埋怨阐述他的理论的著述者曲解他的思想，而他的那些追随者只是他的应声虫而已。但是我确信你的序言是该书重要的附加部分，而且新译本的译者也完全同意我的看法。当他们以为他们将无法得到你的许可重印那篇序言时，他们真的感到非常沮丧。至于奥格登的弟弟，我的看法和你一样：我仍然不明白他究竟不满意什么。

你的诚挚的
弗雷迪·艾尔
1961年5月31日
牛津
新学院

132 与鲁道夫·卡尔纳普的往来书信

亲爱的罗素勋爵：

在我整个一生中，我一直不仅以最大的兴趣关注你的哲学工作，而且还以最大的兴趣关注你的政治活动，尤其是你最近几年的政治活动；我钦佩你的勇敢，以及你那旺盛的精力和高昂的热情。如今，正值你九十大寿，我想借此向你致以最良好的祝愿，并因你对我的帮助，向你表示深深的谢意。你的书确实比其他任何一位哲学家的书更强烈地影响我的哲学思考。我在我的思想自传（即将由希尔普出版的一本关于我哲学的书）中用较多的篇幅谈到了这一点，而且还特别谈到了你在你的《我们关于外部世界的知识》一书的最后几页中呼吁采用一种哲学新方法的那一席话对我的启发作用。

我完全同意你目前正在为之奋斗的那些目标：以认真的谈判取代冷战，不要核弹试验，不要放射性坠尘掩蔽所。但是，我没有你那种令人称绝的驾驭文字的能力，因而只能参加其他人发起的公众呼吁和请愿活动,只能就这些事情给肯尼迪总统写些私信。甚至写这种信对我来说也是很难的。我生来就喜欢避开各党派或政府与政府之间无谓的争吵,在纯理论的领域里进行思考。但是目前,当文明濒于危亡之时,我认识到至少必须表明立场。我还钦佩我在电视上所看到的你与爱德华·特勒的那场辩论中你那有说服力而且令人信服的论证。我觉得,目睹一位杰出的科学家(与政客形成对照,对于政客人们不抱任何指望)加强听众的偏见,令人抑郁。

在你生日的那一天,我也将71岁了。祝你长命百岁,身体健康,满意地看到一种更为理性的世界秩序在形成,你曾为其发展作出过很大贡献。再过几个星期我将退离教职,专心致力于进一步发展我的归纳概率理论。我从1950年就开始发表这方面的论著,而且对这一理论一直研究至今。

衷心祝福并深深地感谢你。

永远是你的
鲁道夫·卡尔纳普
1962年5月12日
加利福尼亚大学
哲学系

亲爱的卡尔纳普教授:

非常感谢你的来信。你的来信使我感到非常高兴。我不知道你的生日和我的生日是同一天。很抱歉未能向你致以我真诚的祝福。

　　我相信,你为使哲学变得清晰和精确所作的努力,将对人们的思想产生持久的影响。得知你退休后将继续从事自己的研究,我非常高兴。没有什么事情比你成功地完成你的归纳概率理论更适当的了。我完全理解你在给政府官员写信方面的缺乏自信。很难用一种语言来向社会活动家们述说我们对这个世界强烈而又真诚的担忧,他们对促成我们担忧的原因了解很少。我得承认我深感忧虑。我担心有人一门心思想要实现一个巨大的死亡愿望,恐怕现在我们必须尽一切力量唤醒大众,抵制可能造成数十亿人灭绝的疯狂而又野蛮的政策。

　　我们在这个国家所取得的成功比美国似乎明显的成功大得多,尽管美国的抗议行动显然比这里的抗议行动需要大得多的勇气和献身精神。虽然如此,我仍希望我们少数人抵制的作用会增大,并找到一种协调的国际表现方式。9月9日我们将在白厅的空军部举行一次大规模和平抵抗示威活动,届时我将亲自参加。我相信人们渴望获得消除恐惧的方法,如果能克服他们的无助感,他们就会有反应。

　　衷心感谢你的来信,并祝你伟大的研究工作取得成功。

　　　　　　　　　　　　　　　致以良好的祝愿和敬意

　　　　　　　　　　　　　　　　　　伯特兰·罗素
　　　　　　　　　　　　　　　　　　1962 年 6 月 21 日
　　　　　　　　　　　　　　　　　　普拉斯·彭林

摘自1962年5月13日的《观察家》

年届九十的利与弊

伯特兰·罗素

　　成为年纪很大的老人有利也有弊。其弊显而易见且没有什么意思，所以我就不说了。其利在我看来则比较有意思。长远的回顾给予经验以内容和分量。我能观察许多人的一生，包括朋友和公众人物，从早期阶段到他们的结局。有些人年轻时挺有出息，后来却没有取得什么大的成就；另一些人则在漫长的一生中加强学习，不断地充实自己，最终取得重大的成就。毫无疑问，经验使得猜测一个年轻人可能属于这两种人当中的哪一种变得比较容易。不光是个人的生活，而且还有运动的生活，随着时间的推移，也可构成个人经验的一部分，帮助预测可能出现的成败。共产主义虽然开始很困难，但迄今为止其势力和影响却在不断地扩大。相反，纳粹主义，由于夺权太早，而且统治也太残酷，落得个悲惨的下场。观察这样一些形形色色的过程，有助于深入了解历史上的往事，而且应当还有助于猜测未来可能出现之事。

　　谈谈比较个人的事情。那些精力旺盛、喜欢冒险的人，在年轻时自然感到有一种想要取得某个重大成就的充满激情而且焦躁不安的欲望，至于如果一切顺利的话，它可能是什么样的成就，他们却没有任何明确的预见。到了老年，人们就比较清楚地知道什么已经完成，什么没有完成。人们能够进一步去做的事情，只占已经做过的事情的一小部分，这就使得个人的生活不那么狂热。

　　看到报刊上强加于人们所记得的以往时期的一些陈词滥调，

例如"淘气的 90 年代"和"狂暴的 20 年代",有一种好奇的感觉。那两个年代在当时看起来根本就不"淘气"或"狂暴"。贴易懂的标签的习惯,对于那些希望无须思考便可显得聪明的人来说很方便,但很少切合现实。世界总是在变,但并不是以那种方便的陈词滥调所暗示的简单方式在变。如果人们能忘掉世界的状况,老年,就像我正在体验的那样,可能是一段非常快乐的时期。私下,我享受能使生活变得快乐的一切。我过去常想,当我到了老年时,我就遁世,过一种优雅闲适、修身养性的生活,读所有我早就该读的名著。总之,这也许是痴心妄想。一种长期养成的、带有某种人们认为是重要的目的的工作的习惯,是很难打破的,而且即使世界已处于较好的状态,我也可能觉得优雅的闲适生活平庸乏味。不管怎么样,我觉得不可能不理会正在发生的一切。

从 1914 年以来,几乎每当关键时刻,总是做出错误的事情。我们被告知,西方正忙着维护"自由世界",但像 1914 年以前存在的那种自由,如今像圈环裙一样成了一种模糊的记忆。据说,1914 年聪明的人曾向我们保证,我们是在以战止战,但结果却变成了一场终止和平的战争。我们曾被告知,必须加以制止的只是普鲁士军国主义;然而,从那时起,军国主义却一直在不断地发展壮大。在我小时候几乎会让每一个人都感到震惊的杀人歪理,如今却是由杰出的政治家一本正经地说出。我自己的国家,由一些没有想象力、没有能力适应现代世界的人所领导,执行一种如果不加以改变,将几乎不可避免地导致所有英国居民完全灭绝的政策。像卡珊德拉[①]一

[①] Cassandra,希腊神话人物,特洛亚公主,阿波罗赋予其预言才能。她曾预言特洛亚城必遭毁灭,希腊人留下的木马里潜伏着危险,但无人理睬。——译注

样,我注定要预言灾祸而不被人们所相信。她的预言成了事实。我真希望我的预言不会成为事实。

　　有时候人们很想求助于愉快的幻想,想象在火星或金星上也许存在着比较快乐和健全的生命形式,但我们疯狂的技术正在使这成为一场虚梦。不要多久,如果我们没有毁灭掉自己的话,我们毁灭性的争斗也会蔓延到那些星球上。也许,为了那些星球,人们应该希望地球上的战争在人类的愚行蔓延到全宇宙之前,将人类灭绝。但这并不是一个我能在其中找到任何慰藉的希望。

　　最近50年来世界发展的方式,在我身上造成了一些与典型的老年所应该出现的恰好相反的变化。一些毫不怀疑自己智慧的人经常向人们保证说,老年会带来安详平和,以及把表面上的恶看作是达到终极之善的手段的那种更加远大的眼光。我不能接受任何这样的观点。在现在这个世界上,只有通过盲目或野蛮才能达到安详平和。与人们通常所预期的不同,我渐渐地变得越来越叛逆。我并不是生来就是个叛逆者。我觉得,1914年之前我或多或少还能适应这个世界。当时虽然有邪恶(大邪恶),但有理由认为它们会越来越少。尽管没有叛逆的性情,事态的发展却使我越来越无法默默地容忍正在发生的一切。少数人(但他们的人数在逐渐增加)像我一样,也有同感,只要我活着,我就必须与他们一起工作。

罗斯福夫人的来信

阁下:

　　非常感谢你与我一起参加在伦敦录制的有关英国防务政策的

电视节目。那是一次热烈而且令人亢奋的讨论,结果令我感到满意。

诚挚的
埃莉诺·罗斯福
1960 年 9 月 22 日
纽约市
东 74 街 55 号

与马克斯·玻恩的往来书信

亲爱的罗素教授:

你的《西方哲学史》一书,我在家时一直没有时间拜读,但在我的假期旅途中它却一直陪伴着我,给了我很大的乐趣,因此我冒昧地给你写信,以聊表谢意。

我承认在我将这本书放进我的行箧之前,我曾问过苏格兰哲学界的几位朋友此书如何,他们警告我不要读这本书,因为它会造成我对实际的人和事扭曲的印象。几个星期前,我在哥廷根时,曾与当地一位哲学家讨论你这本书,我发现他的反对态度则更为强烈,其根据主要是你对柏拉图和德国唯心主义学派的论述。这使我更想拜读你这本书。因为我在学校读书时一直受柏拉图的折磨,而且我一向非常不喜欢德国的形而上学,尤其是黑格尔。因此我决定先读你的最后一章,由于我衷心诚意地同意你的哲学,接着我就开始兴致勃勃地从第一页读起,而且越读越有趣,越读越入迷,一直读到你对一些"主观主义狂"的现代学派适度但却坚决的驳斥。我自己一度曾是埃德蒙·胡塞尔的学生,但觉得他的"现象学"不能令人满意,而经过海德格尔翻新的现代版,则颇令人作呕。我想你一定会觉得它不值得一提。

这次与我们一道旅行的我儿子、儿媳也和我一样钦佩你的大作,他们甚至把你我的名字结合在一起,将他们刚出生不久的儿子取名为马克斯·罗素。

旅途中我曾在哥本哈根到尼耳斯·玻尔家住了一个星期,与他谈论量子理论的哲学基础,十分有趣。

你的诚挚的
马克斯·玻恩
1951 年 12 月 7 日
德国
奥伯斯多夫(阿尔高)
弗赖贝格街
菲尔泽寓所

亲爱的罗素教授:

我读了《新政治家》上赫鲁晓夫的长篇宣言。我觉得它也像几个星期前杜勒斯发表的那封信一样令人沮丧。金斯利·马丁说这些家伙的心智构造惊人地相似,他说得完全正确。人们也可以称他们为赫鲁勒斯和杜晓夫,而他们所相信的并不是意识形态,而是"白痴形态"。我不知道你会不会写一篇概述性文章,谈谈你对你所引发的这种意见交换的印象。

同时,我们"十八个"在这里卷入了反对西德的火箭和核军备的斗争。冯·魏察克目前在帕格沃什,他将于4月17日回来,届时我们再在莱茵河畔会晤。

我还揭发了另一件有关太空旅行的丑闻:军方用太空旅行来掩饰耗资庞大的发展火箭弹的真相。所有的报纸、电台、电影院都用大量的篇幅或时间刊登、播放或放映有关这件事的新闻,我在这段时间也很紧张。绝大多数人都站在我们这一边,但政府(阿登纳、斯特劳斯)很聪明,而且使用一切手段。

你的诚挚的

马克斯·玻恩

1958年3月18日

巴特皮尔蒙特

马卡尔德街4号

亲爱的玻恩博士:

非常感谢你3月18日的来信,信中所表达的关于赫鲁勒斯和杜晓夫的感受,与我完全相同,你说他们相信的是"白痴形态",非常巧妙贴切。我会把我对此事的感想寄给《新政治家》,不久将会刊登出来。

祝你有关太空旅行的战役取得全面胜利。

你的诚挚的

> 伯特兰·罗素
> 1958 年 3 月 22 日
> 普拉斯·彭林

亲爱的马克斯·玻恩：

在我们任何人说什么都已经太迟了之前，我想告诉你我非常钦佩你，不仅钦佩我四十年来一直崇敬的你的才智，而且还钦佩我最近才比较了解的你的性格。在你身上，我发现有一种甚至在基本上为我所钦佩的那些人身上都很罕见的慷慨大方和从善如流。在我看来，你是一位具有高尚品格的人——不幸的是，像你这么高尚的人太少了。

原谅我写得这么露骨，但我说的都是发自肺腑之言。

> 你的非常诚挚的
> 伯特兰·罗素
> 1961 年 11 月 25 日
> 普拉斯·彭林

以下是百人委员会于 1960 年秋发布的声明

行动或灭亡

非暴力行动的号令

罗素伯爵和迈克尔·斯科特牧师

我们呼吁支持反对核战争和大规模毁灭性武器的非暴力运

动。我们的呼吁出自一种共同的意识,那就是,共同意识到东西方各国政府正在将人类置于极大的危险之中。

灾难几乎不可避免

每一天,以及每一天当中的每一时刻,一件偶然的小事、未能分清流星和轰炸机、单单一个人一时的精神错乱,都有可能引起世界核战争,这种战争极有可能将人类和所有高等动物全都灭绝。东西方集团的居民,绝大多数都没有意识到这种巨大的危险。几乎所有未在任何政府中任职的研究国际局势的专家,都得出了这样的结论:如果目前各国的政策继续不变,在相当短的时期内灾难几乎必然会发生。

被误导的公众

很难使这些事实为一般人所知,因为政府不想让他们知道,而且各种强大的势力也反对传播可能会引起对政府的政策不满的消息。虽然通过耐心仔细的研究有可能弄清这些可能性,但各种完全没有科学根据的言论却通过权威的渠道发布出来,目的是为了误导那些没有时间仔细研究的人。无论是在这儿还是在美国,官方所说的有关民防的话,基本上全都具有误导作用。放射性坠尘的危险,实际上要比当局希望人们相信的大得多。最重要的是,无论是政客们的言论还是绝大多数报纸,都无知或虚假地低估了全面核战争的紧迫危险性。要抵制以下这样一个结论很难:大多数舆论制造者都认为,促成"敌人"的失败比确保人类的继续存在更重要。他们小心翼翼地不让那些对政治事务只是略微和偶然予以注意的人知道"敌人"的失败必然引起我们自己的失败这一事实。

绝对必要的行动

到目前为止，在制造反对核武器的舆论以影响政府决策方面，已取得了很大的成就，但是还不够。这个随时都有可能发生的灾难大得使我们不得不采取一切可能的行动，以便使我们的同胞，而且最终使全人类，认识到必须赶紧彻底地改变政策。我们想要每一位有小孩的为人父母者，每一位心地仁慈的人，都感觉到他们最重要的责任是确保那些还年轻的人能有正常的寿命，并且都了解目前政府正在使这一点变得非常不可能。在我们看来，正在策划的这个庞大的大屠杀方案——名义上是保护我们，但实际上是全球毁灭——既恐怖又可恶。我们觉得，我们为阻止这个恐怖方案的实施而所能做的一切，是一项意义深远而且绝对必要的责任，只要这种危险依然存在，这项责任必定一直是最重要的。

合法的行动是不够的

有人叫我们等国会、委员会和峰会的慈善活动。痛苦的经验已使我们相信，只要大国仍然顽固地决意要阻止达成协议，听从这种劝告完全是无用的。对抗通常决定舆论的主要势力，用一般的合法方法，很难取得比有限的成就更大的成就。有人告诉我们，在民主国家，只能使用合法的说服方法。不幸的是，那些有权的人极不明智和仁慈，用一般方法说服他们，既难又慢，结果是，如果只用这种方法，在我们的目的能够达到之前，我们可能全都一命呜呼了。尊重法律是重要的，只有很深的信念才能证明轻视法律的行为是正当的。人们一般都承认,过去有许多这样的行为,都已被证明是正当的。基督教殉教者违反法律,毫无疑问,当时大多数的舆论都谴责他们这样做。现如今,要求我们(如果不是主动地,那么就是被动地)默认显然会导致相形之下以前一切恐怖都显得微不足道的那种野蛮暴行的政策。我们不能这样做,就像基督教殉教者不能默认对帝王的崇拜一样。他们的坚定最终获得了胜利。现在我们要表现出同样的坚定和承受苦难的意愿,从而使世人相信,我们的事业是值得这样奉献的。

通向世界和平

我们希望并且相信,那些与我们有同感的人和那些可能与我们有相同信念的人,能组成这样一个团体,该团体具有如此不可抗拒的说服力,以至东西方目前的疯狂会屈服于一种新的希望,一种对人类共同命运的新认识,以及一种人们将不再寻求相互伤害的缜密歹毒的方法,而是团结起来使快乐和合作成为可能的决心。就政治方面而言,我们眼下的目标只是说服英国放弃对核武器的虚幻保护的依赖。但是,如果能达到这一目标,一个更广阔的前景将展现在我们的眼前。我们将觉察到,人类的创造性才智为了和平的目的加以利用时,自然的无限可能性。我们将在有生之年,继续追求世界和平和四海之内皆兄弟的目标。我们真诚地呼吁:记住你们的人性,忘掉其余的东西。如果你们能做到这一点,那么就会出现一条通往新的伊甸园的道路;如果你们做不到,那么展现在你们面前的只是全球毁灭。

以下是我《论和平抵抗》传单的正文

罗素论和平抵抗

1961年4月15日,罗素伯爵在伯明翰召开的"英格兰中部地区青年禁止核武器运动"首届年会上发表演说。

在为和平抵抗辩护时,罗素伯爵为了人类的利益,有条不紊地呼吁禁止核武器;凡是支持禁止核武器运动的人和那些乐于接受合理的劝说的人,都会对他的话感兴趣。

朋友们:

今天下午我的主要目的是为作为被用于与核危险作斗争的诸方法之一的非暴力和平抵抗辩护。许多人认为这种方法不可能达到其目的,有些人则按照原则从道义上反对这种方法。他们大多会承认,当法律要求有关个人去做某件他认为邪恶的事时,非暴力的和平抵抗是正当的。根据良心拒服兵役者的情况就是这样。但是我们的情况则有所不同。我们提倡并践行作为做以下事情的一种方法的非暴力和平抵抗:使人们知道这个世界所面临的种种危险,并说服他们加入我们的行列,反对目前影响世界上许多最强大的政府的那种疯狂。我承认,除非在极端的情况下,作为一种宣传方法的和平抵抗很难证明是正当的,但我想不出还有什么问题比防止核战争的问题更极端、更重要。想想一个简单的事实:如果目前许多大国的政策不作彻底的改变,那么今天在场的各位,十年之后极不可能还活着。那并不是因为你们的处境格外危险。这是全世界所共同面临的危险。

反对者会说:"但是,为什么你不能满足于一般的政治宣传方法?"我们之所以不能满足于这些方法,主要原因是,如果只使用合法的方法,那么就很难——而且常常不可能——使一些非常重要的事实为人们所知。所有的大报都反对我们。电视和电台只勉强给我们一些短暂的机会陈述我们的观点和理由。反对我们的政客得到充分的报道,而支持我们的那些人则被称为"歇斯底里",或被说成是为对某位政客的个人敌意所驱使。主要是很难使我们的观点和理由为人们所知,这才迫使我们有些人采取非法的方法。我们的非法行动,因为具有耸人听闻的新闻价值,所以就得到报道,于是偶尔就会有一家报纸,让我们说明我们为什么那么做。

一个非常值得注意的事实是:不仅我们2月18日的示威得到了世界各地广泛的报道,而且,作为一种直接的后果,所有各种报纸——国内和国外的报纸——都要求我们陈述自己的观点和理由,并将这些陈述加以刊登,而这是他们以前所拒绝登载的。我还认为,这么多神情严肃的示威者,看上去根本不像以前报纸上所说的是"胡闹",这种场面,即使是在照片中,也会使人们普遍相信,不能把我们的运动说成是歇斯底里情绪的爆发而不予考虑。

无论是大众还是官方,对有关的主要事实的无知已开始逐渐减少,我们希望政府的一些官员,或许还有一两家大报,能够及时地获得有关他们加以妄断的那些可怕的问题的一些知识。

一些按照原则反对非暴力和平抵抗而批评我们的人说,我们靠的是胁迫,而不是说服。哎呀,我们远远没有强大到足以胁迫任何人;再说如果我们有朝一日到了足够强大的地步,目前的方法也就变成没有必要了。我要拿3月29日《卫报》上威尔斯登主教的来信当作反对我们的人的论点的典型。你们可能会认为，在道德问题上反对一位主教，是鲁莽轻率的，但是——非常大胆的——我还是要试图完成这个任务。威尔斯登主教说，我们的示威是企图强迫社会接受我们的看法，而不仅仅是表明我们的观点。他本人并没有经历过我们经历过的那种困境：在各大媒体全都联合起来试图不让人们知道我们的观点和理由的情况下，很难将我们的主张公之于众。按照这位主教的说法，非暴力的和平抵抗是少数人用势力迫使多数人服从。在我看来，这是我所听到过的一个最牵强、最荒谬的论点。发誓不使用暴力且手无寸铁的少数人，怎么可能把自己的意志强加于以大众的冷漠为后盾的统治集团的所有势力呢？这位主教接着又说，这种方法可能导致无政府状态或独裁。俄国的共产主义者和德国的纳粹分子就是显著的例子。但是他们的方法并不是非暴力的。我们的这种非暴力的方法，只有靠说服才能成功。

有两个论点常常被用来反对非暴力的和平抵抗。一个是和平抵抗使那些要不然可能会支持的人产生敌对情绪，另一个是和平抵抗造成反核运动内部的不和。关于这两个论点，我要说几句。我完全不希望看到所有反对核武器的人全都采用非暴力的和平抵抗。我认为，实行非暴力和平抵抗的组织与不搞和平抵抗的组织最好能并存，以适合不同性情的人加入。我不相信一个实行非暴力和平抵抗的组织的存在，会妨碍任何人加入不实行非暴力和平抵抗的组织。有些人可能会说，他们因厌恶狂热的极端主义者而却步不前，但我认为这些人反正不管怎么样都会为自己却步不前找借口。相反，我认为，我们的运动具有吸引许多要不然可能会保持冷漠的人的那种活力和魅力。

至于不和，我承认，它们是令人遗憾的，但它们并不是完全必然的。使用不同技巧的社团之间没有理由不和平共处。我想，人们已经认识到了这一点。就我来说，非常钦佩"禁止核武器运动"的所作所为，我希望它的工作能继续顺利进行。但是我认为，那些相信非暴力和平抵抗的人的工作，至少同样是有价值的，尤其对报界来说，它具有新奇的吸引力。

许多人说，虽然在没有民主的地方和平抵抗可能是正当的，在人人都分享政治权力的地方它就不可能是正确的。这是一种对非常明显的事实故意视而不见的论点。实际上在每个所谓的民主国家里，都有与我们类似的运动。美国有轰轰烈烈的运动。在加拿大，它们差一点获得权力。当然日本的运动声势非常浩大，而且有非常坚定的信念。另外，就以21岁以下的人的问题为例。如果政府为所欲为，这些人就会全被杀掉，而没有任何重视他们求生愿望的合法手段。再想想，在一个有名无实的民主国家里，制造舆论的方法。大报属于有钱有势的人。电视和电台有十足的理由不得罪政府。大多数专家，如果他们说实话，就会失去职位和收入。

由于这些原因，控制舆论的势力完全倒向有钱有势的那一边。那些既无钱又无势的人，除了能发现在所有既得利益者的支持下统治集团所能谴责的那种方法之外，找不到其他任何可以纠正这种一边倒倾向的方法。在每一个现代大国中，都有一个旨在不但不让大众，而且还不让政府知道事实真相的庞大机构。每一个政府都听取专家的意见，而且不可避免地全都更喜欢对其偏见阿谀奉承的专家。重要的公众人物对核战争问题的无知，使那些对这个问题作过公正研究的人十分吃惊。而公众人物的这种无知,涓滴成流,慢慢变成了人民的声音。我们的示威抗议,针对的就是这种极度的人为的无知。我要举几个这种令人震惊的无知的例子:

《每日邮报》在一篇关于民防的报道中说,放射性坠尘一旦落地,就很快衰减,因此,躲在掩蔽部里的人无须在那里待很长时间。事实上,只拿放射性坠尘的两种最危险的成分来说——锶 90 有 28 年的半衰期,碳 14 有 5600 年的半衰期。这些事实似乎表明,人们得在掩蔽部里待像从建金字塔到现在那么长的时间。

举一个更加重要的例子,首相最近毫无保留地说"不会有偶发的战争"。我所遇到过的那些研究过这个问题的非政府专家①,他们所说的,无一例外,全都与此恰恰相反。有发表权威性言论的特权的 C. P. 斯诺,在最近的一篇文章中说:"最多在 10 年之内,这些核弹有些就会发射出去。我是尽可能负责地说这番话的。那是必然的事情。"约翰·B. 威彻尔,一位为抗议政府核军备政策而辞去加拿大原子研究委员会委员职务的工程师,在最近的一次演讲中说:"即刻报复的要求导致一触即发的局势,而这种局势使得核战争成为统计学上必然的事情。"他接着又说,那些他称之为"官方撒谎者"的人会说不可能出现那种错误。他回答他们说:"让我明确而且强调地说,没有任何一种防护措施可以被认为是适当的。"

我还可以给出其他许多表达同一看法的引语,而且,除了出自政府雇员的引语外,无一表达相反的看法。麦克米伦先生应该知

---

① 非政府专家(non-Government expert),即指不在政府部门任职的专家。——译注

道这些事实,但是他显然并不知道。

我还要举首相乐观无知的另一个例子:他最近在渥太华发表演说时提到英国的中立主义迹象,并告诉加拿大人不要为那些迹象担心。他说:"一旦向他们发出召唤,这些年轻人就会像他们过去常做的那样,从中立主义者的阵营径直投奔女王陛下的军队。"他们的动作要相当快才行,因为他本人所领导的那届政府告诉过我们,他们只有四分钟时间。四分钟一到,他们就会死亡,不管是在女王陛下的军队里,还是仍然在中立主义者的阵营中。与战争有关的古代修辞性语言是如此根深蒂固,以至麦克米伦先生完全无法认识到这种语言与现代军事事实相去甚远。

不仅媒体不轻易公布对官方政策不利的事实,而且由于这种事实是令人不悦的,所以大多数人很快就把它们淡忘了。英国有多少人知道美国国防部长所发布的关于就目前的军备来看如果发生核战争可能会造成多少人伤亡的官方报告?他的官方猜测是:美国一亿六千万人,苏联两亿人,再加上英国和西欧所有的人。他并不将这看作是改变美国政策的理由。当人们把这一估计数字与如果现行政策继续下去几乎肯定会发生核战争这一情况结合起来时,说英国政府赞成一条如果坚持下去将会导致我们每一个人都死亡的路线,显然就不是不公正的了。而大多数英国人都支持将会导致这种可怕的灾难的政策,可能就显得很奇怪了。我并不认为英国选民会继续这样做,如果使他们注意这些事实,并且予以强调,而使他们不再能忘记它们的话。这是我们目的的一部分,也是使惊人之举成为必要的那种缘由的一部分。

英国大多数人不知道美国军备专家对英国这个盟邦和英国想

要成为核大国的愿望所采取的态度。对美国的这方面政策叙述得最有学术水平、最详细的,是赫尔曼·卡恩的巨著《论热核战争》。

他异常冷静,通过仔细计算对可能造成的伤亡人数作出估计。他相信,无论是美国还是俄国,或多或少都可以在核战争过后幸存下来,而且用不了很长时间就能达到经济的复苏。显然——虽然对于这一点他含糊其辞——美国和俄国都会立即着手准备下一次核战争,这种事情会继续进行下去,直至因存活下来的人不够而无法为下一次核战争制造核弹。这一切使思想开明的美国人感到震惊,他们非常严厉地批判卡恩先生。显然,他们并不了解他只是在阐述美国的官方政策。

然而,他的论述还有令英国人特别感兴趣的另一面。他认为,作为一个盟邦,英国丝毫没有增加美国的力量。他以很长的篇幅论证:如果俄国攻击英国而不攻击美国,美国不会干预,尽管按照北大西洋公约组织的条约规定,美国有义务采取必要的行动。他表示并不反对英国中立,而且对于英国应该组织一个它应是其中一员的非核俱乐部的建议未能奏效,坦率地表示遗憾。在军备政策上持正统观点的英国人,似乎并不知道美国人的这种看法。它伤害他们的民族自尊心,因它认为英国的军事力量弱得可怜,在战争期间保护英国是完全不可能的。反对英国中立主义的英国人全都情绪激昂地论证说,如果英国中立,西方的力量就会减弱。但是,这显然不是美国正统的军备专家的看法。

公众所忽视的不仅是些令人不快的事实,而且还包括一些应当被认为是令人愉快的事实。赫鲁晓夫一再提议通过协议进行全面裁军,并与此相配套,进行西方也许所要求的任何级别的检查。

西方耸了耸肩，说"当然，他不是真诚的"。然而，这并不是西方政府所真正重视的论点。赫鲁晓夫宣布，他希望共产党人能通过和平宣传征服世界。西方政府担心他们不能进行同样有效的反宣传。正如杜勒斯一不留神所说的，"我们正在输掉这场冷战，但我们可能会在一场热战中获胜。"他并没有解释他所说的"获胜"是什么意思，但我想他的意思是：到最后可能还有6个美国人，而俄国人只有4个。

至于真诚，我们怀疑俄国人对我们是否真诚，与俄国人怀疑我们对他们是否真诚，至少同样是正当的。英联邦最近投票一致赞成普遍和全面的裁军。由于在这件事情上与赫鲁晓夫完全一致，而美国的态度则相反，所以，可能会使人以为包括英国在内的英联邦的这次投票，会导致与苏联政府的和解。然而，不但没有达成和解，肯尼迪和麦克米伦最近反而加强联盟，提议签订会使英国完全不可能裁军的条约。因此，我们不能把英国在英联邦中的投票看作是英国政府的真实愿望的表示。

我认为，虽然我们在努力鼓吹英国单方面裁军，但重要的是，要记住赋予我们的努力以国际意义的那些更加长远的目标。让我们考虑一下，什么样的国际目标必须成为终止核战争的任何企图的一部分。

首先要认识到，如果要想不发生核战争，就必须不发生战争，因为，不管签订什么保证不使用核武器的条约，任何战争都必定会变成核战争。而如果要想不发生战争，就必须有通过谈判解决争端的机构。这就需要一个能对争端进行仲裁、并且有足够的力量迫使各方服从其裁定的国际权威。这一切，在东西方关系像现在这样紧张,大规模毁灭性武器使整个世界处于核恐怖状态的情况下,绝不可能发生。在人们能够得到大大降低核战争的危险性的任何东西之前,必须要有一个美、俄、中三国之间的条约,和一个不但禁止核武器,而且也禁止生化武器的协议。所有这一切似乎都不是英国所能帮助或阻止得了的。我并不这样认为。自1945年以来东西方之间的谈判都失败了,因为只有相互竞争的两个集团的代表参与谈判,而他们各自出于威望的动机,都觉得不能向对方作丝毫让步。如果要想使俄美之间的紧张关系有所缓和,那就必须通过中立国的友好调解来促成。英国,如果中立的话,就能在这种慈善的工作中扮演重要的角色,而继续留在北大西洋公约组织里,英国在这方面就无能为力了。

这些展望,虽然有点遥远,但我认为,在我们从事也许似乎是独一无二的全国性运动的那种事情时,应当牢记在心。我们必须记住,大规模毁灭性武器一旦发明出来,就始终是一种潜在的威胁,即使现在人们一点也感觉不到这种威胁。由于这个缘故,我们必须进一步记住,除非彻底消灭战争,否则人类注定要灭亡。要终止支配人类生活长达六千年之久的战争,并不是件容易的事情。这是一项伟大的工作,是一项值得全世界每一个心智健全的人投入所有的精力和思虑的工作。我认为这种较为广远的展望,在困难时期,可能有助于防止气馁和幻灭。我认为我们的运动,是不在政府部门任职的英国人所能做的最好的事情,虽然这只是这个世界所需要的东西的一小部分。

罗素勋爵对上面这篇演说所作的即席补充

最后,我想说,我认为我们大多数人最强烈地感受到的东西,和使得我们愿意为这个事业作出牺牲的东西,是这些大规模毁灭性武器的异常的邪恶。我们过去总认为希特勒邪恶,因为他要想杀掉所有的犹太人,但肯尼迪、麦克米伦,以及其他东西方国家的领导人,却实行可能会导致不仅杀掉所有的犹太人,而且还杀掉我们所有其余的人的政策。他们比希特勒还要邪恶得多。大规模毁灭性武器这个概念十分可怕。它是一种任何一个还有一点人性的人都无法容忍的东西。我不愿假装服从一个正在筹划屠杀全人类的政府。我要尽我所能,以任何一种看来可能是富有成效的非暴力方式,反对这样的政府。我应该劝你们所有的人都采取同样的态度。我们不能服从这些凶手。他们邪恶可憎。他们是人类历史上最邪恶的人,我们有责任尽我们所能反对他们。

[这篇即席讲话的最后一句——"他们是人类历史上最邪恶的人"——为报刊所摘引,并在全英国和世界各地发表,而这些报刊通常都不登这篇即席讲话的全文,也不说明在这篇即席讲话之前还有一篇经过精心准备的演说,它提供了支持这样一个结论所必需的文件证据。]

1961年9月12日我在博街治安法庭的陈述

如果庭上允许,我想对我目前之所以采取这种做法的理由作一简短的陈述。这是我个人的陈述,但我希望那些被指控犯有同样的所谓罪行的人,会赞同我所必须说的话。

我们只是一步一步很不情愿地被逼向非暴力的和平抵抗。

从1945年8月6日美国空军在广岛投下那枚原子弹起,核战争的危险一直使我深感忧虑。我开始试图以完全正统的方法警告人们。我在美国空军在日本投下那两枚原子弹后三个月,便在上议院的一篇演说中表达了我的担忧。我召集世界各地最杰出的科学家,现在我是他们定期召开的会议的主席。他们发布有关核战争、它可能造成的灾难性后果,以及防止其发生的方法的一些明智而且含有缜密推理分析的报告。没有一家报纸注意这些报告,它们无论是对政府还是对舆论,都不起任何作用。通俗报刊极度轻视并取笑那些反对核战争的人的努力,电视则封锁我们的消息,很少有例外。在最近几个月,有家电视公司,而且只有一家,给我两分钟时间讲一些普通的平凡陈腐的话,但是当我说我想谈谈柏林时,他们便收回了成命。

在我们有些人看来,在一个应该说是民主的国家里,公众似乎应当知道目前东西方大国的政策可能会造成的后果。爱国心和人性同样都促使我们寻求某种拯救我们的国家和世界的方法。任何人都不可能希望我们的家人、朋友、同胞和世界上绝大多数的人,在一场将只有输家而没有赢家的争夺中遭到屠杀。我们觉得,让人们知道这些事实,从而至少拯救十亿人的生命,乃是一种不可推卸的重大责任。我们不能以服从命令来推卸这种责任,我们深信,如果核战争的可能性和恐怖更普遍地为人们所了解,这些命令就不会发布。

我们采取非暴力的和平抵抗是出于无奈,因为与其他让人们知道事实的方法相比,非暴力的和平抵抗能得到更充分的报道,而且那还会使人们询问,究竟什么促使我们采取这种做法。在此受指控的我们,准备遭受牢狱之苦,因为我们相信,这是拯救我们的国家和世界最有效的工作方式。如果你们宣告我们有罪,你们就是在帮助我们的事业,因而也是在帮助人性。

只要我们还活着,我们就要继续尽自己最大的能力,消除始终威胁着人类的这个最大的灾难。

146　当我在布里克斯顿监狱时所散发的一张传单的正文

伯特兰·罗素的一封来信

致世界各国所有仍然能进行清明的思考或人的感知的人:

朋友们:

我同一些受人敬重的同事一道,得被迫沉默一段时间——也许是永远,因为,谁知道大屠杀有多快就会发生?

东西方各国的人民,在寻求威信的顽固政府和一心想保住自己的职位的、堕落的官方专家的误导下,乖乖地默然同意几乎肯定是以核战争告终的政策。

应该是有两方,每一方都宣称代表一个伟大的事业。这是一种欺骗——肯尼迪和赫鲁晓夫、阿登纳和戴高乐、麦克米伦和盖茨克尔,都在追求一个共同的目标:结束人类的生存。

你、你的家人、你的朋友和你的国家,将因几个残忍但却有权力的人的共同决定而遭灭绝。为了取悦这些人,所有的私人感情,所有的公众希望,所有的艺术成就、知识和思想,以及今后可能取得的一切成就,都将永远被消灭。

我们这个被毁后没有生物的星球,将继续毫无目的地绕着太阳运行无数个年代，没有欢乐和爱，也没有偶尔创造赋予人类的生存以价值的美的智慧和力量，对太阳加以弥补。

就是因为试图防止这种情况的发生，我们才被关在监狱里。

伯特兰·罗素

奥古斯塔斯·约翰的来信

亲爱的罗素勋爵：

我在工作室（不是你知道的那一间，而是更里面的那一间）里工作时，园丁捎来了你的口信。我告诉他怎么回话，他说他懂了，但我不知道他回得是否正确。我想说的是，我相信示威的目的是正确的，而且如果必要的话，我愿意为之入狱。我不想让别人看出我身体不行，但我还得听从我的医生的指示，我认为他曾在我因患冠状动脉血栓症而处于病危时，挽救了我的生命。我曾就诊于一位杰出的医学权威，他对我的病情抱一种非常悲观的看法，但是我的本地医生并没有被吓住，他继续按自己的方法进行治疗，结果，我确信，他救了我的命。

这一切都是我个人隐私，请勿外泄；我相信，尽管园丁当时在电话中没有说清，现在这一切你已了解。我希望18日的示威取得最大成功，虽然我只能在精神上支持你们。

你的诚挚的
奥古斯塔斯·约翰

[所盖邮戳的日期为1961年2月15日]
汉普郡　福丁布里奇
弗赖尔恩大楼

又及：不用回信。

147　1961年10月29日我在特拉法尔加广场的演说

朋友们：

最近几十年，有许多人强烈谴责德国人让纳粹这个恶魔成长起来，致使他们国内的暴行愈演愈烈。这些人责问道："德国人怎么可以让自己对这个恶魔保持无知？为什么他们不冒着牺牲他们的安适、生计，甚至生命的危险，与之斗争？"

现在一个包罗更广的危险威胁着我们——核战争的危险。我很自豪，在这个国家里有一群人，他们的人数正在迅速增加，他们拒绝对这个危险保持无知，或者说，他们拒绝对有关使我们能够，并且迫使我们，生活在这种危险中的那些政策的事实保持无知。我更为自豪的是，自己能与许多这样的人共事；他们不管要冒多大的危险，吃多大的苦头，都愿意采取激烈的行动来支持自己的信仰。他们不怕被人斥为傻、爱出风头、犯法、卖国。为了使大家注意他们作出努力才得知的事实，他们遭受，有时还屡遭，流放和监禁。能在这里对他们之中这么多人说声欢迎，对我来说是一个很大的快乐——我希望我能对他们所有的人说声欢迎，但他们之中有些人还在监狱里。然而，在达到我们近期的目标和核战争的威胁成为过去的事情之前,我们大家谁也不可能完全快乐。等到达到我们近期的目标和核战争的威胁成为过去的事情时,我们已采取和将采取的那种行动,就不再需要了。

我们全都希望不会有核战争,但我认为我们的国人,或甚至我们今天在场的许多人,并没有认识到在接下去的几个月中很有可能发生核战争。我们全都知道赫鲁晓夫恢复了核试验,而且他扬言要试爆一颗五千万吨级的核弹。

我们全都强烈反对这些挑衅的行为。但我认为我们不太知道的是,在美国赞成在近期发动一场核战争的情绪急剧高涨。在美国,国会的行动主要是由代表不同利益的院外活动集团决定的。既代表军火公司的经济利益又代表陆海军上将的好战热情的军火院外活动集团,势力非常大,美国总统是否能抵挡得住它所施加的压力,非常值得怀疑。它的目的公布于最近由空军协会发布的一个政策声明中,那是我所见到过的最可怕的文件。文件开头就说,维持现状作为国家的一个目标是不适当的。我引述其中的一段话:"自由必须埋葬共产主义,否则就会被共产主义所埋葬。彻底消灭苏联体制应当是我们国家的目标,我们对所有自由的人所负有的责任,我们答应给予所有不自由的人以希望的承诺。"他们所答应给予的是一个奇特的希望,因为它只能在天堂里实现,因为西方所能希望履行的唯一"承诺"是把东方所有的人都变成死尸。发表这一声明的那些高贵的爱国者忘了提及西方所有的人也将被消灭。

他们说:"我们决心以行动支持我们的言论,甚至不惜一战。我们追求的不只是保护我们的自由,还要扩大我们的自由。"西方战争贩子最喜欢的"自由"这个字眼,必须在有点奇特的意义上来理解。对于战争贩子来说,它意味着自由,而对那些反对他们的人来说,它意味着监禁。一种与此几乎没有什么差别的自由,存在于苏俄。我正在讨论的那份文件说,我们应当用核弹来对付苏联的侵略,即使这种侵略没有使用核武器,而且即使它只是渗透。那份文件说,我们必须具有"战斗、取胜和在全面的核战争中顽强地存活下来的能力"。这个目标当然是不可能实现的,但是,通过使用他们那种奇特的"自由",使大家相信他们的谎言,他们希望说服蓄意无知的舆论,加入他们的死亡竞赛。他们小心谨慎地向我们保证,氢弹将不是他们必须提供的最厉害的东西。他们说:"核武器并不是军事发展的终结。没有任何理由相信核武器——无论它们的数量怎么增加,它们的杀伤力怎么增强——标志着军事系统的发展中战斗部队的终结。"他们对于自己的意思解释说:"我们必须利用美国的航天技术作为国际势力均衡的一个首要因素。"最后,他们得出一个崇高的结论:"苏联的目标既邪恶又固执。人民(即美国人民)愿意为将共产主义从国际舞台上消灭掉而努力,而且如果必要的话,愿意为之而战斗。让我们大家共同为这一目标而奋斗。"

这份等于宣判人类死刑的残暴文件,并不是什么公认的怪人在随便说大话。相反,它代表着军火工业巨大的经济力量,这股力量通过聪明地逐渐灌输裁军会造成新的经济萧条的那种恐惧,而在公众的心目中得到加强。尽管《华尔街日报》向美国人保证不会发生新的经济萧条,从生产军用品转为生产民用品不会造成什么混乱,这种恐惧还是逐渐灌输进了民众的心里。其他国家有名望的经济学家支持《华尔街日报》的这种看法。但军火公司却利用爱国主义和反共产主义作为将纳税人的钱转移到他们自己的钱袋的工具。他们正在冷酷而且可能是有意识地将世界引向灾难。

两天前,《泰晤士报》发表了一篇该报驻华盛顿记者的文章,这篇文章一开始就说:"美国已决定,将以武力对付东德想要关闭东西柏林之间腓特烈街十字路口的任何企图。"

关于美国和苏联的这些事实,使我更加相信,我多年来所主张的、而且我们有些人也都赞成的目标,是正确的。我认为英国应当中立,退出北约组织——反正她给北约组织所增添的力量也只是微不足道的。我之所以这样认为,部分是因为我认为英国中立,没有自己的核弹或美国核弹虚幻的"保护",没有外国部队的基地,会比较安全;也许更重要的是,我之所以这样认为,是因为如果英国中立,她就可以比现在更能为促进世界和平多做些事情。我认为,无论是美国还是俄国,都不应当单方面裁军,因为任何不先裁军的一方,必然会成为世界的统治者。我认为,它们应该在谈判并达成协议之后才裁军。为了达成这种协议,我认为英国可以扮演一个很重要的角色,因为我认为,只有中立国组成一种平衡委员会,提出并说服双方接受一些可行的妥协方案,美俄之间才有可能达成协议。到那时,英国就可以有益地将其政治经验提供给这种委员会。在目前情势下,她无法促使各国政府朝着和平的方向迈进。我倒愿意作这样的设想:如果英国作出表率,单方面裁军,不受拘囿地努力捍卫和平,它就会说服其他一些国家也单方面裁军。然后我们就能够加大力度,说服美国和俄国多边裁军。

我听说有人批评我们只支持消极的目标。我想指出,刚才概述的策略是很积极的。我们所有的目标，无论是短近的还是最长远的，都是积极的——不管对它们是否恰好以消极的措辞来陈述。

但还是言归正传——

英国政府不像美国政府那么冷酷无情，但它不敢公开反对美国的侵略主义。我们希望，趁还来得及的时候，我们能够克服这种畏怯。我们的方法必须受制于"时间已不多了"的这种认知。指责我们不服从命令的人，就是那些在纽伦堡审判中惩处那些不不服从命令的德国人的人。不只是我们这里有百人委员会，这个国家的许多地方也都有相继成立的百人委员会。自9月17日以来，世界各地的个人、已经建立起来具有类似目标的运动团体，甚至其他国家新近成立的百人委员会所给予我们的支持，是令人震惊的。世界各地的所有这些人都应当受到鼓励。我们必须发动一场声势浩大的、由要求抛弃核武器和抛弃作为解决争端的手段的战争的人参加的、世界范围的群众运动，而且必须动作要快。虽然时间可能不多了，但我们运动的力量在一天天增强。

我重复，而且将继续重复说：

我们能够获胜，而且我们必须获胜。

以上演讲的附注：

[当赫鲁晓夫在古巴危机中放弃暴力之后，战争的危险就变得不那么迫近了，而且俄国的政策也变得比较温和了点。]

给吴丹的建议　　事由：平衡委员会

联合国大会应该授权秘书长任命一个完全由中立的会员国代表组成的小型委员会，负责调查东西方之间有争论的问题，以便提出双方都能接受而又不失颜面的妥协解决方案。这些解决方案不应当偏袒任何一方，因为如果偏袒某一方，另一方就不会接受。它们还应该能够使得在像柏林这样的危险地点减少摩擦。

这个"平衡委员会"应当就它所调查的任何问题发表建议，并且首先设法动员中立国支持这些建议，然后，如有可能，争取东西方谈判者支持这些建议。"平衡委员会"的成员应当在其本国具有声望，但不应当对其本国政府负责。

这个委员会应当是小型的，因为不然的话，它就不能及时作出各种决定。"平衡委员会"的建议可望及时获得道德上的权威，令双方难以抗拒。

关于古巴危机的声明

你将死　　不是正常的自然死亡，而是在几个星期之内就死，而且不单单是你一个人，你的家人、你的朋友、英国的所有居民，以及其他地方数以亿计无辜的人，都将同你一起死。

为什么？　　因为有钱的美国人不喜欢古巴人喜欢的政府，而且用他们一部分财富散布有关古巴政府的谣言。

你能怎么办？ 你可以上街，可以到市场里去，大声疾呼："不要屈服于残暴疯狂的凶手。不要以为你的首相和美国总统叫你去死，你就得去死。倒是要记住你对你的家人、你的朋友、你的国家、你所生活的这个世界，以及如果你加以选择可能会是美好、快乐和自由的那个未来世界应负的责任。"

记住： 顺从意味着死亡。
只有抗议
才有生的希望。

伯特兰·罗素

1962 年 10 月 23 日

以下两封与中印边界争端有关的信，没有刊布在《非武装的胜利》一书中。因此我就将它们收录于此。

伦敦
罗素伯爵

亲爱的勋爵：

很荣幸收到你 1962 年 11 月 16 日和 19 日的信，而且很高兴地拜读了你对中国政府 11 月 21 日的声明表示欢迎和支持的声明。你对和平解决中印边界问题的良好愿望和努力,以及你对世界和平的极度关注,使我深受感动。我衷心感谢你对中国人民的深厚友谊,以及你在信中所表达的对美国占领中国领土台湾的谴责。

中国政府于1962年10月24日发表声明,提出三点建议。不幸的是,这三点建议一再遭到印度政府的拒绝。为了扭转由于印度政府拒绝谈判并继续扩大边界武装冲突而日益恶化的中印边界情况,为了显示其停止边界冲突及和平解决中印边界问题的最大诚意,中国政府于1962年11月21日发表声明,宣布三项措施,其中包括中国部队单方面停火,并主动全线撤离边界。现在,我想告诉你,从11月22日零时起,中印边界的中国边防部队已全线停火。我相信这与你在信中所表达的意愿相符。

你在11月19日的信中提议:"所有的部队都撤出这个特殊的地区——即印度自1959年至1962年9月8日占领、而中国认为是其领土的地区。我相信你已经注意到中国政府在其11月21日的声明中已宣布,从12月1日起,中国边防部队将从1959年11月7日中印双方实际控制线后撤20公里,然后再进一步撤离1962年9月8日以前占有的阵地。中国政府希望印度政府能对中国政府11月21日的声明作出积极的反应,并采取相应的措施。一旦印度政府这样做了,中印边界就会变得安宁,中印之间就能建立40公里宽的非军事区。不用说,该地区的中印行政当局各自将在中印双方实际控制线的自己一边继续行使行政权。

中国政府希望印度政府将乐意改变其过去的态度,诚心诚意通过友好的谈判解决中印边界问题。我希望你继续运用你特殊的影响，促使印度政府对中国政府 11 月 21 日的声明作出积极的反应并采取相应的措施。同时，中国政府也希望所有友好的国家和爱好和平的公众人物发挥他们的影响，促使印度政府回到谈判桌上。这些努力将是对和平的巨大贡献。

请接受我衷心的祝福。

> 周恩来
> 1962 年 11 月 24 日
> 于北京

152 英国　梅里奥尼斯郡
彭林代德赖斯　普拉斯·彭林
罗素伯爵收
编号：2155-PMH/62

机密

亲爱的罗素勋爵：

请原谅我没有及时回你 11 月 23 日的来信及随后拍来的电报。当然，你什么时候想给我写信，都可以写信给我，我随时欢迎你的赐教。

我已仔仔细细地考虑了你信中所说的话。无庸说，你对和平的热爱使我非常感动，并且在我的心中引起共鸣。我们当然不想让同中国的这场边境战争继续下去，当然我们更不想让它扩大而使得核大国也卷入这场战争。印度同样也有战争心理扩张、军队力量增强的危险。

在一个民主的社会里,政府所能做的事情是有限的。中国的侵略使得印度群情激愤,如果对这种侵略行径不加以某种程度的关注的话,任何一个政府都得垮台。印度共产党迫于形势,发表声明,强烈谴责中国。即便如此,这里共产党员的处境还是很糟糕,他们的组织因民众的愤恨而正在逐渐消亡。

此外,在做决定时还有其他各种需要考虑的重要因素必须牢记在心。如果有一种民族屈辱感,这对印度人民会有很坏的影响,而且我们振兴民族的一切努力都会遭到很大的挫折。目前印度全国上下群情激昂,这种高涨的情绪,除了军事方面以外,还可以用来增强民族的团结和工作能力。存在着关于军国主义和极端民族主义发展的显而易见的危险,但也存在着我国人民以一种更具建设性的方式思考和从威胁我们的那些危险中受益的种种可能性。

如果我们完全与民情背道而驰(在很大程度上,我也有和民众一样的情绪),那么结果就会像你所担心的那样。其他人就会接管,把这个国家推向灾难。

中国的提议,实际上意味着他们获得支配地位,尤其是在拉达克,他们将来可以利用该地对印度再次发动进攻。正如你所知道的,当今的中国可能是唯一甚至连核战争都不怕的国家。毛泽东曾多次说过,他不在乎损失几百万人,因为中国还会有几亿人活下来。如果他们能从这次侵略中获益,那就会使他们进一步进行同类的尝试。那会终止所有的和谈,而且肯定会导致世界核大战。因此,我觉得,为了避免这个大灾难,同时也是为了使我们自己手无寸铁的人民变得坚强,我们不应当向我们认为是邪恶的势力投降或屈服。这是我从圣雄甘地那里学来的教训。

然而,我们并没有拒绝中国的提议,但我们自己也提出了一个双方都体面的解决方案。我还是希望中国会同意这个方案。不管怎样,我们并不想破坏停火,恣意进行军事攻击。

如果这些初步问题得到令人满意的解决,我们准备采取一切和平的方法解决边界问题。这些方法中可能甚至还包括委托仲裁。

就我们而言,我们希望坚持不结盟政策,尽管我承认,接受其他国家的军事援助确实对这一政策多少有些影响。但是在目前情况下,我们别无选择。

我可以向你保证,你所提到的那些更为宽泛的问题,我们一直都在考虑。我们并不想做任何会危及我们星球的事情。然而,我确实认为,如果我们向中国人屈服,从而他们觉得他们实行的政策给他们带来了丰厚的回报,那么我们的星球就会面临更大的危险。

你的诚挚的
贾瓦哈拉尔·尼赫鲁
1962年12月4日
新德里
总理府

第四章　基金会

只要政府拥有核武器一天,核战争的危险就有可能存在一天,而且,如果这种毁灭性的东西落入私人手里,那么这种危险持续的时间甚至也许会更久。起初我以为,唤醒人们注意这种危险,应当不是一件很困难的事情。我也和大多数人一样,相信自我保存的动机是一种很强烈的动机,当这种动机生效时,它通常都会压倒其他一切动机。我想人们不会喜欢看到自己与家人、邻居,以及自己所听说过的每一个活着的人一起受煎熬的景象。我以为,只要让大家知道这种危险,所有党派的人就会全都团结起来,恢复以往的安全。我发现这是个错误。有一种比自我保存更强烈的动机:那就是胜过他人的欲望。我曾发现了一个常常被人们忽略的重要的政治事实(比如说,我以前就没有注意到这个重要的政治事实):人们并不像在意消灭他们的敌人那样在意他们自己的存活——或者说,实际上也就是人类的存活。我们生活于其中的这个世界,是一个始终存在着普遍死亡的危险的世界。消除这种危险的方法对大家来说都是显而易见的,但这些方法都伴随着有人可能扮演卖国贼角色的些小机会,而这是件使人感到非常屈辱的事,因此几乎所有的人都宁可冒核战争的危险也不设法确保安全。我曾认为,而且我现在仍然认为,如果使整体毁灭的这种危险变得足够鲜明的话,那就会取得所想要的效果。但是一个人,或一群人,怎样才能造成这种鲜明性呢? 我与那些和我有同样想法的人一起,试过各种方法,成效不一。我最初尝试的是理性的方法:我把核武器的危险与黑死病的危险进行比较。大家都说"很有道理",但却没有行动。我曾试着提醒某一个团体,这虽然有一定的效果,但对普通大众或政府没什么作用。我接着就尝试声势浩大的游行这种大众的诉求方式。大家都说:"这些游行的人很讨厌。"后来我尝试和平抵抗的方法,但也未能成功。所有这些方法都继续在使用,我对它们都尽可能加以支持,但事实证明这些方法都只是部分有效。我现在在进行一项新的尝试,即把诉求政府和诉求公众结合在一起。只要我一息尚存,我就会继续探索下去,而且我很可能会把工作交给别人继续进行下去。但人类是否会认为自己值得保存下去,仍然是个令人怀疑的问题。

多年来,我一直关心遭迫害的少数民族和许多国家中我认为被不公正地打入监牢的那些人。例如,我试图帮助那加人和我在前面已经讲到过的索贝尔。稍后,我开始关心吉卜赛人的苦境,特别是对盖伊·普克斯顿为了给他们一个适当的居所(至少要有必要的设备,如适当的卫生设备)和至少得到最低限度的正规教育的机会而作的努力感兴趣。

我承认,我在解放犯人方面的名声并非毫无瑕玷。许多年前,有位年轻的德国犹太难民来向我求助。内政部已下令要将他遣返德国,而如果他被遣返回国,他就会被处决。他看起来是个傻乎乎的年轻人,很憨厚。我和他一道去内政部,我对内政部的人说:"哎,你们认为他是个危险人物吗?"他们说:"嗯,不是。"他们同意不把他遣送回国,但是说他必须换新护照。他们立即开始问他一些为了换新护照而需要他回答的问题。"你父亲叫什么名字?""我不知道。""你母亲叫什么名字?""我不知道。""你什么时候在什么地方出生?""我不知道。"内政部的官员感到很沮丧。他唯一确知的是,他是个犹太人。内政部官员看到我坚毅而阴沉的脸色(虽然在这时我稍微有些脸红),只好发给他新护照。我最后一次是从一封信中听说有关他的消息的,该信大意是说,他知道留在英国他得支付自己的生活费,而他听说最保险的弄钱方法是,找个英国女孩子让她怀孕,然后他就可以申请获得政府发给的一份救济金。唯一使我感到欣慰的是,听说到目前为止他仍未能成功地实施这个计划。

同样也是在许多年以前,有一位年轻的波兰人因写猥亵诗被判入狱而向我求助。我心想:"把一个诗人打入监牢!不可能吧!这不可能!"于是我再次诉求于内政部。后来我读了一些他写的诗,觉得非常恶心,不得不同意原先的裁决。不过他还是被允许留在英国。

虽然这两件事如今回想起来有点令人尴尬,但我并不后悔。在我看来,因为人们的不太可能伤害到普通公众的蠢举而把他们关押起来,是毫无道理的。如果按这种逻辑推论下去的话,那么几乎没有人会是自由的。再说,用法律手段和监禁的威胁来对付猥亵行为,也害多益少。它只是在原本只是愚蠢或邪恶的行为之上增添一种令人愉悦的、诱人的邪恶之气氛。根本就起不到遏制这种愚蠢或邪恶的行为的作用。至于政治犯和因为类似的原因而入狱者,我对他们则更加同情。只因为一个人的政治观点而把他关进监狱,不管这种做法多么诱人,更有可能造成那些观点的扩散,而不是遏止其传播。这只会增加人类的不幸和鼓励暴力,仅此而已。我已经说过，最近几年，我越来越多地从事反对因个人或团体的政治或宗教上的看法而把他们投入监狱或对他们进行迫害的工作。我不断地收到来自世界各地的个人和团体的求助信（这些信越来越多），而且几乎每天都有团体的代表来见我。我本人无法去遥远的国家旅行，因此，为了尽可能地获得第一手资料，我不得不派代表到各个国家去。

1963年，我对希腊抵抗运动战士的关注达到了极点。他们曾在那里反对过纳粹，但仍然是遭受牢狱之苦，因为他们大多数都是"共产党员"。他们派了一些代表来见我，其中有些是4、5月份访问英国的希腊国会议员。在希腊成立了一个叫作"伯特兰·罗素百人委员会"的组织，他们在4月底举行过，或试图举行过，一次游行，我派了一名代表参加这次游行。后来发生了国会议员兰布拉基斯在萨洛尼卡被谋杀的事件，很明显，这是在当权的纵容之下干的。我和其他一些开明人士一样，对此深感震惊。我再次应邀派代表去参加在雅典举行的兰布拉基斯的葬礼。我的代表回来后给我们讲述了一个非常感人的故事。到7月份希腊王室成员访问白金汉宫时，那里群情鼎沸。我也非常激愤。我在特拉法尔加广场发表演说反对希腊王室成员的来访，并参加了示威。新闻界对女王陛下的臣民的这种失礼的行为感到震惊，内阁阁员们气得嗷嗷叫，警察将砖块偷偷地放进被捕的示威者的口袋里，然后以携带攻击性武器的罪名指控他们。英国示威者当中最执著最勇敢的人是贝蒂·安巴蒂耶洛斯，她的希腊丈夫已被关在监狱里好多年了。两年后，他被释放出来，到伦敦拜访我们，但其他政治犯仍被关在监狱里。后来，他和他的太太再度入狱（他的太太只被关押了一段时间），而且另外还有许多政治犯被希腊当局关进了集中营。想到他们在那些集中营里的生活，在大太阳底下被集中在一起，没有水，没有卫生设备，没有任何照顾，使人感到心里很不舒服。

也是在1963年4月，我派一名代表到以色列调查巴勒斯坦阿拉伯难民的情况。我们想对下述这样一些国家作出某种评价：要说有什么区别的话，这些国家可能受到最有效的催促，要求它们帮助解决犹太人和阿拉伯人之间关于巴勒斯坦难民问题的事情。从那以后，我经常应邀派代表到以色列和埃及，讨论这些国家各别的和共同的问题。反过来，它们也派密使来见我。我那时也很关心苏联境内犹太人的境况（我现在仍然很关心），而且就这方面的问题，我与苏联政府通了不少信。此外，第二次世界大战使东欧许许多多的犹太人妻离子散，他们希望与海外的亲人（通常是在以色列）团聚。起初，我呼吁允许他们个别移民，但是后来，在好几百人请求的压力之下，我开始代表整个团体提出呼吁。随着这类工作的展开，我发现我是在为释放四十多个国家的政治犯而工作，这些政治犯因为往往是值得称赞的行为而被拘禁，几乎被人们所遗忘。有人告诉我们，由于我的同事和我的努力，许多国家的许多政治犯获得了自由，但是有许多还在狱中，所以这项工作继续进行下去。我在这方面的工作有时候陷入困境，不得不承受相当多的指责，例如在索贝尔一案和后来关于释放海因茨·勃兰特一事中。东德政府劫持和关押从希特勒集中营中幸存下来的勃兰特，在我看来非常不人道，因此我不得不退还东德政府颁给我的卡尔·冯·奥西埃茨基勋章。勃兰特不久即获释，速度快得令我印象深刻。也许正是由于我为政治犯所做的这些工作（至少部分地是由于这个原因),我于1963年1月获得了美国公民自由权紧急救援委员会颁发给我的汤姆·潘恩奖。①

在近几年,尤其是最近我能以一个组织中的一分子从事这项工作以来,我派了一些代表到世界上的许多地区去进行实地调查。他们到过大多数欧洲国家,"东方"和"西方",以及许多东方国家——柬埔寨、中国、锡兰、印度、印度尼西亚、日本、越南。他们到过非洲——埃塞俄比亚、埃及,以及东非和西非的一些较新的国家。当然,他们也到过西半球的一些北方和南方国家。这些调查员受到了他们所到国家的领导人,以及许多政府官员和处理他们所关心的那些问题的机构的负责人热情的欢迎。当然,他们也与普通群众交谈过。我本人与各国首脑和政府官员保持着长期的通信联系,并与他们,尤其是与那些来自东欧、亚洲和非洲的各国首脑和政要,在伦敦讨论过各种国际问题。特别是,英联邦会议的集会使得这些会面有许多成为了可能。其中有些会面很有趣,点缀着适当的装饰物——忽闪忽闪的眼睛、长袍、短弯刀、珠宝和高大威猛的随从——我在1965年与巴林酋长的那次会面就是如此,当时会面的情形我现在仍记忆犹新。当然,关于具体问题,我经常与各国驻伦敦大使馆联系。

整个这项工作由于需要而不断扩大。到1963年,它很快成了即使有非常能干的助手心甘情愿的帮忙也非个人所能独自承担的工作。再说,旅行、通讯(写信、拍电报、打电话)、聘用秘书和工作

---

① 为了解救政治犯,我和我的同事不分党派或主义,只看所判的刑罚是否公正,以及由监禁造成的不必要的残酷。

人员等所需费用,也不是我个人的财力所能负担得起的。而且完全由一个人来负责,责任很重。我认为又是由很有思想的拉尔夫·舍恩曼策划的、关于建立一种机构的方案,逐渐成形。建立这个机构不应当只是为了某种目的,而应当是为了促进反对战争和军备竞赛,反对动荡、被压迫的个人所遭受的不公正和在很大程度上造成这一切的那些民族的斗争。这种机构可以扩展,以满足各种各样的需要。它也可以随着情况的变化而进行自我调整。因此,1963年,我大部分时间都用来研讨建立这种机构的计划。参与研讨的人当中,有许多是从百人委员会的早期阶段就一直和我在一起工作的同事。

我的同事对于机构工作没有经验,我自己也不完全在行,但至少我们使我们的目标取得了某种有内聚力的进展,我们犯错误的地方,是在允许改变和扩展的灵活性方面。我们面对这样一个事实:在该机构的早期阶段,我们必须差不多和以前一样开展工作,我负责大部分公众事务,并担任公众事务最后仲裁人的职位。我们希望逐渐加强这个机构。我们觉得,它作为一个实体,不仅应当承担日常工作,而且还应当承担责任和规划工作。当我回顾我们的进展时,在我看来,我们在它的最初三年所取得的成就,远远超过我们所敢希望的。

许多人为成立基金会出过力,但在此我想要强调不但是我自己而且还有基金会对拉尔夫·舍恩曼的感激。他有时候几乎是一个人独自挑起基金会的工作重担,而且基金会的许多最富有创造性的构想,都是他提出来的。此外,这些构想的实施,主要得益于他的聪明才智,得益于他那近乎超人的精力和果敢的决断力。我也想在此记录下我和基金会对另一位新近认识的朋友克里斯托弗·法利的感激。如果没有他的判断和缜密的思虑,我们简直不知道怎样保持像我们设法想要保持的那种平稳。但是他沉默寡言,不装腔作势,而且经常留在幕后。他领悟力很强,反应很快,起初我以为他偶尔发表自己的看法时说话结结巴巴,是因为羞怯。现在我知道了,那是因为他极其谨慎。过了一段时日,我才体认到他追求正义时所怀的那种深厚的感情,或与这一追求掺和在一起的那种同情和忍耐。后来我才逐渐得知,他的关于当今人物和事件的显见的知识,通过广泛的阅读和对过去相当深入的研究而得到丰富。这种结合在比较浅薄的人身上可能会产生的那种武断、欺瞒和哗众取宠的倾向,被他对反讽、荒谬的强烈感知和他诸多兴趣的盎然勃发一扫而光。他的观察既敏锐又独到。所有这一切使他成为一位有益有趣、为大家所喜欢的同事。

1963年春季和初夏,我们以我的名义给我们认为可能愿意成为这个新基金会的发起者的那些人发函。到夏末,已有9人同意成为这个基金会的发起者。有了这样一群支持者,我们觉得可以将我们的计划公开,尤其是在有理由盼望其他人很快加入我们的行列的情况下,更应如此。而事实上,在宣布成立基金会后不久,另外又有7人加入我们的行列。

我们知道我们的一些目标——其中主要目标是成立一个真正国际性的机构——和达到我们必须努力达到的那些目标的长期方法,以及我们必须开展的那项工作(即像我们有段时间曾开展过的那种工作)的要点。我们也承认这样一个事实:要想达到我们的目的,就必须要有一大笔钱。我的同事,在有点违背我的意愿的情况下，敦促基金会冠以我的名字。我知道，这会使许多原本可能会对我们的工作本身给予支持的人对基金会产生偏见。这肯定会使一些已经树立声誉且享有名望的机构产生偏见，而且也肯定会使英国的许多个人，尤其是那些有能力在金钱上支持我们的人，产生偏见。但是我的同事却争辩说，因为我多年来一直在从事这项工作，他们的帮助只是近几年的事情，在世界上的许多地区我的名字已与这项工作相等同，所以，略去我的名字就会意味着这项工作受挫。他们的坚持令我感到高兴，尽管仍然有点怀疑这样做是否明智。但是最后我同意了他们的看法。然而，当我们决定为我们的机构寻求慈善身份时，我和我的朋友才明白，在英国任何一个冠以我的名字的机构，都不可能得到这种身份。

最后，我们的律师建议我们采取折中的办法，成立两个基金会：伯特兰·罗素和平基金会和大西洋和平基金会，后者可以获得慈善身份。这两个基金会可以携手合作，而且事实上它们的确就是这样做的，但是后者的目标纯粹是教育方面的。其目的是要在和战争与和平的研究有关的各个领域建立探索机制，并创造探索及发表探索成果的机会。由于济贫事业委员会将这个基金会登记为慈善机构，按标准税率对根据七年合约所给的任何一笔捐款所扣的所得税都可退税，反过来，这意味着这种捐款的数额增加了大约百分之六十。

伯特兰·罗素和平基金会则处理工作中与政治关系比较密切的和有争议的事情，而捐款不论多少，都按普通赠与看待。在这个基金会成立的头三年，它得到的捐款有好几万英镑，其中有些是个人捐的，有些是机构捐的，有些是各国政府捐的。附有条件的捐款一概不予接受。尤其是政府的捐款,我们向捐款人说清楚,钱的来源绝不会影响使用这笔钱的方法和结果。

不幸的是,9月初,当我们决定要公开我们的计划时,我生了一场大病,但是到月底,1963年9月29日,我们可以将我们的计划公布于众了。在我发表了一个言辞激烈的声明后,我们把我的同事为两个基金会各自准备的传单分发给记者。关于伯特兰·罗素和平基金会的那份传单上,印有当时发起者的名单,和一封吴丹为了面子而写的信。我曾与他谈其他事情时谈到过我们的计划,并且就我们的计划一事给他写过信。他热情地表示赞同,但又解释说,他因为联合国秘书长的身份,不能成为发起者。不过,他表示愿意写那封我们印在传单上的、虽然措辞谨慎但却鼓舞人心的信。

记者们看过我们雄心勃勃的计划表后,问我们打算从哪里募得基金。这是个切中要害的问题,而且并不出乎我们的意料。我们因为不想在9月29日之前透露我们的计划,所以一直未能开展募集基金的工作。我们只能回答,我们决心募集必要的基金,而且确信能够及时地募集必要的基金——这个回答自然受到尖刻的怀疑。

回顾当时的情景,我想我并没有责怪那些记者的态度,也没有责怪新闻界未给予我们鼓励。任何一个愿意以行动支持其对于未来的幻想的人,都应该有被认为是"疯子"的心理准备;而我们当时就有这种心理准备。再说,我们当时都很兴奋。能够再度公开为我们心中的目标而工作,是一种自由。当然,我们首先要努力去做的事情是,募得必要的基金。

我们接触过的个人不计其数；与有钱人打交道，成功的几率非常小，他们往往会说："噢，不错，我们认为你们是在做一件了不起的事情。我们完全相信你们所做之事，并祝你们成功。但是，当然了，我们已经承担了这么多义务……"虽然乞求他人给予钱财上的帮助总是件令人尴尬、不讨人喜欢的事情，但我们只是偶尔遇到不愉快的场面，而且只有一次遇到不礼貌的恶语中伤。那是在一次富裕的犹太人聚会上，举办那次聚会是为了让我讲一讲我们为苏联境内的犹太人所做的工作，那些有钱的犹太人声称自己对苏联境内的犹太人非常关注。出现那些不愉快的场面也是我们始料未及的，因为我们事先已经打听过，知道我们所接触的人对我们的某些计划非常感兴趣，对我们很友好，而且始终"非常钦佩"我和我的工作。我们得到许多意想不到的消息，既有令人高兴的，也有令人恼怒的：有天早上我们收到一封信，信的内容是，有两个人立下遗嘱，要将他们在欧洲大陆相当大的一份产业捐给基金会；另一个早上收到英国驻巴黎前任大使格拉德温勋爵的一封信，我将这封信连同我的回信一道附在本章中，因为成立基金会需要大量的通信，而此信显示出其中一部分信件的语气和推理。我相信这一来一往的两封信，以前一直未曾发表，尽管格拉德温勋爵曾提议公开发表。读者将会注意到，他在信中主张我在上议院提出我的建议，"好让有才智的人加以仔细审议"。我在回信中强忍着没有说我在上议院提出建议时，我没有觉得我的听众，除了少数例外，表现出有什么特殊的智力水平——但也许自从格拉德温勋爵出现后总的水平有了提高。

然而，世界上许多地区的许多人都帮助我们。各国的艺术家——画家、雕塑家和音乐家——尤其慷慨。确实,我们最初的筹款方式之一,便是拍卖他们捐赠的画作和雕塑品,拍卖会因贝德福德公爵的鼎力襄助而在沃本隐修院举行。我没能参加拍卖会的开幕式,但我后来还是去了,使我感到开心的是,到达那天正好是沃本在款待参加世界小姐选美大赛的各国佳丽,因此我有幸与她们会面。拍卖会相当成功。从那以后我们不断地收到艺术捐赠品,拍卖所得对我们的工作帮助很大。虽然音乐家对我们也很慷慨,但他们慷慨的行为往往受到他们的经纪人或乐团总管和音乐厅经理的阻挠。演员和剧作家曾多次答应我们进行义演或某种特殊的演出,但无一兑现。我们向各国政府的领导人募捐,运气还比较好,这也许是因为他们比较能了解我们在做什么。我们募款工作的困难之一是,我们的许多工作——比如,关于特殊犯人或破碎家庭和少数民族团体的工作——在完成之前都不能说,否则就会无效。关于国际调解的讨论和方案,更是如此。因此,当有人明确地问我们到底在做什么时,我们往往只好含含糊糊、笼笼统统地讲一下,只有机敏的人和已经皈依者才能相信这种话。

这种多少有些随意的筹款方式的缺点是,无法确定我们什么时候能筹到多少钱。一度到手的大笔钱均未能被用作储备金,而一些承诺也不总是能及时兑现。结果是,我们有时有足够的钱来实行相当雄心勃勃的计划,有时却几乎身无分文。要不是对基金会的宗旨和诸多计划的奉献精神,和与我一起工作的那些人(尤其是拉尔夫·舍恩曼、克里斯托弗·法利和帕梅拉·伍德)顽强的决心,后面几个时期不可能平安地度过。舍恩曼、法利和伍德这三个人各自以他们不同的方式,维系工作,并使之度过顺利和艰难的时期。来自许多不同国家的其他许多人,帮助我们的工作,他们有些是志愿者,有些则领薪水,但是,直到现在,出于某种正当的理由,他们原来都是些临时工,而且有时薪水过高。不过,现在,已经建立起了一支由一些似乎固定的,而且有相当强的处理事情的能力的同人组成的队伍,每个人负责一个或几个方面的工作。

总的来说,英国新闻界对我们的帮助很少。他们不是封杀我们的新闻,就是一逮到机会就让我们出丑,暗中嘲笑我们。这也许并不是什么令人惊讶的事情,因为我们一直在反对(虽然是完全合法地反对)我们国家的既定政策——不是反对哈罗德·威尔逊政府在两度执政之前所承诺的那些政策,而是反对该政府在执政期间所采取的那些政策。由于同样的原因,其他国家的新闻界也在不同时期责骂我们,或拒绝提及我们。当然,记者和评论员动不动就拿我当目标,说我老迈昏庸。美国的记者尤其如此,因为多年来我一直在为那个国家暴力的增强担忧,我最近的文章大多数都是猛烈抨击他们政府的好战政策。这种消减我的作用的方法使我的朋友感到担心和愤怒,这也是对我的侮辱,但是从与我意见不同的那些人的角度来看,这也许是他们唯一的反击。总之,如果这种指责是正确的①,那我不明白为什么会有人那么费心地评论我的胡言乱语。

那些想要自行判断我究竟是不是老迈昏庸,或者甚至是不是比他们以前所认为的更糊涂的人,有的是机会这样做,因为我接受过无数次报社和电视台的采访,而且还拍过几部电影。我在决定

---

① 即说罗素老迈昏庸是事实。——译注

是否接受采访时坚持的总的原则是,拒绝所有那些对我的"私生活"而不是对我的工作和思想感兴趣的人。宣传我的工作和思想我很高兴,而且欢迎对它们公正的报道和批评。我认为,在最近几年我所看到过的这些电视访谈中最好的有:1963年10月初的那一次电视访谈,主持人是约翰·弗里曼;1964年4月初所做的那一次电视访谈,主持人是罗伯特·博尔特(后来还有一次,是在1967年,也是由他主持,但我没有看到过那次电视访谈);1965年9月所做的那一次电视访谈,主持人是拉尔夫·米利班德。不过,当然还有许多电视访谈我没有看到过。我所发表过的两次最重要的公开演讲,都与哈罗德·威尔逊任首相期间工党政府的背信有关,一次是在1965年2月中旬,另一次是在八个月之后。第一次讲的是该政府的一般国际政策,第二次讲的是该政府对越南的政策,因此收录在我的《在越南的战争罪行》一书中。在第二次演讲结束时,我宣布退出工党,并当场撕毁党证。使我感到惊讶的是,此举使同台的其他两位演讲者非常生气,一位是下院议员,另一位是禁止核武器运动主席。后者对新闻界说我是事先安排好那样做的。如果我能事先安排好,我不知道为什么我不早就那样做,然而,事实上,演讲的事全都是由这次集会的主办者——青年禁止核武器运动——一手安排的。那位常常对越南问题发表与我类似观点的下院议员,在那次集会时迟到,后又因为我撕毁党证之举而退席。这种怪异的行为使我有点吃惊,因为这两个人都曾说过许多我所说的话。唯一的不同似乎是他们继续当他们所谴责的党的党员。

其他还有四种对我的指责可以在这里提一下,因为我认为它们也与"老迈糊涂"有关。最严重的一种指责是说,我在著作和演说中说一些没有给出其来源出处的、极端的话。我相信,这是针对我的《在越南的战争罪行》一书的。然而,如果有人愿意研究这本书,我认为他们就会发现这是一本文献资料非常翔实的书。如果我偶尔说些没有给出其根据的话,那么我通常这样做是因为我认为那是自明的,或是根据书中其他地方已提到过的事实,或是众所周知而无需标明来源出处。

与这种指责相关的另一种指责是说,以我的名义发表的演说词、文章或声明都不是出自我的手笔。奇怪,大家都知道几乎所有的政府官员和大公司经理的公开讲话稿,都是秘书或同僚写的,而这被认为是无可非议。为什么换成一个普通俗人,就该被认为十恶不赦?更何况事实上,以我的名义发表的东西通常都是出自我的手笔。即便有的不是出自我的手笔,它也仍然代表我的看法和思想。我从不在我没有讨论、阅读过并认可的东西——书信或比较正式的文件——上签字。

我最近听说在流传的其他两个谣言,我也觉得令人烦恼。这两个谣言是:为了不麻烦我,我的秘书扣下了寄给我的信件和公文;我的秘书和同事不让想要见我的人见我。但事实上我在家亲自拆阅所有寄给我的信件。不过,我的信件很多,我不可能全都亲自回复,但我把我想要说的话告诉替我起草回信的秘书,而且在回信寄出之前我都亲自过目。另外,为了这个那个事情想要见我的人也很多,不可能全都接见。例如,1966年年底,为了主持国际战犯审判法庭的预备会开幕式,我在伦敦待了一个星期,在此期间我每天上午、下午和晚上都接待想要与我会谈的来访者。但是,因为在这一个星期中要求与我会谈的人大大超过一百人,所以不得不谢绝很多人(一百多人)的会谈。

我之所以用这样长的篇幅谈论这些指责,不仅仅是因为我不喜欢被认为是老糊涂,而且还因为我的论证和言论,由于这些指责而被人轻视,没有人看,或没有人听,使我很恼火。我也不喜欢我的同事因为极其豪爽地做了我要他们做的事情而受责难。

基金会成立之后不到两个月,我和世界上其他的人一样,听到肯尼迪总统遇害的消息感到震惊。也许我对这一邪恶的攻击事件不像很多人那样感到意外,因为好多年来我一直在写有关这个世界,尤其是美国,越来越纵容暴力的文章。我的关于这一论题的文章,有些已经发表,有些则因为太直言不讳,编辑先生不敢将之刊登出来。

当我看到有关总统遇刺、后来传说中不利于奥斯瓦德的证据以及他遭鲁比射杀的新闻报道时,我认为似乎存在骇人听闻的误判,可能是在掩饰某件非常龌龊的事。1963 年 6 月,我和最早代表奥斯瓦德的母亲调查这个案子的纽约律师马克·莱恩会面,他已收集到的事实证据证实了我的怀疑。与基金会有关系的每一个人都同意我的观点,我们尽己所能,各自或一起帮助马克·莱恩,传播有关他调查结果的消息。从所使用的掩盖法和被否定或忽略的事实来看,显然牵扯到的是非常重大的问题。不光是马克·莱恩调查有关事实时充沛的精力和机敏的头脑,而且还有他表述事实时严谨客观的态度,绝不推断出或暗示事实本身原本没有的意思,给我留下非常深刻的印象。

我们认为,要是基金会自身不出面支持那些查出事情真相的人，也不传播有关这些事情真相的消息，那么会更好些。因此，我们成立了一个独立自主的委员会，名字并不令人满意，叫作"英国'谁刺杀肯尼迪？'委员会"。我们聚集了不少发起者，甚至还有一位秘书，但也并不是没有困难，因为许多人认为这件事与我们英国人毫不相干。只有少数人不仅了解美国当局的欺骗对于美国人民预示着什么，而且还了解它对于世界上其他国家的人民预示着什么。这些少数人有过一段艰难时期。我们确确实实遭到过诽谤。我们当中有一个人接到过美国大使馆打来的恐吓电话。其他有些国家也成立与我们类似的委员会，这些委员会的有些办公室也接到过类似的警告电话。最后，基金会不得不庇护我们的委员会，基金会的工作人员由于这项额外工作，日夜操劳。到 8 月份，当我撰写一篇叫作《关于 J. F. 肯尼迪总统被刺事件的十六个问题》的文章时，人们纷纷举行集会，并发表了其他一些声明和文章。群情激愤。马克·莱恩亲自到英国各地和其他国家（包括他自己的国家），详细说明他所发现的、反驳关于这一事件人们普遍接受的官方看法的事实。我在《沃伦委员会报告》于 1965 年 9 月公布之前就已经收到了这份报告，并立即发表了我对它的看法，这显然使许多人很恼火。一时传言四起，说我是在胡说八道，我甚至连报告都还没看过，而且不可能看过。实际上，莱恩已寄给了我一份早期报告的副本，我看过，而且有时间思考。由于《沃伦委员会报告》已被仔细审阅过，而且批评这份报告是"可敬的"，许多人便同意我的看法，并泰然自若地忘却了他们和我早先的态度。那个时候，他们非常胆小，不敢倾听或关注已发现的事实，而是盲目地接受官方的看法。他们竭力阻挠我们将这些事实公布于众。

自从1963年3月底以后,我的时间和思虑越来越多地花在了越南正在进行的那场战争上。我的其他兴趣,绝大部分只好放弃。当然,我还是抽出一些时间来处理家庭和个人的事情。而且偶尔还是有机会(虽然这种机会非常难得)关注我以前常常感兴趣的那种东西,即哲学的,或尤其是逻辑的问题。但这方面的研究我已经荒疏了,因此有点怕做这方面的研究。1965年,一位年轻的数学家G.斯潘塞·布朗,硬要我审阅一下他的著作,因为他说他找不到其他任何一个他认为能看懂他著作的人。因为我以前看过一点儿他的著作,认为还不错,也因为我非常同情那些试图让他们无人知晓的新作得到注意而非遭到冷遇的人,所以,我就同意与他讨论他的著作。但是随着约他来的时间的临近,我越来越深信我应付不了这项工作,应付不了他的新符号系统。我的内心充满了恐惧。但是在他来到并且我听了他的解说后,我发现我又跟得上了,听得懂他的著作。那几天我过得非常愉快,尤其是因为他的著作既有独到的见解,而且在我看来,又很优秀。

这些年里我最大的快乐之一是我与维克托·珀塞尔的友谊(我太太也分享了这份友谊),而最使我伤心的事情之一是他的去世(1965年1月)。他是个幽默且判断力均衡的人。他既有文学鉴赏能力又有文学创作能力,学识相当渊博,而且对时事也非常了解。他在东南亚当政府行政官员和在剑桥大学当指导教师,都很有成就。与他交谈是我的一大乐趣。我通过他的政论文章认识他已经许多年了,他过去经常将他的政论文章寄给我,而我则写信告诉他我对他的文章的看法。稍后,我欣然接读了他那以 Myra Buttle〔与 My Rebuttal(我的反驳)谐音〕笔名所写的妙趣横生的韵文。在1962年他在节庆厅为我举行的生日宴会上致贺词之前,我从没见过他。甚至在他被领来与我们讨论基金会在东南亚方面的工作之前,我还根本就不认识他。1964年4月,他在曼彻斯特的一个会议上发表演说,这个会议由基金会主办,在那个会上我也发表了演说。不久后,他为我们写了一本全面论述"东南亚和平的可能性"的极好的小册子。在这段时间,我们接长不短地在伦敦见到他,但是直到1964年5月,他到北威尔士拜访我们并小住几天后,我们才真正开始彼此了解。我们不停地交谈。我们两人,你说一个故事,我就说一个更有趣的故事,你引一句引语,我就引一句更好的引语;并且把自己最喜欢的诗和散文吟诵给对方听。我们相互探测对方的知识,尤其是历史知识;并且还讨论一些严肃的问题。另外,令人欣慰的是,找到了一个能立即了解你的意思,即使在不完全同意时,也愿意耐心且富有同情心地与你讨论任何问题的人。他在12月份,也就是在他去世前两个星期多一点,再次来拜访我们;而且,如同他所说的,我们突然觉得我们已是老朋友了,尽管我们彼此很少见面。尤其是,我对他最后这次来访记忆犹新:他突然吟诵《利西达斯》[①],非常优美,然后又朗诵他的一首以 Myra Buttle(迈拉·巴特尔)笔名发表的新作,并且以诙谐的曲调将之唱出。他是个勇敢、细心、富于同情心而又喜欢闹腾的人。当我认识到我是多么的怀念他(这不仅是因为他能给我带来快乐,而且还因为他能够而且我确信他会给我以帮助)后,我有时也感到震

---

① 《利西达斯》(1637年)是弥尔顿在他的一位大学朋友逝世后写下的田园挽诗。——译注

惊。我想,像我这种年纪的人能交到一个这么令人满意、这么珍贵的新朋友,是很难得的;而且这种挚爱、信任和理解全都在那么短的时间内滋长成熟,乃是令人惊讶的。

我的那本关于越南形势及其含义的、叫作《在越南的战争罪行》的书,以布面精装本和纸面平装本两种形式,问世于1967年1月初。它在英国由艾伦和昂温出版公司出版,自从第一次世界大战以来,我一直非常感谢该公司的慷慨大方和开明的态度,尤其是斯坦利·昂温爵士本人。这本书由我自1963年以来所寄出和发表的无数信件、声明、演说和文章中的一小部分所构成。书中除了被收录的这些信件、声明、演说和文章之外,还附有:一篇介绍1967年年初越南形势总的背景和表明我自己对越南形势的看法的"序言";一篇简要地描述我所呼吁成立的"国际战犯审判法庭"的"后记";和一个附录,其中包含拉尔夫·舍恩曼在他有一次访问越南许多周中的一些发现。《在越南的战争罪行》一书非常详尽地述说了我对这场战争的态度和我持这种态度所根据的事实,而且,在过去的几年里,不管怎么说,在我所发表的文章和广播讲话中,关于我的态度和这些事实,也都讲得不少了,因此这里就不再细述。这本书在某些刊物上受到相当有敌意的评论,所以得知这本书的纸面平装本在其出版两周之内售罄,这本书已在美国出版,而且它还被译成多种语言在世界各地出版,是件令人高兴的事情。

舍恩曼的报告极为重要,因为它们不仅包含第一手的观察资料,而且还包含有可靠的证人在场作证、逐字逐句记录下来的越南战争受害者证词。这些报告也为"国际战犯审判法庭"所派的那些调查组在印度支那进行比较正式的调查铺平了道路。我对越南战争的态度和关于越南战争的声明,不但是以其他特别调查员的报告为根据的,而且部分地还是以舍恩曼的那种报告和克里斯托弗·法利(他于1964年12月前往越南,是为获得直接印象而亲临越南的第一位基金会成员)的报告为根据的。然而,我的意见主要是以每天报纸(尤其是美国的报纸)上所报道的事实为根据的。这些报道看起来差不多都是偶然的,因为它们好像并未影响编辑政策。

北越人偶尔请我谈谈我对越南战争的各个发展阶段的看法。他们曾征求我的意见,问我是否应准许《纽约时报》助理总编辑哈里森·索尔兹伯里先生以记者的身份访问河内。索尔兹伯里先生以前在他为《沃伦委员会报告》所写的导言中攻击过我,他在那个导言中说,沃伦委员会"对它所能发现的每一个证据都进行了彻底的调查"。这些评论很快就被看作是荒谬的,但是我想他可能很难无视北越平民普遍遭受轰炸的证据。因此我向他们建议,值得冒险让他前往河内采访。几个星期后,我很高兴地读到他发自河内的报道,这些报道在美国首都华盛顿引起了惊恐,而且可能也使他失去了普利策奖。

当然,我一直与在伦敦的两名北越代表和北越驻巴黎代办保持密切联系。我也一直与越南南方民族解放阵线的许多成员、美国武装部队的成员和美国平民(既有支持这场战争的,也有反对这场战争的)通信。只要想获知,不愁没有消息。但是要让普通公众知道那些消息,并说服人们注意那些消息,却有很大的困难。阅读或聆听那些消息,并不是什么令人愉快的事情。

我和我的同事越研究越南的形势,我们就越深信美国对越南的态度是完全不可原谅的,越南战争是一场用新的折磨方法进行的史无前例的残酷战争。我们在仔细核查了我们所搜集的一大批事实材料之后,得出如下结论:这场战争必须尽快结束,而结束这场战争的唯一途径是毫不含糊地支持北越人和越南南方民族解放阵线。此外,我们担心,如果这场战争继续下去,它就会被美国当作借口,使战争逐步升级,最终有可能成为全面大战。我们成立了"越南团结运动",该组织使将越南战争视为"世界上最强大的国家对一个农业小国的公然侵略"的那些团体团结起来。该组织的支持者认为,正义要求他们完全支持越南人。我在1966年6月"越南团结运动"成立大会上致开幕词,后来这篇开幕词被收录在我的那本关于越南的书中。该组织派演说者到全国各地去,而且同他们一起还送去了基金会的越南战争图片展,因此该组织成了英国支持"国际战犯审判法庭"的核心。

在我的那本关于越南的书中所谈到的"国际战犯审判法庭",引起了全世界广大公众的想象。四年来我一直在寻求某种有效的方法,让世人知道美国在其企图征服南越的不义之战中令人难以置信的残忍。在朝鲜战争时期,我无法相信李约瑟教授和其他人所提出的指控,他们指控美国人把那场战争当作大规模毁灭性的新生化武器的试验场。我应该为我自己当时认为这些指控太极端而向李约瑟教授和其他人致以诚挚的歉意。到1963年,我已深信这些指控是公正的,因为在越南显然应当对美国提出类似的指控。在那年年初,我给《纽约时报》写信,将美国人在越南的行径描述为"令人想起德国人在东欧和日本人在东南亚所发动的战争"的野蛮行为。这封信的言论当时对《纽约时报》来说似乎是太激烈了,该报先是发表社论攻击我,然后删节的回复,最后干脆拒绝刊登我的来信。我试着给其他报刊写信,决心查明更多有关当时那场"秘密战争"的真相。我发现得越多,美国人的企图和行径似乎越骇人听闻。我不仅听说了各种野蛮的行径,而且还听说了对一个小国要求独立的愿望最乖戾最无情的压制。破坏日内瓦协议、支持独裁政权、建立警察国家、摧毁所有反对势力,这一切都是令人无法容忍的罪行。第二年,我开始定期派观察员去印度支那,但是他们的报告老是落后于战争的扩大。"战争逐步升级"的借口,尤其是进攻北越的借口,使我想起了25年前希特勒在欧洲冒险所提出的那些借口,两者完全一样。我明白,把侵略、试验性武器、不分青红皂白的战争和集中营计划结合在一起,需要比我所能安排的更彻底、更正规的调查。

1966年夏天,我在作了广泛的研究和规划之后,写信给世界各地的一些人,邀请他们加入"国际战犯审判法庭"。结果使我振奋,很快就有18位回信表示接受。我尤其感到高兴的是让-保罗·萨特的加入,因为尽管我们在哲学问题上有分歧,我还是非常钦佩他的勇气。南斯拉夫作家弗拉迪米尔·德迪耶尔,早先曾到北威尔士拜访过我,由于他对西方世界和共产主义世界广泛的了解,最后成了一位受尊敬的伙伴。我也严重地依赖我有10年未见的随笔和政论作家伊萨克·多伊彻。每当有关"国际战犯审判法庭"的电视或其他媒体的采访要求太多时,我总是可以依赖在伦敦的多伊彻,就世界事务和我们自己的工作,向新闻界作有根有据、令人信服的评价。1966年11月,我邀请"国际战犯审判法庭"的所有成员到伦敦作初步的磋商,会议以我的一篇演说(这篇演说词收录在本章末尾)开始。在我看来,对越南正在发生的事情进行认真细致的核查是绝对必要的,而且我只邀请那些其正直是毋庸置疑的人。这次会议非常成功。而且我们已安排好了,先以"国际战犯审判法庭"的名义派一个接一个的国际调查组去印度支那,然后在第二年举行为期数周的"国际战犯审判法庭"公开听证会。

当"国际战犯审判法庭"最初提出要选派代表去调查暴行时,这一行动计划遭到了嘲笑,理由是美方并没有什么暴行。当这一争议①出现时,有人就说美国军事当局会处理这件事情。当这件事情出现时,有人就说一些著名的法律权威因从事这种工作而使自己成为笑柄。有人争辩说,不惩罚这些暴行要好得多。新闻界、军事当局,以及美国和英国的许多法律界名人都认为,听任他们的军官烧死妇孺,比采用纽伦堡审判中所使用的标准,更有利于维护他们的荣誉和人性。这是由于接受希特勒遗产的缘故。

当我们的对手看到我们正在筹划的事情的严重性时,我们听到了我多年来已经习惯了的喧嚣抗议声。三位曾赞助过基金会的非洲国家领导人退出,而且不难发现隐藏在他们背信后面的那只手。其中一位甚至寄给我一封信的直接影印件,说那是我寄给白宫约翰逊总统的关于"国际战犯审判法庭"的信,其伪造手法之粗劣笨拙,连美国中央情报局看了都要摇头。下一步是各报的新闻记者对我们"国际战犯审判法庭"的公正性表示怀疑。使我感到相当好笑的是,上述这些批评者中有许多在此之前不久还是关于肯尼迪总统被刺事件的沃伦委员会的最坚定的支持者。② 不过,他

---

① 即指关于美方是否有暴行的争论。——译注
② 该委员会的重要成员是前中央情报局局长和联邦调查局的一位准雇员。

7.《标准晚报》
   上的漫画
   (1961年9月)

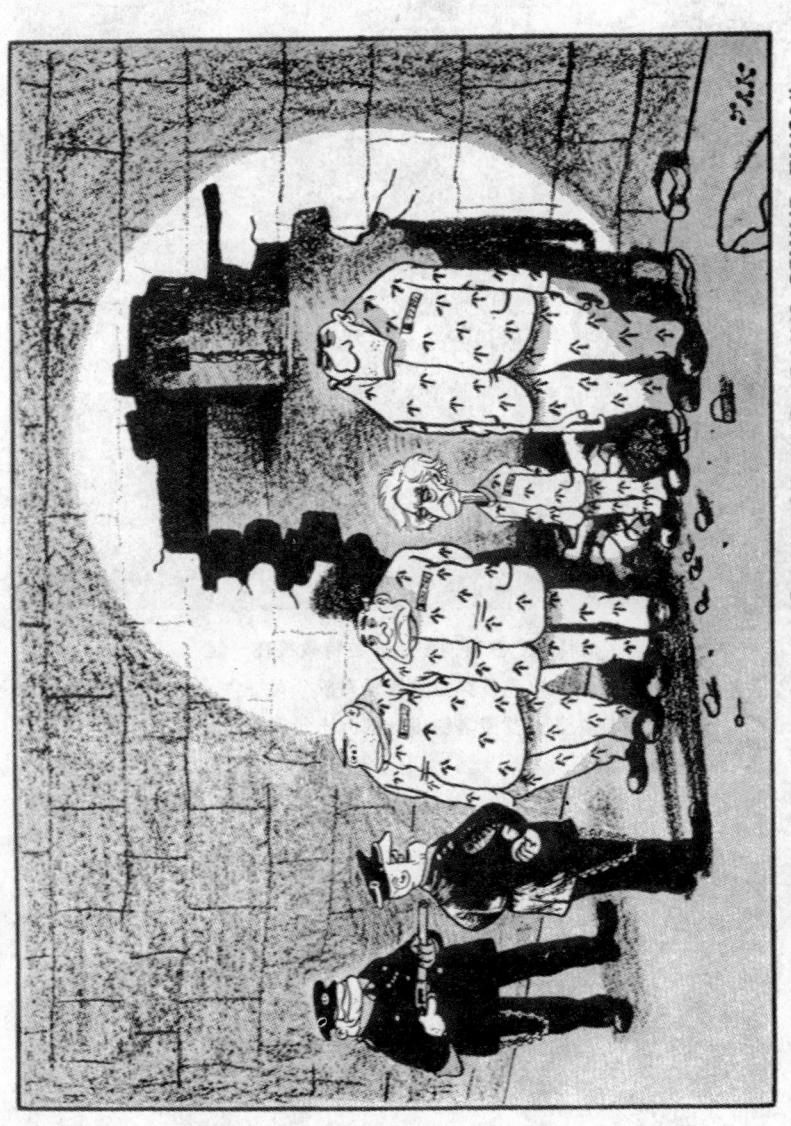

8. 伯特兰·罗素同罗特布拉特教授在一起
　［照片由辛克罗弗拉什股份有限公司提供］
克里斯托弗·艾恩赛德设计的九十华诞大纪念章

们对公正性新产生的兴趣,倒给了我们阐明自己观点的机会。显然,我们全都对我们准备要评估的一些证据作过相当多的考虑。我们的脑子并不是空的,但也不是封闭的。我相信,"国际战犯审判法庭"成员的正直、他们不代表任何国家权力这一事实,以及听证会的完全公开,可以确保审判的客观。我们还决定接受有可能得到的、出自任何来源的证词,因此我写信给约翰逊总统,邀请他参加"国际战犯审判法庭"的听证会。遗憾的是,他忙于部署轰炸越南人,没有空回我的信。

有关"国际战犯审判法庭"的所有这种骚动,自然又引起了人们对基金会本身的重新关注。大西洋和平基金会仍然是一个已登记的慈善机构;伯特兰·罗素和平基金会成了一个责任担保有限公司,在许多国家都设有分支机构:阿根廷、澳大利亚、新西兰、法国、印度、意大利、日本、菲律宾和美国。在伦敦,伯特兰·罗素和平基金会不仅保留了它一开始就拥有的、位于秾市外面的那些小的中央办公室,而且还为"国际战犯审判法庭"提供了一间较大的办公室。后来它又买下了一处较大的不动产,把许多工作都移到那里去做。所有这一切使得我们的工作有了比较稳固的基础,而且也为进一步发展做好了准备。我也许是第一次意识到我们以"国际战犯审判法庭"为中心的活动,得到世界各地广泛的支持。

40年代末和50年代初,斯大林独裁政权的恐怖给我留下十分深刻的印象,它使我相信要解除冷战不是件容易的事情。后来我才看出,斯大林虽然残忍,但却很保守。我跟西方大多数人一样,想当然地认为他的暴政是扩张主义的,但后来的证据表明,是西方把东欧作为第二次世界大战的部分战利品送给了他,而他大

172　致上一直信守他与西方的协议。在他死后,我热切希望世人能看到长期生活在核武器阴影下的愚蠢和危险。如果能将世界霸权的争夺者们分开,中立国也许能将理性的声音引入国际事务。这是个不太可能实现的希望,因为我高估了中立国的力量。中立国只是在极少的情况下(如尼赫鲁在韩国),才对冷战施加具有相当大的分量的压力。

中立国继续体现我的这样一个观点:我认为人类的生存比意识形态更重要。但是出现了新的危险。显然,俄国已不再抱有世界帝国的希望,但是这个希望现在已传给了美国。如同我对越南战争的起因和形势所作的调查所显示的,美国在进行军事冒险,这种军事冒险日益取代与俄国的战争,成为世界的一大威胁。美国反共的狂热,加上它对市场和原料的不断寻求,使任何一个认真的中立者都不可能把美国对世界构成的危险视为与俄国相等。美国军事、经济和冷战政策本质上的统一,日益为越南战争的卑鄙和残酷所揭示。对于西方人来说,这是很难承认的事实,我再一次体验到那些已开始接受我前10年看法的人的沉默或反对。然而,在第三世界,我们得到相当大的支持。并非完全没有人敢向残酷挑战。

雪莱的以下诗句,对我对未来的看法作了最好的表述:
呵!别唱了吧!难道恨和死必须回归?
别唱了吧!难道人类非杀戮而死?
别唱了吧!莫把预言的苦杯
　　狂饮干了,只剩下渣滓。
世界是多么厌恶那过去种种,

呵！愿它终于安息，否则进入坟冢！

(478.1096—1101)

书　信

关于《自由人的崇拜》

亲爱的伊尔茨教授：

　　谢谢你 6 月 27 日的来信。关于你的三个问题：(1)大约从 1920 年以后，我就一直认为《自由人的崇拜》一文"过于华丽藻饰"；(2)这种看法仅就风格而言；(3)我现在并不像我写这篇文章时一样，认为道德价值是客观的。但是，我的宇宙观和人生观基本上没有变。

你的诚挚的
伯特兰·罗素
1962 年 7 月 27 日

感谢朱利安·赫胥黎的小册子：《心理代谢》、《以进化论的观点透视优生学》、《教育与人本主义革命》。

我亲爱的朱利安：

　　非常感谢你寄给我三篇你的论文，我怀着极大的兴趣阅读了它们。我很喜欢你的那篇关于心理代谢的论文，它解释了孔雀为什么跳舞,女人为什么用口红,这两者以前对我来说都是个谜。我对这篇论文所探讨的问题不太懂,因此提不出任何意见。你偶尔触及心身问题,对此我有很明确的看法,我的看法对于有些生理学家来说是可以接受的,但几乎所有的哲学家却都嗤之以鼻,他们没有一个既懂物理学又懂生理学。你可能会发现,我收录在《记忆中的肖像》中的一篇叫《心与物》的短文值得你一读。

我在某种程度上,但不是在更大的程度上,同意你所说的有关优生学的话。你似乎认为,各国政府会受到启发,而且,它们想要制造的那种人将胜过自然随意造就的作品。如果你所想象的那种精子库在希特勒政权统治时期就已存在,希特勒就会是所有那个时代在德国出生的婴儿的父亲。特殊的长处并不为(而且一向不为)当权者所喜欢;显然,当权者会控制精子库。因此,在优生学发挥效力的阶段,特殊的长处就会消失。我完全同意你的关于优生学能取得什么什么成就的看法,但我不同意你的关于优生学会取得什么什么成就的看法。

对于你所说的有关教育的话,我有一些多少有些类似的批评意见要提。例如:你摒弃构成正统宗教的那些荒唐的神话,而你却未提及在整个西方世界没有任何一个公开拒斥这些神话的人能成为教师。再比如:教育大大助长了总体战。由于人们能阅读,而教育者却一直煞费苦心地不让他们思考,所以,好战的暴行现在远比以前更容易蔓延。

你似乎认为,各国政府会由聪慧、开明、其价值标准与你我不同的人所组成。这有悖于所有的证据。毕达哥拉斯是个被放逐者,因为波利克拉特斯不喜欢他;苏格拉底被处死;亚历山大一死,亚里士多德就不得不逃离雅典。在古希腊,要逃离希腊并不难。在现代世界,要逃离希腊就难多了;而这就是现在希腊的伟人比过去少的一个原因。 174

我和我的太太祝福你们夫妇俩。

你的永久的朋友
伯特兰·罗素
1963 年 3 月 10 日
普拉斯·彭林

朱利安·赫胥黎爵士的来信

亲爱的伯蒂:

非常感谢你迷人的来信。我能听见你因孔雀和口红而发出的格格笑声。

关于心身问题,我认为必须从进化论的角度来探讨。我们大家全都是具有悠久历史的"心身"有机体,而且与其他一切有机体有亲缘关系。在我看来,这意味着心身以某种方式构成单个的统一体。

当然,关于优生学措施或已得到认可的教育措施所固有的危险,你是对的。但是,人们必须采取些措施!我的态度既不完全乐观,也不完全悲观——也就是说,我们和我们目前的情况远非完美,但可以改进,如果不采取些措施,那确实很有可能会恶化。对我来说,这才是真正的要害——必须采取些措施,不过当然我们必须设法知道这些措施原则上是对的,而且还必须设法尽可能地防止它们被滥用。

另一方面,我们必须有不怎么样的教育制度——而且我原以为我们应当设法改进它,尽管可能出现危险——

朱丽叶要我代向你们致意。

你的永久的朋友
朱利安·赫胥黎
1963 年 3 月 13 日
汉普斯特德,西北 3 区
庞德街 31 号

与艾丽斯·玛丽·希尔顿的往来书信

亲爱的希尔顿小姐:

非常感谢你寄来的《逻辑、计算机和自动化》一书。到目前为止,我一直没有时间通读整本书,只是拜读了其中的部分,但我所读过的那些部分已引起我很大的兴趣。我尤其感谢你对《数学原理》和我本人所说的那些好话。哥德尔的信徒已几乎使我相信,花了 20 年的工作量写成的《数学原理》是件废物,最好还是忘掉这部书。发现你并不持这种看法,乃是一种安慰。

你的诚挚的
伯特兰·罗素

1963年6月9日
普拉斯·彭林

亲爱的罗素勋爵：

非常感谢你关于我的《逻辑、计算机和自动化》一书的来信。你真细心，还想到要给我写信。对于你对我那本书的兴趣和你的好意，我简直无法表达我的感激之情。虽然我知道我对《数学原理》一书的看法如何并不怎么重要，但我深信，未来几代的数学家会将它评定为对科学的两三大贡献之一。我觉得，这部著作之所以受到批评，并不是因为其他什么原因，而是因为批评者对它缺乏了解。我不敢说自己完全了解这部巨著，但我通过几年研读，如今已学到足够多的东西，因此至少能了解一些基本原理。我完全确信，没有任何一位伟大的数学家（我当然不是）能在读过《数学原理》后还认为"花了20年的工作量写成的《数学原理》是件废物，最好还是忘掉这部书"。我完全确信，只要使具有真正伟大思想的作品得以留存的文明存在，那部书便不会被遗忘。

我过去曾向你提起过，我在计划编一套暂定叫作《电脑文化时代》的丛书，它将包括对了解我们正在进入的这个时代有贡献的思想家——科学家、哲学家、艺术家——的作品。在我看来，人类似乎从未处于这样危急的阶段。我们不仅生活在恒久不变的灭绝的危险中，而且即使我们在经历了核毁灭的危险之后的确存活了下来，我们还是站在对人类来说可能是天堂也可能是地狱的这一个时代的门槛上。我随信附上这套丛书非常简明的内容提要一份。因为我坚信，这个世界上有学识有思想的人之间的了解和交流非常重要，所以我冒昧地要求你为这套丛书撰写一部著作。不仅如此，我还进一步想要求你担任编委会委员。我知道你是个大忙人，所以我并不是随便说说而已。但是我也知道你在尽力让别人听见你的声音，我坚信这套丛书会对在不同的领域里工作、必须合作并学会相互了解的人之间的进一步了解作出贡献，而且可能会对这种进一步了解有相当大的影响。我希望通过这套丛书的作者和读者能对这个社会的政治决策者产生一些影响，而且还希望通过他们能对我们所有必须认识到自己有责任选择正确的决策者的人产生一些影响。

准许与本世纪最有才智的人——以及其他许多有才智的人——一道工作，会给我个人以最大的快乐。

我想让你知道，你的录音带《〈伯特兰·罗素讲谈实录〉》刚在本国上市，我们都很喜欢，有好几个晚上和朋友们一起聆听你的讲话，度过愉快美好的时光。

再次感谢你的一切好意。

> 诚挚的
> 艾丽斯·玛丽·希尔顿
> 1963 年 7 月 2 日
> 纽约州　纽约市 21 区
> 东 63 街 405 号

亲爱的保罗斯先生：

非常感谢你的来信。

我摈斥黑格尔和普通一元论的理由是，我相信反关系的辩证论证完全是谬误的。我认为像"A 在 B 之西"这样的陈述完全可以为真。你会发现，布莱德雷对这个问题的论证的前提是，每个命题都必须具有主谓形式。我认为这是一元论根本性的错误。

祝好！

你的诚挚的
伯特兰·罗素
1966 年 8 月 2 日

致马克萨·奥里戈

亲爱的马克萨：

我正怀着极大的兴趣，拜读你的那本关于莱奥帕迪的书。我虽然一直很欣赏他的诗，但对他的生平却一无所知，直到读了你的那本书才了解。他的一生是个骇人听闻的悲剧，而这个悲剧主要是由于万恶的制度造成的。

我不能同意桑塔亚那的说法："莱奥帕迪的不幸对他的天才来说无疑是幸运的。"我相信，在比较幸福的环境中，他会写出更多的作品。

我的意大利文不是很好，而我读的他的诗大多是意大利文，结果我可能错失了许多精彩之处。我很感激你的书填补了我知识上的许多空白。

> 你的诚挚的
> 伯特兰·罗素
> 1966 年 1 月 19 日

致海斯先生

亲爱的海斯先生：

　　谢谢你 11 月 18 日的来信。说我比较反美而不是反俄的流言，是一种无知的恶意宣传。不错，我是批评过美国在越南的行为，但我同时也强烈抗议苏联犹太人所受的待遇。当俄国人恢复核试验时，我先是给苏联大使馆写信，表示强烈抗议，然后又组织反对苏联政府的各种怀有敌意的示威活动。我把东德政府说成是一个"外国武装力量所强加的军事专制政府"。我在表示绝对公正的苏联报刊杂志上写文章。我唯一比较偏袒俄国而不是美国的是古巴危机，因为赫鲁晓夫退让而不是发动核战争。在任何牵连到核战争的危机中，如果一方退让而另一方不退让，我就认为退让的那一方比另一方更值得称赞，因为我认为核战争是人类所可能遭遇到的最大不幸。

　　鉴于你的来信，我恐怕写不出一篇能让你满意的文章，因为我总是在出版物上发表文章批评俄国，批评俄国的次数之频繁和语气之强烈，如同批评西方一样。

你的诚挚的

伯特兰·罗素

1963 年 11 月 25 日

阿诺德·汤因比的来信

亲爱的罗素勋爵:

你的九十五岁生日给了我一个好机会,像无数此刻也在写信给你的其他朋友一样,表达我一直对你所怀有的一些感情:首先,是我对你和伊迪丝的深情(我一想到你们两人之中的任何一个,就会同时想到你们俩),另外还有我的钦佩和感激。

我第一次与你见面,是在半个多世纪以前,就在你对柏拉图对他的哲学家同伴所提出的那个近乎超人的要求作出反应之后。当时你退离阳光,进入洞穴,以帮助你的仍被囚禁在洞穴里的人类同伴。那时你刚从真实的监狱里出来(而且那并不是最后一次)。那是你第一次入狱,原因是你公开发表反征兵的演说。

你本来可以继续专门致力于创造性的脑力劳动,在这方面你因成就斐然而享有盛名——我们知道,这种劳动给了你很大的理智上的乐趣,同时它通过增进我们对我们置身于其中的奇异的宇宙的认识和了解而造福人类。那时你本来可以过一种相当平静的生活,而且本来可以受到所有学者的一致称赞。当然,后来你在这个领域里还是继续赢得殊荣。但是你太关心你的人类同伴了,以致不满足于只是从事脑力劳动的生涯,尽管那是光辉灿烂的生涯。你有崇高的精神,不愿"隔岸观火"。从那时候起,你一直在为文明的留存而战，后来，自从原子武器发明之后，你又为人类的留存而战。

我最感谢你的是，你长期以来一直，而且迄今依然精力充沛、无所畏惧地给予至少连续三代的、比较年轻的你的同时代人以鼓励和希望。只要有像你一样关心人类并将这种关心付诸行动的人在，我们其余的人就能从你为我们树立的榜样中找到，以你的精神，为试图给人类以其与生俱有的未来并拯救人类免于自我毁灭而工作的勇气和信心。

这就是为什么1967年5月18日（星期四），对数亿不知道这一点的你的同时代人，和数十万的确知道你代表什么、你为什么而奋斗的你的同时代人来说，是一个具有历史意义的日子的原因。你已超越自我，设想自己处于特异种群的历史中，你是其非常杰出的代表。每一个有生命的创造物天生都是自我中心的；然而每个人的人生使命是将其关心的中心从其自身转移到最高实在，不管这种最高实在会是什么。那是人类命运的真正实现。你已经实现了人类的命运。这就是为什么我一直对你心存感激，对你怀有深情，以及1967年5月18日对我和你的许多朋友来说是个幸福且充满希望的日子的原因。

你的永久的朋友
阿诺德·汤因比
1967年5月9日
美国
加利福尼亚　斯坦福　94305
圣特雷萨街273号

陆军元帅、巴恩大十字勋章获得者克劳德·奥金莱克爵士的来信

我亲爱的罗素勋爵:

原谅我未能及早写信谢谢你的热情招待,对我来说,那是一次非常有趣且又鼓舞人心的拜访。我看了你给我的论文——《通向和平的新途径》,觉得非常动人心魄。我衷心同意并支持该文中所说的一切。我知道大西洋和平基金会与伯特兰·罗素和平基金会的关系和功能,我希望能对前者的费用作一点微薄的贡献。

如果我能在其他任何方面有所帮助,也许你或者你的秘书会让我知道。与你见面是一种荣幸。

祝好,望你成功。

你的诚挚的
C.J. 奥金莱克
1964 年 5 月 1 日
萨福克　贝克尔斯
诺斯盖特
奥斯瓦德宅所

吴丹的关于成立伯特兰·罗素和平基金会的来信　(吴丹为联合国秘书长)

很高兴知道要成立一个以罗素勋爵的名字命名的基金会,以扩大和延续他为和平事业所作的努力。

罗素勋爵是最早认识到无限囤聚核武器的愚昧和危险的人之一。早年他实际上是单枪匹马讨伐这一趋势,现在他已经有了许多追随者。虽然对于单方面裁军的明智以及其他类似的观念,我们可能有不同的看法,但我与罗素勋爵有一共同的感想:无限制地制造、试验、改良和储备核武器,是人类所面临的最大危险之一,也是对人类的生存最严重的威胁之一。

因此,我希望,将罗素勋爵长期以来以这样一种献身精神所进行的为和平而奋斗的圣战置于公共机构基础上的这种努力,会获得成功。

吴丹

伯特兰·罗素和平基金会的发起者

H. I. M. 海尔·塞拉西

诺贝尔化学奖和和平奖获得者莱纳斯·泡令教授

肯内斯·卡翁达总统

夸梅·恩克鲁玛总统

阿尤布·汗总统

尤利乌斯·K. 尼雷尔总统

利奥波德·桑戈尔总统

贝德福德公爵

诺贝尔物理学奖获得者马克斯·玻恩博士

英国皇家学会会员、诺贝尔和平奖获得者博伊德-奥尔勋爵

波多黎各大提琴家巴勃罗·卡萨尔斯

西西里的达尼洛·多尔奇

比利时的伊丽莎白王后陛下

贾瓦哈拉尔·尼赫鲁总理

女演员瓦妮莎·雷德格雷夫

诺贝尔和平奖获得者兰巴雷内的阿尔贝特·施韦策

通向和平的新途径

伯特兰·罗素

我们不幸生活于其中的核时代,是一个将新的思想和行为方式以及一种新的性格强行注入国际关系中的时代。自从氢弹诞生以来,细心的人都明白,如果两个强国或国家集团之间爆发核战争,人类将面临灭绝的危险。不仅这种战争对人类的各种希望来说是个大灾难,而且只要过去的政策继续存在,核战争随时都可能爆发。这种局势使希望人类继续存在的那些人不得不承担起一项很艰巨的任务。我们首先得使政府和民众相信核战争是个大灾难,这一点做到了以后,我们还得劝政府采取将使维护和平成为可能的那种政策。

这两项工作中,第一项大体上已经完成。它是通过将各种鼓动的方法结合在一起而完成的:和平游行、和平示威、大型公众集会、静坐抗议等等。这些活动在法国由"禁止核武器运动"和"百人委员会"主持,在其他国家则由或多或少有些类似的团体主持。它们证明了——我为自己是它们中的一员而自豪——核战争对于全人类来说将是一场灾难,而且还指出了核战争的急迫和危险。它们已成功地使广大民众,甚至各国政府,知道核战争的危险。但现在是采取新途径的时候了。人们不可以忘记这些危险,但现在必须采取下一步行动。必须寻求并让大家知道解决可能会导致核战争和人类的其他危险的那些问题的方法和手段,而且必须说服人类采取这些新的、各不相同的、有助于促成和平的措施。

迄今为止,对立核团体之间冲突的高潮是古巴危机。在这一危机中,美国与俄国彼此对抗,而整个世界等待着似乎迫在眉睫的毁灭的到来。在最后一刻,那场争斗避免了,双方似乎都不愿意因为对不然会住在古巴的那些人的政治主张有不同的看法而毁灭人类。这是非常重要的一刻。它表明双方都不认为毁灭人类是值得想望的。

因此,我们可以认定,世界各国政府都准备避免核战争。而且不光是各国政府,还有大多数文明国家的广大的各界人士(可能是大部分人),也持这种看法。

因此,维护和平的第一部分工作已经完成。但是还有更加艰巨的工作。如果不想有战争,我们就得寻找避免战争的方法。这可不是件容易的事情。有许多争论,开始时也许是心平气和的,但后来可能变得越来越激烈,到最后,大发雷霆,爆发公开战争。意外事件或错误的消息也可能会引发战争。此外,还有在争论中当消息传到某一方时因消息的片面性而造成的种种困难。显然,如果没有重大的让步(有时是这一方让步,有时是那一方让步,但通常是双方都让步),这个世界就不可能有和平。追求和平的这些困难,需要与游行和示威不同的技巧来克服。有关问题是复杂的,唯一可行的解决方案使一方或双方反感,讨论这类问题的谈判者,若想要谈判成功,就必须控制住自己的情绪。

这一切本应是政府的工作。但政府不会恰如其分地做这种必须做的工作,除非它们为一个或几个具有国际性质且对寻求和平解决方案特别关心的团体所推动。我们希望看到这些新的基金会所做的就是这种工作,我特此向你们推介它们。

这两个基金会中,有一个叫"大西洋和平基金会"。它是一个旨在研究战争与和平问题的基金会，因而被登记为慈善机构，并获得了英国国税局的慈善机构资格认定。因此，按标准税率对根据七年合约所给予它的任何一笔捐款所扣的所得税都可以退税，这意味着这种捐款的数额增加了大约百分之六十。这个基金会与伯特兰·罗素和平基金会携手合作。后者贯彻大西洋和平基金会的意图。由于这个缘故，我在接下去的讨论中只提一个基金会。

也许有人会说："但诸如此类的工作是联合国的工作。"我承认这应该是联合国的工作，而且我希望它将及时地成为联合国的工作。但是联合国有缺陷，其中有些是可以补救的，有些则是作为一个国际组织的团体所固有的。前一种缺陷中，最显著的是把中国排除在外；后一种缺陷中，最显著的则是联合国大会各会员国的平等，和安理会中某些国家的否决权。由于这样一些原因，单单由联合国来从事和平工作，是不够的。

我们希望我们所创立的基金会能及时地证明能胜任排除和平的一切障碍，并提出可以被人类的常识接受的各种困难问题的解决方案。也许这一希望太雄心勃勃。也许取得最后胜利的将是其他某个具有类似目标的团体。但是不管怎么样，我们基金会的工作大概已经对幸运的结局有所助益。

我们必须解决的问题有两类。第一类同作为一个整体的人类有关。其中最重要的问题有两个：即禁止核武器和教育。第二类问题是关于领土的调整，其中最困难的一个问题可能是德国。如果要确保和平，就得要解决这两类问题。

自从核武器出现以来，人们便一直召开会议讨论禁止核武器问题。第二次世界大战一结束，美国就向全世界提出巴鲁克计划。

这个计划旨在打破美国对核武器的垄断,把它们交给一个国际组织。其用意令人钦佩,但美国国会执意要加上一些大家都知道俄国人不会接受的条款。结果,一切就像人们所预料的一样。斯大林拒绝接受巴鲁克计划,俄国继续制造它自己的原子弹,然后是氢弹。结果是冷战、柏林封锁和双方都制造出首次对全人类构成威胁的氢弹。斯大林死后,美俄试图重新全面禁止核武器。艾森豪威尔和赫鲁晓夫在戴维营会晤。但五角大楼的好战分子继续从事间谍活动,俄国击落美国 U-2 高空侦察机事件结束了短暂的友好尝试。从那以后,虽然禁止核武器的会议还是不断地召开,但是一直到古巴危机之后,双方总是决定不达成任何协议。古巴危机以后,再度出现比较友好的气氛,但是到目前为止,除了《禁止核试验条约》之外,没有取得任何实质性的成果。《禁止核试验条约》是有价值的,因为它还表明东西方之间达成协议是可能的。关于这一条约的各项谈判的成功,主要应归功于"帕格沃什"——一个由关心和平与战争问题的科学家所组成的国际团体。

关于禁止核武器的现状是,美俄双方都有全面禁止核武器的计划,但它们的计划互不相同,而且到目前为止,还没有找到消除分歧的方法。基金会最紧急的任务之一,是设计一套双方都能同意的禁止核武器方案。然而五角大楼再度让它的一架飞机在共党的领空被俄国人击落,实在是个不祥之兆。

如果要确保和平,教育就得作重大的变革。现在,我们只教导孩子要爱他们的国家,不教导他们去爱其他的国家,而且特别教导他们要敬佩的历史上的国人,通常都是那些最擅长杀外国人的人。英国人教导英国小孩要敬佩纳尔逊和威灵顿;法国人教导法国小孩要敬佩拿破仑；德国人教导德国小孩要敬佩巴尔巴罗萨。这些人并不属于为世界鞠躬尽瘁的那种国人。他们是以如果人类要存活下去就必须永远禁绝的那些方式为他们的国家服务的人。我们一定要像现在传授与"人类是一家"相反的思想那样仔细地传授"人类是一家"的思想。这可不是一件容易转变的事情。有人会说，在这种教育制度下培养出来的男孩将是软弱的，没有男子汉的气概。有人会说，他们会失去男人的美德，会缺乏勇气。这一切可能都会出自基督教徒之口，尽管基督的教导并非如此。但是，虽然这种教育方式看起来也许很糟糕，用旧的方式培养长大的男孩却会发展成喜欢吵架的成人，他们会觉得没有战争的世界，平淡乏味得令人难以忍受。只有一种新的教育，即反复灌输一套新的道德标准，才能使维持世界和平成为可能。

毕竟，将来冒险的机会有的是，有的甚至是充满危险的冒险。男孩可以到南极去度假，年轻男子可以到月球去。有许多无须杀人就可以显示勇敢的方法，应该鼓励的是这类方法。

在历史教学中，不应过于强调自己的国家。战争史应当只是教学内容的一小部分。很大一部分应当是关于文明艺术的进步。应当像对待谋杀一样对待战争。应当把它看作是同谋杀一样恐怖，一样可憎。这一切，恐怕全都不合当今大多数教育家的心意。但是，除非教育作这样的改革，否则人们凶恶的本性恐怕迟早会爆发出来。

但是，需要教育的不光是孩子。成人，普通男女和政府要员，也需要教育。武器装备方面科技的每一个进步，都必然导致国家疆域的扩大。文艺复兴时期，黑色火药使得城堡成为废弃过时之物，从而使得现代国家的出现成为可能。现在的国家，相当于当时的城堡，因为大规模毁灭性武器使得甚至最大的国家都会完全毁灭。因此，一种新的展望是必要的。到目前为止，如果有一些社群存活了下来，那么它们是通过把内部合作和对外竞争结合在一起而存活下来的。氢弹已使得对外竞争成为过时。现在，全世界的合作是存活的一个条件。但是，全世界的合作，若想成功，就需要个人具有合作感。如果组成世界政府的各国继续相互憎恨和猜疑，很难想象世界政府会成功。让比较友好的感情跨越国界，首先是成人教育的事。必须教导个人和政府：人类如果是一家，那么就会空前地繁荣兴旺，但如果是许多相互竞争的家庭，那么人类除了死亡，无前途可言。教这一课，将是基金会教育工作的一大部分。

全世界有许多领土问题，大多是东西分隔。其中有些问题非常棘手，必须先解决才能确保和平。让我们从德国开始谈起。

在雅尔塔，美、英、苏三国首脑决定将德国划分成四部分：美国占领区、英国占领区、法国占领区和俄国占领区。德国境内的柏林也作类似的划分。他们希望所有国家到时候都会同意并且甘心接受获胜的同盟国强行提出的任何条件。然而，很快就出现了麻烦。柏林市是在俄国占领区内，而当时却没有订立任何适当的条款保证西方盟国进入柏林的西方占领区。1948年，斯大林利用这一情况，进行所谓的"柏林封锁"，不准西方盟国经由公路或铁路进入西柏林。西方盟国以"空运"反之，尽管俄国实行封锁，"空运"使得西方盟国仍能对西柏林进行补给。在整个柏林封锁时期，双方都完全合法。由空中进入西柏林受到和平协定的保障，俄国人从未对此表示过异议。整个事件以俄国人勉强而且有点含糊地同意让西柏林与西德自由往来而结束。然而,这种解决方式西方并不满意。显然,俄国人随时都能占领西柏林,而西方所能采取的唯一对策就是核战争。一些有点类似的考虑倒是不那么强硬地适用于整个西德。这样一来,德国问题变成与禁止核武器问题联系在一起:如果西方在没有关于禁止常规武器的适当保证的情况下,接受禁止核武器,那么德国对于东方的防御,即使不是不可能的,也是困难的。

至于东德,也存在德国问题——而且它在这里表现出各种新的复杂性。德意志帝国的东部被划分成两部分。东边一半给了俄国和波兰,而西边一半则给了东德的共产党政权。在给俄国和波兰的那部分,所有的德国人都被逐出。男女老少全被赶上拥挤不堪的火车运往柏林,到柏林后他们还得排着队从东站走到西站,这段路往往需花费36小时。很多德国人死在火车上和柏林的队伍中,而对于那些幸存者,却没有任何法律上的补偿。

给予东德政府的那一部分德国如何呢?东德政府是一个共产党政府,而其人民绝大多数都是反共的。东德政府是由俄国人建立的,并由他们的军队维持,以防叛乱。东德成了一座监狱,在柏林墙筑起之后,要想逃离这座监狱,只有冒着生命危险才有可能。

我们不可能指望德国会温顺地接受这种情况。过去,在给予俄国或波兰的那一部分古老的德意志帝国的土地上,居住的大部分都是波兰人,所以那一部分土地不再属于德国,应当被认为是有充分理由的,不管人们对被逐出的德国人所受的苦难持什么看法。但是如今居住在德国东部的那些德国人的处境则完全不同。东德实际上是一个被俄国人征服,并且由他们按其认为合适的方式进行统治的地区。这种情况,加上西德人所感受到的那种自然的民族同情心，是一种不稳定的情况。它所依赖的只是军队的力量。

到目前为止，我们讲的都是关于德国的事情，但是纳粹分子在他们掌权时期，在所有非德国人的心中激起了一种对德国力量难以消除的恐惧。人们有理由担心：如果德国重新统一，纳粹便会再次试图统治世界。西方各国政府显然没有这种担忧，它们一直尽力加强西德的力量，使其又能再次作统治世界的灾难性尝试。这种担忧，不能说是没有道理的。

有什么办法能确保这一问题得到公正和平的解决呢？西方可能会提议，德国应该是自由的，并且应该重新统一；而东方，可以想象，可能会同意，如果德国解除军备的话。但是，德国人绝不会同意唯独要求他们解除军备的惩罚性条件。只有全面解除军备才能使德国人接受德国解除军备的要求。这样一来，德国问题变成和解除军备问题纠缠在一起。很难想象，除了在全面解除军备的情况下重新统一之外，德国问题还有任何德国人和世界上其余人都能接受的解决办法。

第二个最难解决的领土纠纷问题，是以色列和阿拉伯人之间的问题。纳赛尔已经宣布，他的目标是消灭以色列，为了达到这一目标，他将在两年之内拥有导弹。(1964年3月16日《卫报》报道。)西方世界肯定认为不能让这种事情发生，但大多数亚洲国家，可能还有俄国，都准备消极旁观，只要阿拉伯人继续保持胜利即可。除了外部压力的结果之外，阿以双方似乎没有什么和解的希望。在这种情况下，理想的解决办法，是由联合国作出一个有关国家都会被迫采纳的决定。我不准备公开提出这种决定的条款，只是建议它应当出自联合国，而且应当得到东西方主要大国的支持。

一般说来,当一个国家出现关于该国政府究竟应该支持东方还是西方的争执时,正确的做法是,由联合国在该国进行公民投票,然后将政府交给获得多数票的那一方。目前,这是个双方都不接受的原则。在南越,美国人就不接受这一原则,但是他们却打着保护农民免遭越共侵害的旗号,以掩盖其从事反共活动的真实原因。美国对古巴卡斯特罗政府的态度很不明确。美国大部分舆论认为,整个西半球没有一个令美国反感的政府是可以忍受的。但是那部分舆论是否决定美国的行动,到目前为止仍然是值得怀疑的。在这方面,俄国同样该受责备,它违背匈牙利和东德人民的意愿,强行在匈牙利和东德建立共产党政府。如果全面解除军备,迄今为止世界各地附庸国的自决就会变得容易得多。

最终目标将是这样一个世界:在这个世界上,各国的武装力量都不超过国内安定所需要的限度,只有改革后的联合国部队才能采取跨国行动。向这一最终解决问题的方案的靠近,必须是逐步的,而且必须逐渐增强联合国,或者也许是某个独自拥有主要战争武器的新国际团体的权威。除此之外,很难看出还有任何人类可以在大规模毁灭性武器发明之后存活下去的方法。

以上所建议的改革有很多取决于联合国或某个为此目的而特地创建的新国际团体的权威。为了避免累赘,我只谈联合国,以此涵盖这两种可能性。如果联合国的权力要扩大,那么就必须借助于既中立又具国际性的教育做到这一点。这种教育必须由本身是国际性的和中立的组织来进行。现在,许多国家都有为和平而工作的全国性社团,但就我们所知,我们的基金会是第一个旨在创造一个和平世界的国际社团。其他基金会的范围是有限的——要么是全国性的,要么只是旨在处理有关和平的一两个方面的问题,或探索一两条通向和平的途径。我们会尽可能地支持它们,而且也希望它们会在我们的工作与它们的工作关系非常密切的那些领域支持我们的工作。我们也会努力消减国际争论的尖刻性,并且劝导各国政府和重要的舆论机构在批评对方时至少要保持起码的礼貌。

这个基金会的管理权将交托给一个小型理事会。这个理事会现在还不完善,但它会尽快地代表所有与战争的预防有关的利益集团。基金会得到一群赞助者的支持,他们赞成基金会的宗旨,但由于种种原因,不能参与日常工作。我们将组织一个顾问委员会,每个顾问都有一个或多个领域的专业知识。他们的专业知识将在基金会的有关工作中被倚重。基金会的总部将留在伦敦,总部还将设国际秘书处。基金会打算在不久的将来在世界各地设立办事处。最近可能要设立第一批两个办事处,一个在纽约,一个在贝鲁特。其他的办事处将在招募到合适的人员之后立即设立。这在世界上的许多地方,都是件困难的工作。许多国家的政府,虽然不敢公开鼓吹核战争,却反对在它们自己的领土上进行任何反对核战争的工作,而许多个人,虽然真心想要和平,却又不愿作出基金会的总方针似乎会使之成为可取的这种本国利益的牺牲。显然,和平的总方针必须要求处处节制,而许多爱好和平的朋友,虽然承认,除了他们自己的国家之外,其他国家的让步是件好事情,却往往不愿鼓吹他们自己国家必要的让步。愿意鼓吹这种让步,是成为国际秘书处成员和任何下属办事处主任的一个必要条件。每个下属办事处都得从普通百姓和政府当局那里搜集有关当地一切事情的情报和第一手资料。它们得根据这种资料在和平工作中的重要性，对其作出评估。而且它们得传播准确的消息，并以和平工作中令人满意的态度和行动，教育政府当局和民众。每个办事处还都有物色合适的工作人员来维持它自己那部分一般性工作和为它自己的工作和一般性工作募集经费的任务。传递消息并提出意见，以便中央秘书处能拟订出很有可能为发生争议的双方所接受的、理由充足的解决争议的方案，应是下属办事处工作的一部分。

要完成这些任务，没有相当多的经费是不可能的，雇秘书、租办公室、出差、公布调查结果等等都需要经费的支持，而且最后，当经费许可时，还要建一个我们自己的广播电台和办一份我们自己的报纸。在经费许可之前，基金会必须研究这些必需的宣传工具的各种可能性，并对勘定的设备和人员进行评估——虽然这本身并不是任务。

可见，基金会要成为我们所希望的样子，必须一步一步来，不可能一蹴而就。现存的东西只是我们所憧憬的东西的一颗小种子。我们在伦敦有一个总部。我们有一个国际性的、中立的和充满活力的小型秘书处，但是对于我们要做的工作来说实在是太小了。我们有陈述我们对各种时事问题的看法的小册子和传单。同时我们尽可能地通过在报刊上发表书信和文章来补充这些宣传手段。但是到目前为止，以这种方式所能做的还是非常有限，因为大多数报纸都反对为了确保和平而必须在某个纷扰地区所采取的行动。不过，即使现在，我们还是发现有很多我们可以完成的工作。我们可以部分靠已经公布的事实，部分靠旅行（在旅行的过程中，我们访问各国政府，了解它们的看法），收集情报资料。基金会在其存在的短短五个月中，向许多骚乱地区和相关的政府派遣了使者。我们已经收到了很多信件，部分来自世界各地的同情者，还有部分来自一些国家的领导人。从所有这些来信中，我们既获得情报资料又获得忠告。我们收到的来信中也有部分是呼吁释放世界各国的政治犯和改善各国少数民族的处境。这两方面，我们的工作已经取得了很大而且出乎意料的成就。然而，在数说基金会在这最初五个月中的成就时，我们苦于对有些事情不能具体明说。譬如说，我们正在进行的那些谈判就不能说出去，因为说出去会使谈判前功尽弃，这一点将不难理解。

如同每一个曾经试图创建一个大型组织的人都会了解的那样，我们在这早期的几个月里主要的工作是筹集资金，而且这项工作必须延续相当长的一段时间，因为我们想做的事情大多数都要相当大的花费。我们在许多国家开立账户，以支付在当地的花消。我们以各种方式筹钱，譬如出售艺术家捐赠给我们的画作和雕刻作品等等。我们正在资助一部影片。我们希望从各种舞台表演中赚到钱。但是单靠这些并不够，除非辅以个人和团体组织的捐赠。显然，我们募集的钱越多，我们实现我们的目标就越容易和有把握。我们坚信，要是有足够的资金，基金会一定能完成其所承担的这项巨大的工作。我们正在为一项伟大的事业——人类的保护——而工作。在这一工作中，想必会得到每一个人的支持。哎呀，到目前为止，事实仍并非如此。我们希望事实会及时变成如此。

与埃里希·弗罗姆的往来书信

伦敦西1区
由克拉拉·厄克特夫人转交
伯特兰·罗素勋爵收

亲爱的伯特兰·罗素：

我知道你在莫斯科会议之前一定非常忙，但是我也相信，如果我请你对于一个人——海因茨·勃兰特——的命运提供意见并给予帮助，你会谅解。勃兰特去年6月在东柏林或波茨坦被东德警方逮捕，今年5月10日在一次秘密审判中被判处服13年苦役，罪名是从事反德意志民主共和国的间谍活动。

勃兰特在希特勒时代之前就是一名德国共产党员，在希特勒的监狱和集中营里待过11年，并在集中营里受到严酷的折磨。大战后，他去了东德，在东德担任共产党的记者。后来他越来越与东德共产党格格不入，最后逃到西德，在法兰克福的一家金属工会的报社当记者。去年他被该工会派到西柏林参加一个工会会议，结果显然是被东德警方绑架或引诱到东柏林，因为没有任何一个认识他的人相信他会自愿到东德去。他的与众不同之处是，他尽管已转而反对共产主义，却并不像其他人一样，成为西德偏激的反共代言人。相反，他是为了和平，为了和苏联达成谅解，而反对西德重整军备的最有热情和激情的战士之一。虽然他的在法兰克福的工会在西德不仅是最大也是最爱好和平的工会，但他勇敢无畏的立场仍使他在许多地方树敌，然而他却为自己的理想而斗争，毫不妥协。

我知道勃兰特由于在纳粹集中营所受的折磨而变得有点神经

质,他有一个妻子和三个小孩儿,想到他目前55岁左右的年龄和他的健康状况,他被判的刑期就等于无期徒刑,或者甚至是死刑……

自从他被捕和如今被判刑以来,有许多人感到愤慨并提出抗议。当然他的案子一直被许多党派用来进行狂热的反共宣传。但是我们一直在尽力防止这种错误的利用,同时我们已发电报给赫鲁晓夫和乌布利希,要求释放勃兰特。〔这些电报上有许多美国和平主义者和主要和平工作者的签名,而且还有来自法国(克洛德·布尔代)和德国(阿本德罗特教授)的一些人士的签名。〕被判刑之后,看来他获释的唯一希望是有足够的人,来自西半球有足够影响人的人,洽请苏联人对乌布利希政府施加影响,使其赦免勃兰特,让他回到西德与家人团聚。我个人认为即将举行的莫斯科会议,是一个这种尝试的好机会。我打算以观察员的身份前往参加。不久前,我拍电报给贝尔纳教授,问他如果我去的话,可不可以提出勃兰特这个案子,他回电说可以。当然,此举成功与否取决于一个事实:有多少其他非共产党员和西方和平人士会支持这一行动? 我非常希望你也能决定予以支持。

附上西德社会主义德意志大学生联盟的宣言。W. 阿本德罗特教授、H. J. 海多恩教授、H. 布拉克迈尔和 E. 德内,也签署了类似的宣言。(你可能知道,社会主义德意志大学生联盟,正因为其反对西德重整军备的立场,被逐出了西德民主党。)

在莫斯科会议之前,我很想与你谈谈如何采取对勃兰特最有利的行动(我想你一定会去莫斯科)。请给我来一封短信,告诉我你将在伦敦待多久,什么时候到莫斯科,你去莫斯科之前或在莫斯科,能否抽出一个小时与我相见讨论一下这个案子,好吗?

你的诚挚的
埃里希·弗罗姆
1962 年 5 月 30 日
联邦区　墨西哥城 12 区
冈萨雷斯·科西奥路 15 号

附件
抄送——克拉拉·厄克特夫人

亲爱的埃里希·弗罗姆:
　　直到现在才回你 5 月 30 日的来信,在此最衷心地向你道歉。关于勃兰特的事,我将照你的意思去做。我最近收到赫鲁晓夫两封信,所以在回信中可以很容易地提及勃兰特的问题。
　　我不去莫斯科,但是我会派一个私人代表去,百人委员会也将派 4 名代表出席该会。我很想在伦敦见你。我将在伦敦待到 7 月 10 日左右,然后回威尔士。我很乐意在伦敦家中见你。你一到伦敦,请马上与我联络。祝好。

你的诚挚的
伯特兰·罗素
1962 年 7 月 1 日

致尼基塔·赫鲁晓夫

亲爱的赫鲁晓夫先生：

冒昧寄上我写给莫斯科裁军会议关于海因茨·勃兰特一案的一封信的副本给你。我希望你会同意我的看法，即就这个案子而言，采取宽恕之道将会促进和平事业。

最衷心地感谢你在我九十岁生日时寄给我的贺信，它使我十分高兴。

你的诚挚的
伯特兰·罗素
1962 年 7 月 4 日

致莫斯科裁军会议主席

先生：

我想请贵会注意海因茨·勃兰特的案子，他在东德被判服 13 年苦役。我不知道他被控的确实罪名。起初他被控从事间谍活动，但在审判时，这一罪名却被推翻。海因茨·勃兰特是一个具有奉献精神和自我牺牲精神的人，他在其整个积极的一生中，为和平事业而工作，反对西德重整军备。在希特勒掌权时期，他曾在监狱和集中营（包括奥斯威辛和布痕瓦尔德）里度过 11 个年头。对西德所有爱好和平和提倡裁军的朋友来说，他被东德当局逮捕和判刑，是一个沉重的打击，而对西德的军国主义者来说，则更有了变本加厉的理由。我确信，释放他会对贵会所关心的裁军极为有利。

我希望贵会能通过一项根据这些理由要求释放他的决议。

伯特兰·罗素

1962年7月4日

致瓦尔特·乌布利希

亲爱的乌布利希先生：

最近我荣获你的政府所颁发的卡尔·冯·奥西埃茨基和平勋章。我非常敬重奥西埃茨基的人性，而且尊重他为之而献身的目标。我强烈反对冷战和所有以冷战做交易的人，所以我感到接受授予我的这枚勋章，是件很重要的事情。

因此，你会了解导致我再次为海因茨·勃兰特而向你呼吁的动机。我先前的呼吁一直没有得到答复，令我感到非常困扰。海因茨·勃兰特曾是一名政治犯，与奥西埃茨基一起被关在集中营里。他因坚持自己的政治信念而受多年监禁之苦。我在此不提出这些信念相对优缺点的问题。我只要求你考虑一下继续囚禁海因茨·勃兰特会对改善贵国与西方的关系和缓和冷战的尝试所造成的伤害。我基于人道的立场，再次呼吁你释放这个人，如果你能来信告诉我你打算如何处置他，我将不胜感谢。

虽然我珍视奥西埃茨基勋章，但继续监禁海因茨·勃兰特，则使我处于暧昧的境地。

你的诚挚的

伯特兰·罗素

1963 年 8 月 12 日

1963 年 10 月 30 日，东德国务院的秘书写了一封长信给我，信中解释说，"间谍勃兰特"因"犯叛国罪"，已受到服 13 年苦役的"正当的判决"，刑期至 1974 年 6 月。勃兰特才服了两年刑，而这种长期徒刑，在服完一半刑期之前，不可能有条件地中止。因为该案罪行重大，没有理由"根据特赦令减刑"。赫尔·戈切的信最后下结论说："我可以断定，亲爱的罗素先生，你在深入了解之后一定也会意识到……为了人类的利益……这个案子必须不折不扣地使用刑法。"

致瓦尔特·乌布利希

亲爱的乌布利希先生：

我写这封信告诉你，我决定将卡尔·冯·奥西埃茨基和平勋章退还给你的政府。我是在为海因茨·勃兰特私下斡旋两年之后，万不得已，才这样做的。继续监禁他，是东西方之间和平共处、缓和紧张状态和相互理解的一个障碍。

我的代表金西先生最近在东柏林与贵国国务委员会的官员进行了会谈，他传达了我的意思。

我很遗憾未收到你有关这件事的回信。我希望你仍然认为可以通过特赦释放勃兰特，这对和平事业和贵国都将是一大福音。

你的诚挚的
伯特兰·罗素
1964年1月7日

亲爱的乌布利希主席：

我写这封信来告诉你，我听到海因茨·勃兰特获释的消息，非常高兴。我知道，这对贵国政府来说，不是个容易下的决定，但是我绝对相信，这个决定对贵国，对和平事业和东西方之间良好的关系，都十分有利。

我很感谢并赞同贵国这一重要的宽恕行动。

你的诚挚的
伯特兰·罗素
1964年5月29日

与托尼和贝蒂·安巴蒂耶洛斯的往来书信

亲爱的罗素勋爵：

我和我的丈夫希望很快就能访问英国，届时如果我们能与你见面，亲自感谢你多年来的支持，我们将感到非常高兴。不过，我们同时写这封短信给你，略表我们对你的深深感激和敬意。

我们将永远感谢你帮助促成托尼获释，而且我们知道，同时获释的托尼的同事，也希望我们代为向你传达他们的感激之情。不幸的是，虽然好几百人已经获释，但将近一百人仍被关在狱中。但是我们全都相信,有像你那样受人尊敬而且忠贞的朋友继续关心和支持,他们不久也将能获释。

请代向罗素夫人问好,祝福你们,并再次谢谢你。

你的诚挚的
贝蒂·安巴蒂耶洛斯
1964 年 5 月 7 日
希腊　比雷埃夫斯
菲洛诺斯路 22 号

亲爱的罗素勋爵:

我想借此短信表达我对你在支持政治犯的事业方面所作的努力深深的感激和敬意。

我们大家都非常尊重你。

请接受我个人对你所做的一切深深的谢意。

你的诚挚的
托尼·安巴蒂耶洛斯

亲爱的安巴蒂耶洛斯先生和夫人:

非常感谢你们的来信。我很乐意在威尔士或伦敦与你们见面。我已经在与帕潘德里欧联系,促使他释放其余的政治犯,并撤销最近在萨洛尼卡的指控。

谨致问候。

你的诚挚的

伯特兰·罗素

1964年5月13日

与格拉德温勋爵的往来书信

亲爱的罗素勋爵：

我从美国一回来，就读到了我的秘书签收的你9月11日的来信，非常感兴趣。真的，谢谢你寄给我有关"伯特兰·罗素和平基金会"的资料和《非洲与和平运动》这篇论文，并要我提出我的看法。我的看法如下：

总的看法是，我应当立即表明我对你的整个大前提表示怀疑。我真的不认为越来越有可能发生全面的核战争；相反，我相信越来越不可能发生全面的核战争。我并不认为，无论是美国还是苏联有丝毫这样的意向，即：将对方置于为了保护自己必须"先发制人"使用核武器的境地（如果"保护"一词在这种情况下本身并不是似是而非的）。中国人在很长的一段时间内也不可能有"先发制人"的能力，等到他们有这种能力时，他们可能也就不想"先发制人"了。我们无疑遇到了艰难，也许甚至是革命性的十年，西方必须团结一致，讨论对付这十年的明智的共同政策，否则我们可能会完全陷入平庸、无政府或野蛮的状态。如果我们确实制定出一个明智的共同政策，那么不但不会发生全面的核战争，而且我们还战胜饥荒和人口过剩的大灾难。然而，照我看来，现在一切都取决于是否能使西方团结一致。

我也不相信"偶发的战争"（虽然是完全可以想象的）是一个站得住脚的假设。因此所谓的"恐怖均势"（我说"恐怖均势"，指的是两个巨人彼此使对方遭受完全无法承受的损害甚或第二次打击的能力）可能会导致所有在其疆域内东西方武装部队有实际接触的国家保持现有的边界（有时指的是"现状"），和所谓的"冷战"，换句话说，西方的自由社会与东方的共产社会之间为扩大自己在南美、非洲和亚洲"新兴"国家中的影响而进行的斗争的继续。1958年，我在一篇叫作《紧张状态是否必要？》的论文中详细地阐述了这一总的论点，后来的一些事件大体上证实了这一总的论点。恐怖均势并不像有些人所想的那么"易破"；随着时间的推移，我个人倒认为它越来越不易破。

在"冷战"的斗争中，西方总的地位很可能由于苏联与中国之间最近意识形态的破裂而得到巩固，尽管赫鲁晓夫下台了，中苏之间意识形态的破裂似乎很可能继续存在。我甚至认为，从没有发生核战争这个意义上说，中苏之间意识形态的破裂，是仅次于俄美之间"恐怖均势"的一个有利于延长世界和平时间的主要因素。事实上，当前世界局势的主要特征（而且这是一个使人放心的特征）是，美国和俄国正在变得不太相互害怕。一方觉得其自由经济受到颠覆的可能性相当小；另一方则觉得西方"资本家"现在不可能对其发动攻击。

当然，我并不认为这一总的局势是理想的局势，或甚至是可能持续很长一段时期的局势。虽然核均势已经达成，似乎用较少的钱就能加强或甚至维持这种核均势，但大家，尤其是美国和苏联，却都用这么多的钱扩充军备，这是荒谬的。德国继续被分割，这在原则上是错误的。全面裁军显然是值得想望的，但现在可加以论证的是，在一些悬而未决的问题通过协商而得到解决，尤其是对于德国的重新统一问题进行和平谈判之前，全面裁军是不可能实现的。事实很可能是，在这些问题没有得到解决之前，双方实际上都不愿实行超越某一程度并且几乎不可能有任何保证的裁军，而且往往把缺乏进展的责任径直推在对方身上。说责任全在西方，而苏联则毫无过错，这显然是不正确的。我尤其要对你的（在关于非洲的那篇论文中的）一个说法提出质疑，你说苏联已同意裁军和接受各阶段适当的检查，你还说未能达成裁军协议，责任全在西方。事实是，虽然苏联政府已接受美苏裁军条约草案所规定的对双方各阶段该销毁的所有武器进行仔细的核查，但它们并不同意对双方剩下来的武器是否均衡进行任何核查。因此，在俄国的提议下，各阶段剩下来的兵力和武器不得超过双方同意的限额，完全没有任何保证可言。对此，美国人作出了重大的让步，即早期阶段只在几个抽样地区进行核查即可，但苏联政府到目前为止仍对这些建议充耳不闻。后来出现了关于裁军及其与双方都同意的各项原则之间的关系的整个问题，关于这个问题，苏联的意图目前尚未被充分揭露。最后，西方想要让国际维和部队（如果全面裁军，显然就需要这支部队）归一个由各方代表组合而成并且负责任的指挥部统辖，但是苏联政府为了实际的目的，坚持要将否决权引入该指挥部。

因此我也不可能同意你接下去的说法："如果我们要改变毁灭的趋势，就必须要改变西方的政策（着重号是我加的）"——而且显然只需要改变西方的政策。在古巴危机期间，你散发一份名为《不要因为古巴而发生核战争》的传单,该传单开头一句话是"你们将死去"。看来,除非在你的领导下能动员舆论以改变美国的政策,这样好让苏联政府在古巴建立用来对付美国的核导弹基地,否则我们就会死去。幸好没有人理会你的宣言:俄国人放弃了他们的自杀政策;而肯尼迪总统则以其决心和远见挽救了世界。我们并没有死去。我们大家总有一天会死,但我认为,我们不会在西方想象的大屠杀中死去。诚然,人这种动物具有食肉兽的许多特性,但幸好没有旅鼠的自杀倾向。我们在这个世界上,想要的是更多的爱和更少的恐惧。虽然我非常尊敬你,但我并不认为你所从事的运动对这两个目标有任何贡献。

这些对于我们的人民,甚至对于人类来说,都是重要的事情。我希望你有一天会准备在上议院提出你的建议,好让有才智的人加以仔细审议。同时,我建议我们同意将这封信连同你的回信一起发表,如果你确实觉得有必要回信的话。

你的诚挚的
格拉德温
1964 年 11 月 3 日
伦敦　中东 2 区
格雷沙姆街 30 号

亲爱的格拉德温勋爵:

谢谢你 11 月 3 日带有推理的长信。我来一一回答你的论点。

一、你指出,俄国与西方之间发生核战争的危险比几年前小了。关于北大西洋公约组织与华沙条约组织成员国之间发生直接冲突的危险,我同意你的看法,是减小了一些。但是,又产生了新的危险。自从广岛事件以来,东西方列强全都认为,由于新的强国成为核大国,核战争的危险增大了。但是人们却没有采取任何措施阻止核武器的扩散。法国、比利时、印度、中国和巴西已拥有或即将拥有核武器。至于中国,你说中国在很长一段时间内不可能具有"先发制人"的能力,但我看不出有任何理由相信这一说法。西方以前就认为俄国要很长一段时间才会拥有原子弹。当俄国拥有原子弹时,西方认为俄国要很长一段时间才会拥有氢弹。结果这两个预料都是错觉。

你认为出现偶发的战争可能性极小,因此可以忽略。然而,因错误而发生战争的可能性是存在的。已经有好几次,因为错把月亮当作苏联的飞机,或诸如看错雷达信号之类的错误,差一点发生战争。我们不能认为,这种错误未必不会迟早被及时发现。

再说,核导弹越多,发生核意外事件的危险也就越大,这是一个简单的数学统计学问题。大量的火箭和其他导弹,随时待发,并且依赖机械装置和极短的余裕时间,所以发生意外的几率很高。任何保险公司都会证实这样一种情况:有关因素与诸如汽车运输或民航等民间活动有关。从这个意义上说,容许这种武器装置继续存在,发生意外战争的危险就会与日俱增。这种危险也不完全是机械方面的危险:人,即使经过严格筛选和受过专门训练,当其处于极度紧张和注意力高度集中的状态(现在许多与核武器打交道的人就处于这种状态)时,很容易患歇斯底里症和各种癫狂症。

另一个危险是美国的一些非常有势力并且喜欢冒险的大集团

的存在。美国政府在攻击北越军队方面一直冒着很大的风险。在最近的选举中,百分之四十左右的选民投票选戈德华特,他曾公然鼓吹战争。好战的集团随时可以制造像 U-2 飞机这样的事件(该事件使得戴维营的和解气氛荡然无存)。

在评估一个政策是否明智时,不仅必须考虑造成坏结果的可能性,而且还必须考虑结果会坏到什么程度。人类的灭绝是有可能造成的最坏结果,而且,即使造成这一结果的可能性很小,它的灾难性也应成为制止任何容许这一可能性存在的政策的一个因素。

二、你承认目前世界的情况不理想,并提出,使其好转的唯一方法是西方的团结。你的来信似乎暗示:这一团结可以通过西方各国盲目地遵从一个政策而得以实现。这种团结在我看来并不值得想望。你似乎认为西方应该坚持的政策——支持美国目前在南越的战争以及美国在刚果和拉丁美洲的经济扩张的政策——确实无法避免陷入你说你最想避免的平庸、无政府或野蛮的状态。

美国正在越南进行一场战争,在这场战争中美国容忍并指导对装备原始落后的农民所施的各种兽行。剖腹取肠、切胳膊剁腿、用燃烧弹进行大规模轰炸、摧毁该国百分之七十五以上的村庄、将八百万人送进拘留营,成了这场战争的特征。这种行径不能说是对平庸、无政府或野蛮状态有条不紊的防御。美国本身就有许多人反对这场战争,但是美国政府坚持要把这场战争继续进行下去。你所鼓吹的团结在促使美国政府改变其政策方面起不了什么作用。美国在刚果的政策看来也同在越南的政策一样残酷。西方各国并没有显示出支持那里的其他任何政策的迹象。(随信附上两本论述越南和刚果问题的小册子给你,以防万一你没有看过。)

然而,诸如我完全相信可以通过世界政府实现的那种全球团结,则是世界和平所必需的。

三、你对我加以批评,理由是,我似乎总是责备西方,总是认为苏联无辜。这绝不是事实。斯大林在世时,我认为他的政策可恶。最近,我强烈抗议俄国在《禁止核试验条约》签订之前所进行的核试验。目前,我正忙于指出犹太人在苏联所受到的虐待。只是在某些方面(古巴是其中最重要的例子),我认为最该责备的是美国。

四、你对古巴危机的评论,在我看来,完全是骇人听闻。你说古巴危机之所以能得到解决是因为"俄国人放弃了他们的自杀政策;而肯尼迪总统则以其决心和远见挽救了世界"。我认为,这完全与事实相反。俄国和美国的政策都有可能直接导致核战争。赫鲁晓夫看出这一危险后,便放弃了他的政策。肯尼迪没有放弃他的政策。让人类得以继续生存的是赫鲁晓夫,不是肯尼迪。

除了危机的解决之外,要不是有战争的危险,俄国对古巴的政策是正当的,而美国对古巴的政策则纯粹是帝国主义政策。古巴建立一种美国不喜欢的政府,而美国认为,它不喜欢是企图以武力改变古巴政府性质的正当理由。我不想为在古巴的土地上部署导弹找正当的理由,但我不知道西方怎么能够为其反对这些导弹找出正当的理由。美国在金门、马祖、台湾、土耳其、伊朗,以及建有核基地的中国和苏联的所有周边国家部署了导弹。我觉得有意思的是,你说苏联政府正在古巴建有核防护设施的核导弹基地,尤其是因为无论是麦克米伦先生还是霍姆勋爵,都没有说过古巴的导弹是核导弹,装有核弹头,或在古巴的土地上同时有核弹头存在。

鉴于猪湾的冲突,我们不能坚持认为古巴没有试图自卫的理由。鉴于肯尼迪对危机过后返国的古巴流亡分子所说的话,我们不能说古巴仍然没有理由。

你说到"自由世界"。古巴似乎是个恰当的实例。西方似乎比东方自由不了多少。

你提到我的传单《行动或灭亡》。这是危机达到最高潮,大多数消息灵通人士都预料全世界的人将在几个小时之内死亡的情况下写的。危机过后,我已不再认为这类强烈的语言是适当的,但是作为当时正确看法的一种表达,我仍然认为它是对的。

五、你说这个世界需要的是更多的爱和更少的恐惧,这我非常同意。你认为这个目标要靠恐怖均势来达到。只要恐惧均势的理论占优势,就会不断有新的发明,这些发明会增加军备开支,直到双方都陷入贫穷的境地,这不是明摆着的吗?恐惧均势是由两个军备开支庞大的武装集团所构成,每一个都对对方说:"我想要消灭你,但我怕如果我这样做,你会消灭我。"你真的认为这是促进爱的方法吗?如果你并不真的这样认为,那么,你要是指出你认为可行的方法就好了。关于这方面你只是说,除了裁军之外,你看不出有其他任何方法,但是除非各种政治问题先得到解决,否则裁军并不可行。

我本人的看法是,裁军现在就可以进行。你也许知道菲利普·诺埃尔-贝克的小册子——《通向世界裁军的道路——现在!》。在这本小册子中,他准确而又客观地记下了裁军谈判的实录。我随信附上一本给你,以防万一你不知道。他除了发表其他的言论之外,还说苏联的提议使得在裁军的所有阶段都有许多核查人员在苏联的领土上核查。1955年,苏联完全接受西方的裁军提议。西方却在苏联接受时马上收回其提议。强烈要求裁军的绝非只是西方,中国也一再要求裁军,最近的一次就在几天前。

至于目前武器生产计划的花费,我当然同意你的看法。列强的武器生产花费,超过三大洲——非洲、拉丁美洲和亚洲——的国民生产总值。

我也承认,如果各种政治问题先得到解决,裁军就会比较容易实现。正是因为这个原因,我写信告诉过你的和平基金会,目前正忙于调查这些问题,并与直接有关的各方进行商讨,希望与他们一起想出可以接受、可以实行的解决办法。而且正是为了增加世界上的爱和减少世界上的恨,基金会正致力于解决与政治犯、因政治统治和官僚作风而分离的家庭成员,以及不幸的少数民族有关的问题。基金会在其成立后的第一年,在所有这些方面都取得了出人意料的、相当大的成功。

至于发表,我非常愿意将你我的信全文发表。

你的诚挚的
罗素
1964年11月14日
普拉斯·彭林

附上:
《越南和老挝》 伯特兰·罗素和下议院议员威廉·沃比 著
《通向世界裁军的道路——现在!》 菲利普·诺埃尔-贝克 著

《非武装的胜利》 伯特兰·罗素 著

《冷战与世界的贫穷》 伯特兰·罗素 著

《伊朗的自由》 K. 扎基 著

《南阿拉伯半岛的压迫》 伯特兰·罗素 著

《刚果——一出悲剧》 R. 舍恩曼 著

自此信寄出后,我一直没有收到格拉德温勋爵的回信。据我所知,他一直没有将以上的两封信公开发表。

关于 J. F. 肯尼迪总统被刺事件的十六个问题

关于 J. F. 肯尼迪总统被刺事件的官方说法充满了矛盾,因此已被放弃并重拟了不下三次。明显的捏造得到了大众媒体非常广泛的报道,而对于这些谎言的驳斥却未见发表。照片、证据和宣誓陈述书已被改得面目全非。一些不利于李·哈维·奥斯瓦德的最重要的案情陈述被全面封锁。同时联邦调查局、警方和特工处试图封住主要证人的嘴,或教他们如何作证。涉及此案的其他人不是失踪,就是死于非命。

需要注意的就是诸如此类的事实,而且沃伦委员会本来就应当认为它们是极其重要的。虽然我是在《沃伦委员会报告》公布之前写这篇文章的,但是泄露给新闻界的消息已使得该报告的大部分内容可以预料。由于沃伦委员会的委员都是一些高官,而且它是约翰逊总统指定组成的,所以,该委员会被广泛地看作是一个由一些被任命来宣布事实真相的圣洁之士组成的组织。然而对该委员会的构成和行为进行公正的考察之后,人们就会发现完全不是那么回事。

　　沃伦委员会根本不能代表美国人民。该委员会的委员有：两位民主党党员,佐治亚州参议员拉塞尔和路易斯安那州众议员博格斯,两人的种族主义观点给美国带来了耻辱；两位共和党党员,肯塔基州参议员库珀和密歇根州公议员杰拉尔德·R.福特,后者是当地戈德华特运动的领导人,前联邦调查局的成员,在华盛顿以该机构的发言人知名；前中央情报局局长艾伦·杜勒斯；麦克洛伊先生,他被称为商界发言人。由于在参议院里领导议员对民权法案进行议事阻挠,参议员拉塞尔在这段时间里不能参加单向听证会。正当地博得尊敬的美国最高法院院长厄尔·沃伦,最终很不情愿地被说服担任该委员会主席,他的加入尤其有助于使委员会增添合法和权威的气息。然而该委员会的许多委员同时也是极力歪曲和隐瞒肯尼迪总统被刺案事实真相的那些团体的成员。由于他们与政府的关系,如果奥斯瓦德接受审判,根据美国法律,他们谁也不会被允许担任陪审员。难怪最高法院院长自己就说:"你们可能一辈子都无法了解全部事实真相。"因此,我的第一个问题是:为什么沃伦委员会的所有委员都与美国政府有密切关系？

　　如果该委员会的构成是可疑的,那么其行为则进一步证实了人们最大的忧虑。任何一个律师都不许为奥斯瓦德辩护,因此反诘问被摒除。后来,在压力之下,该委员会指定美国律师协会会长、亚利桑那州戈德华特运动的领导人之一沃尔特·克雷格代表奥斯瓦德。据我所知,他不参加单向听证会,而是满足于派遣观察员代表参加。以国家安全为借口,该委员会的听证会都秘密举行,借以继续其在该案中一以贯之的政策。这引起了我的第二个问题:如果,像有人告诉我们的那样,奥斯瓦德是个人单独作案的刺客,那么哪里有什么国家安全的问题?在这里甚至还必须明确地提出以前在法国德雷福斯案调查期间曾提出过的那个问题:如果政府对其诉讼那么有把握,为什么它所有的调查都在极其保密的情况下进行?

开始时,该委员会委派六个专题小组进行调查。它们考虑:(1)奥斯瓦德在1963年11月22日那天做了些什么?(2)奥斯瓦德有什么背景?(3)奥斯瓦德在美国海军陆战队时做了些什么,在苏联时又做了些什么?(4)鲁比如何射杀奥斯瓦德?(5)鲁比有什么背景?(6)11月22日那天对总统采取了什么保护措施?这引起了我的第四个问题:为什么沃伦委员会不委派一个专题小组调查"谁射杀肯尼迪总统"的问题?

提供给该委员会的所有证据都被列为"最高机密",甚至包括公开举行听证会的请求。尽管如此,该委员会自己还是将大部分证据泄露给了新闻界,虽然只是当证据有助于证明奥斯瓦德是个人单独作案的刺客时才将证据泄露了出去。例如,最高法院院长沃伦,在奥斯瓦德的妻子玛丽娜作过证之后,举行了一个记者招待会,会上他说,她作证说她相信她的丈夫是刺客。在奥斯瓦德的哥哥罗伯特作证之前,他得到该委员会的同意,绝不对他所说的话进行评论。在他作了两天证之后,艾伦·杜勒斯留在听证室里,而几个新闻界的人则进了那个屋子。第二天各报充满了关于"该委员会的一个委员"告诉新闻界罗伯特·奥斯瓦德刚作证说他相信他的弟弟是苏联特务的报道。罗伯特·奥斯瓦德因此而感到愤慨。他说,只要有人编造和歪曲他的证词,他就不可能保持沉默。他从未说过这样的话,而且他绝不相信他的弟弟是苏联特务。他只是告诉委员会:他相信他的弟弟与肯尼迪总统被刺事件毫无关系。

该委员会所采用的方法确实很糟糕,但重要的是要向沃伦委员会的整个角色提出挑战。它说它不会自己进行调查,但它依靠的却是现有的政府机构——联邦调查局、特工处和达拉斯警方。因此,对沃伦委员会的信任以对这三个机构的信任为先决条件。为什么那么多自由主义者放弃了他们自己对一个他们拒绝考察其情况的委员会的责任?

我们都知道,11月22日那天在达拉斯对美国总统采取了最严密、最精到的安全预防措施。该市以暴力闻名,而且是美国一些最极端的右翼狂热分子的家乡。1960年,林登·约翰逊先生和夫人在那里遭到袭击,当时林登·约翰逊先生是副总统候选人。艾德莱·史蒂文森在肯尼迪访问前仅仅一个月在该市演讲时也曾受到身体上的攻击。11月22日早晨,《达拉斯新闻晨报》刊登了一幅把肯尼迪总统和共产主义联系在一起的、占整版篇幅的广告。该市到处贴满招贴,招贴上是肯尼迪总统的照片和"叛国通缉犯"的标题。达拉斯颠覆分子名单上有23人,奥斯瓦德排名第一。那天,除了奥斯瓦德以外,所有的颠覆分子都受到跟踪。为什么当局将每一个曾公开发表言论赞成废止达拉斯公立学校种族隔离制度的人视为潜伏的刺客而加以跟踪,却未能注意到奥斯瓦德带着一支超过四英尺长的来复枪(根据官方所说)进入书库大楼?

肯尼迪总统所坐的汽车通过达拉斯的行进路线很多人都知道,而且刊登在11月22日的《达拉斯新闻晨报》上。在最后一刻,特工处稍微改变了原先的计划,总统所坐的汽车驶离主街,转入休斯顿街和榆树街。这一改变使得总统所坐的汽车经过据称奥斯瓦德开枪朝他射击的书库大楼。奥斯瓦德怎么知道这一改变始终没有得到解释。为什么总统所坐的汽车的行进路线在最后一刻突然改变而使总统经过奥斯瓦德开枪的地方？

在总统遇刺和奥斯瓦德被捕以后，官方很快作出判断：奥斯瓦德是刺客，而他是一个人独自行刺。官方未曾试图逮捕其他人，这一地区的周围没有设立任何路障，达拉斯地方检察官韦德先生向新闻界宣布一切有助于证明奥斯瓦德有罪的证据。这样一来，在奥斯瓦德有任何受审机会之前，已有数百万人对他存有偏见。官方宣布的第一种推测是：奥斯瓦德开枪时，总统的汽车是在休斯敦街上快到书库大楼的地方。在可获得的照片和目击证人证明这一说法完全不真实以后，这种推测便被放弃，然后又提出一种新的、确定总统的汽车的正确位置的推测。

然而，在此之前，地方检察官韦德却已宣布：在搜查奥斯瓦德在达拉斯的居室后的第三天，在他的居室发现了一张地图，地图上书库大楼的位置被圈了起来，而且在大楼与休斯敦街上的一辆汽车之间画了数条虚线。当第一种推测被证明是错误的之后，美联社在11月27日发布了如下电讯："达拉斯当局今天宣布，根本没有发现什么地图。有关地图的任何说法都是错误的。"

第二种推测正确地确定了总统的汽车是在榆树街过了书库大楼50至75码处，但这种推测必须对以下难题作出合理的解释：肯尼迪总统是被人从正面射中喉部的。奥斯瓦德怎样设法从背后射中总统的正面？联邦调查局为《生活》杂志举行了一系列背景情况介绍会，《生活》杂志在12月6日那一期上解释说，总统正好完全转过身去时被射中。这也很快被证明是完全不真实的。这一解释被几个目击者和一些照片所否定,而且《生活》杂志自己前一期刊登出来的照片也显示总统中弹时是面朝前方。第二种推测又被放弃。

为了保住官方一切想法的基础——奥斯瓦德是个人单独作案的刺客,现在必须作出为自圆其说不惜改变医学证据的第三种推测。在案发的第一个月当中,从来没有一个特工处特工找曾在帕克兰纪念医院设法挽救过肯尼迪生命的三位医生谈过话。现在却有两个特工花了三个小时同这三位医生交谈,说服他们承认他们完全弄错了:肯尼迪总统喉部的伤口是子弹穿出处,而不是射入处,而且子弹并没有往下穿入肺部。当记者问为什么他们会错得这么离谱时,麦克莱兰医生提出两个原因:他们没有看过验尸报告——以及他们不知道奥斯瓦德是在总统后面!特工处告诉他们,验尸报告表明肯尼迪是被人从背后开枪打死的。然而,特工们拒绝向这三位医生出示验尸报告,这三位医生后来的说法完全是根据特工处就这一建议所说的话。这三位医生明确表示,他们被禁止谈论此案。改写医学证据的第三种推测,保住了不利于奥斯瓦德的案情陈述的基础。为什么将有关总统死亡的医学证据改得面目全非?

虽然官方说奥斯瓦德从背后射杀肯尼迪总统,但有许多目击者仍然深信子弹来自前方。这些目击者当中有两位《沃思堡电讯星报》的记者、四位《达拉斯新闻晨报》的记者、两位当时站在书库大楼前面的人——书库经理和那家商行的副总裁。当时好像只有两个人马上进入书库大楼,一个是那位书库经理罗伊·S. 特鲁利,另一个是警官西摩·韦茨曼。这两个人都认为子弹来自总统所坐的汽车的前方。韦茨曼先是朝前方跑,后"有人"告诉他子弹来自书库大楼,因此他又回头向书库大楼奔去。特鲁利陪他进去是为了帮助他了解书库大楼内部的格局情况。然而,达拉斯警察局局长杰西·柯里先生说,他当时马上就深信子弹来自书库大楼。虽然还是有人相信他的这种说法,但到目前为止他一直都是勉强地这样说的。我们还知道,达拉斯警方电台发出的最初通报说:"子弹来自肯尼迪总统所坐的汽车前方的一座三岔立交桥。"另外,有人还考虑到这样一个事实:第一声枪响之后,为总统开车的特工人员几乎完全将总统的汽车刹住,如果子弹真的来自后面,受过训练的司机不可能作此反应。负责那天特工处警卫工作的罗伊·凯勒曼先生当时就坐在总统的车上,在枪声响起时,他确实是面向前方。特工处已把汽车上的证据全都拿走了,因此不可能再察验破碎的挡风玻璃。有什么证据可以证明肯尼迪总统是被人从后方射击的说法?

在犯罪现场拍下来的照片可能是最有用的。一位开枪时正好站在总统汽车左边的小姐,拍下了射击之前和射击时总统汽车的照片,因此也有可能拍下书库大楼正面的全景。两个联邦调查局探员立即从她的相机中取走了胶卷,至今仍拒绝让她看她拍摄的照片。为什么联邦调查局拒绝公布可能是整个案子最可靠的证据?

在这一点上,不能得到官方所说的各种凶器的照片原件,也是值得注意的。当《时代》杂志发布奥斯瓦德被捕的照片——仅见的一张——时,整个背景全被消掉了,至于个中原因,至今未见解释。

我想不出还有其他任何事件像奥斯瓦德案一样，照片被做手脚到这种地步。

进入书库大楼的韦茨曼警官在宣誓陈述书上说，他在六楼发现了所谓的那支行凶的来复枪。（最初官方宣布那支来复枪是在五楼找到的，但很快又改口了。）那是一支德国造、口径为7.65毫米的毛瑟枪。后来第二天，联邦调查局发布第一号公告。奥斯瓦德在1963年3月购买了一支意大利造、口径为6.5毫米的卡宾枪。为了与联邦调查局的说法相一致，地方检察官韦德立即改变奥斯瓦德的武器的制造国和口径。

报刊上发表过几张所谓凶器的照片。2月21日，《生活》杂志在其封面上刊登了一张"携带后用来射杀肯尼迪总统的凶器的奥斯瓦德与蒂皮特警官"的合影。在第80页，《生活》杂志说明这张照片摄于1963年3月或4月。根据联邦调查局的说法，奥斯瓦德的手枪是在1963年9月购买的。《纽约时报》刊登了一张警察正在将所谓的凶器带进达拉斯警察局的照片。这支来复枪完全不一样。专家们说《生活》杂志上的那支来复枪的扳机根本不可能扣得动。《纽约时报》也刊登了《生活》杂志的那张照片，但是略去了望远镜瞄准具。3月2日，《新闻周刊》使用同一张照片，但照片中是一支全新的来复枪。后来4月13日，《生活》杂志的拉丁美洲版在其封面上刊登了2月21日美国版的那张照片，但在同一期第18页上却刊登了改换来复枪的那张照片。为什么数百万人会受新闻界彻头彻尾的造假的误导？

关于枪击事件的另一个虚假的消息，是美联社11月23日发自洛杉矶的一则电讯。这则电讯报道了奥斯瓦德从前在海军陆战队时的长官,他说奥斯瓦德是个神枪手,而且性子很急。这则电讯在各地报纸上刊登出来。三个小时后,美联社发出一则更正电讯,取消发自洛杉矶的那则电讯。那位军官查阅了奥斯瓦德的档案记录,结果发现,他说的是另外一个人。他根本不认识奥斯瓦德。据我所知,至今还没有一家大的报刊刊登过这则更正电讯。

达拉斯警方对奥斯瓦德的脸和双手进行石蜡试验,以证实他在11月22日使用过枪支。达拉斯警察局局长杰西·柯里于11月23日宣布,试验结果"证明奥斯瓦德是刺客"。负责调查该案的达拉斯-沃思堡地区联邦调查局主任说:"我看过石蜡试验。石蜡试验证明奥斯瓦德的脸和手上都有硝酸盐和火药。这证明他在11月22日使用过来复枪。"这种不可靠的试验不仅不能证明任何这样的事情,而且后来有人发现,奥斯瓦德的脸部试验结果实际上是否定的,也就是说,那一天他不可能使用过来复枪。为什么石蜡试验的结果在当局宣布之前被更改了呢?

大家可能还记得,奥斯瓦德最初被逮捕,并被指控谋杀巡警蒂皮特。蒂皮特是在11月22日下午1点零6分被杀的,杀他的人先与他交谈,然后使他走出他原先在里面坐着的警车,用手枪射杀他。声称自己是这一罪恶行径的唯一目击者的海伦·L.马卡姆小姐,向达拉斯警方描述了袭击者的长相。她在宣誓陈述书上签了字后,联邦调查局、特工处和许多警官指示她不可与任何人谈论此案。宣誓陈述书上对凶手唯一的描述是:他是一个"年轻的白人"。马卡姆小姐后来透露说,凶手径直向她跑来,从她身边跑过,手中挥舞着手枪;而且她把她向警方说过的关于凶手长相的话又复述一遍。她说,凶手"矮胖,一头稠密的头发"。(警方对奥斯瓦德长相的描述是：中等身高，或略高一点，身材瘦削，一头前额已秃的金发。)马卡姆小姐的宣誓陈述书是指控奥斯瓦德谋杀巡警蒂皮特的唯一根据，然而地方检察官韦德却宣称："我们所掌握的可以证明奥斯瓦德杀害蒂皮特的证据要多于我们所掌握的可以证明他杀害肯尼迪总统的证据。"他接着又说，奥斯瓦德谋杀蒂皮特的罪证是绝对有说服力的罪证。警方为什么故意把对杀害蒂皮特的凶手长相的唯一描述从唯一目击者的宣誓陈述书中删去？

在肯尼迪总统被刺后才12分钟，达拉斯警方就将对奥斯瓦德长相的描述广播了出去。这引起了谋杀案当中最怪异的一个问题：为什么巡警蒂皮特是在11月22日下午1点零6分被射杀，而达拉斯警方电台却在中午12点43分就以奥斯瓦德涉嫌谋杀蒂皮特的名义，将对奥斯瓦德长相的描述广播了出去？

根据为纽约《美国人日报》撰文的鲍勃·康西丁先生所说，另外还有人听见朝蒂皮特射击的枪声。沃伦·雷诺兹听见街上从附近一个房间射出的枪声，他跑到窗口看见凶手跑掉了。雷诺兹本人后来被一个步枪手射穿头部。一名男子因这一犯罪行为而被捕，但他提出自己不在犯罪现场的证据。他的女朋友贝蒂·穆尼·麦克唐纳告诉警方，雷诺兹被人射杀时，她跟那名男子在一起。达拉斯警方立即撤销对他的指控，甚至在雷诺兹恢复知觉能够指认射杀他的凶手之前就把那名男子放了。那名男子立即失踪，两天后，达拉斯警方以某个小小的罪名拘捕贝蒂·穆尼·麦克唐纳，然后宣布她在警方拘留所里上吊自杀。根据康西丁先生所说，她是杰克·鲁比的夜总会的一名脱衣舞舞女。

另一位在奥斯瓦德案中得到特殊待遇的证人是他的妻子玛丽娜。她在她丈夫还活着时被带到监狱,警察局局长杰西·柯里拿出一支来复枪给她看,问她那是不是奥斯瓦德的枪。她回答说,她相信奥斯瓦德有一支来复枪,但是那支枪看起来不像是奥斯瓦德的。她和她的婆婆在肯尼迪总统被刺事件发生后处于极大的危险中,因为公众随时都有可能对她们采取报复行动。在这段时间里,她们得不到任何一位警官的保护。然而,奥斯瓦德一被杀,特工处立即违背这两位妇女的意愿,非法将她们扣押。三天后,她们被隔离开来,此后人们再也没有见到过玛丽娜。在被拘禁了九周,几乎天天受联邦调查局和特工处审讯之后,她终于向沃伦委员会作证,根据厄尔·沃伦的说法,她说她相信她的丈夫是刺客。最高法院院长接着又说他们打算在第二天拿出凶器给奥斯瓦德夫人看,而且沃伦委员会颇相信她会指认那件凶器是她丈夫的。第二天,厄尔·沃伦宣布,此事真的发生了。奥斯瓦德夫人仍然在特工处的监护之下。用这种方式将一个证人隔离九个星期,并由特工处对她反复加以审讯,这不由得使人联想到其他国家的警方行径,那里的这种行径被称之为"洗脑"。厄尔·沃伦为什么能够预见到玛丽娜·奥斯瓦德的证词会与她原先所相信的恰恰相反?

在鲁比枪杀了奥斯瓦德之后,地方检察官韦德发表有关肯尼迪总统被刺事件发生后奥斯瓦德行踪的声明。他解释说,奥斯瓦德上了一辆公交车,但是他所说的奥斯瓦德上车的那个地点,与公交车司机在宣誓陈述书上所说的地点,差了七个街段。韦德接着又说,奥斯瓦德后来上了一辆计程车,计程车的司机叫达里尔·克里克,他已在宣誓陈述书上签字。后向城市交通公司查询,发现达拉斯并没有这样一位计程车司机。有人提出这一证据后，韦德就将计程车司机的名字改为威廉·瓦莱。韦德在达拉斯当了14年地方检察官，在此之前是联邦调查局的一名探员。依地方检察官韦德丰富的经验，怎么来解释他对自己在奥斯瓦德案调查期间宣布的证据和证词所作的一切不寻常的更改？

这些只是肯尼迪总统被刺事件的官方说法和对整个奥斯瓦德案的处理方法所引起的一些问题而已。十六个问题并不能取代对这个案子所有因素的全面调查，但是我希望这十六个问题表明这种调查的重要性。我很感谢纽约刑事律师马克·莱恩先生，因为本文的大部分材料都是他提供的。他是奥斯瓦德的母亲为奥斯瓦德聘请的一位刑辩律师。莱恩先生的调查仍在继续进行，它应得到广泛的支持。为了这样一个目的，纽约市成立了一个平民调查委员会[①]，而且欧洲也在成立类似的委员会。

在英国，我邀请知识界的名人参加"谁刺杀肯尼迪"委员会，该委员会目前由以下人员组成：剧作家约翰·阿登先生；议会议员安东尼·韦奇伍德·本的妻子，来自辛辛那提的卡罗琳·韦奇伍德·本夫人；联合国粮食和农业组织前任理事长，诺贝尔和平奖获得者博伊德－奥尔勋爵；出版家约翰·考尔德先生；设菲尔德大学英国文学教授威廉·燕卜荪；议会议员迈克尔·富特先生；《新政治家》前总编辑金斯利·马丁先生；作家康普顿·麦肯齐爵士；剧作家和作者J. B. 普里斯特利先生；艺术评论家赫伯特·里德爵士；电影导演托尼·理查森先生；萨瑟克主教默文·斯托克伍德博士；牛津

[①] 纽约州纽约市第五街156号422室（电话：YU 9-6850）。

大学近代史钦定讲座教授休·特雷弗－罗珀；国家剧院文艺经理肯尼思·泰南先生；以及我本人。

我极其严肃地看待这个问题。各国驻美使馆很早以前就向华盛顿报告，世界各地人士不相信美国官方对奥斯瓦德的指控属实，但美国新闻界对此却从未反映。美国没有哪个电视节目或哪家发行量很大的报纸向所有断言——奥斯瓦德是刺客，而且他单独行动——的永恒基础提出挑战。这是有待于美国人民去完成的一项任务。

工党的外交政策

伯特兰·罗素于1965年2月15日
在伦敦经济学院发表的演说

在发表演说之前（演说词从本页背面开始），罗素勋爵就越南局势发表以下紧急声明：

"就像古巴危机发生时一样，世界已濒临战争的边缘。美国对北越的攻击是不顾一切的海盗式疯狂行为。南越人民希望他们的国家中立和独立。美国，在一场想要完全控制南方的战争中，攻击北方的主权国家，因为南越全体人民的抵抗已使美国的企图受挫。

我们必须要求重新召开日内瓦会议，立即进行谈判。我号召全世界的人都到美国驻各国大使馆去抗议。而在英国，我们必须用集会、游行、示威和其他一切抗议方式，抨击工党政府对美国疯狂行为怯懦而可憎的支持。

如果现在不制止这场侵略战争，世界将面临总体战争。这一问题必须在不引发核战争的情况下解决。这只有通过现在全世界对美国的强烈抗议,才可能实现。美国认为一个完全摆脱美国控制的独立的越南比核战争更坏,这是丧心病狂的想法。如果允许美国为所欲为,让它残酷的企图得逞,那么全世界将沦为美国的奴隶。

美国再一次将人类带到世界大战的边缘。

美国再一次宁可冒毁灭人类的危险也不屈从于共同意志。

除非现在立即制止美国,否则将会危机连绵,直到世人感到完全厌倦而决定自杀。"

我这次演讲的目的,是要检讨工党在大选之前的外交政策和工党政府在国际政治方面的政策之间的关系。首先,我想使你们回想起去年9月的《工党宣言》中题为《对于和平的新展望》的那一节——差不多是最后一节——的序文。我根据的是9月12日的《泰晤士报》。

这篇序文一开始非常扼要地回顾了1945年以来的东西方关系,并说即使是在"最阴森恐怖的时期……工党也总是把冷战看作是次于最好的策略……而且长期以来始终保持着自己的信念,相信东西方之间合作关系的建立,是实力已然加强的联合国朝世界政府发展的基础。"

这篇序文严厉批评保守党政府的守旧政策,尤其是保守党在缓和紧张局势和遏止核武器扩散方面的失败。"工党政府将尽一切可能纠正这些政策。"

工党的那篇宣言接着谈到为"缓和紧张局势"所采取的方法。它说:"首先,我们要在裁军方面采取主动。我们确信,现在是裁军谈判中实行新的突破的大好时机,放弃原本不多的资源和极其缺乏的人力而使之用于提高全世界的生活水平。"

"我们将任命一位大臣在外交部专门负责裁军方面的事务,以便与我们的朋友和盟邦一起在裁军委员会里采取新的主动。"

它说:"我们已提出建设性的建议:
(1)遏止核武器扩散。
(2)在非洲、拉丁美洲和中欧建立无核区。
(3)有节制地削减兵力和武器。
(4)制止私售武器。
(5)建立一个国际裁军机构,以监督裁军条约的执行。"

工党政府的确任命了一位大臣在外交部专门负责裁军方面的事务,甚至还成立了一个由伦敦经济学院的一位国际关系高级讲师领导的武器管制和裁军研究单位。工党政府确实为裁军、防御和攻击的各个方面任命了许多新大臣,成立了许多新部门,多得令人分不清谁负责什么部门、什么事务。

至于工党所提出的这五条建议,据新闻界告诉我们的,无一付诸实行。工党政府非但没有采取任何措施遏止核武器扩散,反而做出完全与此相悖的事情。它也没有采取任何措施有节制地削减兵力和武器——它拒绝接受任何裁减驻德英军的建议。拉帕茨基先生所提出的在中欧建立无核区的建议似乎也没有什么结果。中国所提出的在亚太地区建立无核区的建议——甚至可以说是请求——也遭不屑一顾的蔑视。据我所知,工党政府没有采取任何措施制止私售武器,也没有成立国际裁军机构。

在工党的那篇宣言中再往下几行,出现下面这样一句话:"工党将信守其终止向南非供应武器的诺言。"该宣言说:"对所有国家的这种悲惨处境,英国都不可能袖手旁观。"这话说得多漂亮!而且有先前的漂亮话加以支持:1964年1月26日的《星期日泰晤士报》报道,巴巴拉·卡斯尔夫人在谈到南非可能向英国订购"大猎犬"轰炸机时说,"如果在大选之前下订单,我们就会尽力加以阻止。"过去,威尔逊先生一直把与南非的武器交易称作是"这些镇压性武器的这种血腥交易",并且号召英国人民"立即采取行动加以阻止"……。然而在1964年11月25日,威尔逊先生却宣布,工党政府决定信守保守党执政时期签订的合约,将16架"海盗"攻击机售交南非。

在我所引的这五条建议之后,该宣言说:"为了进一步缓和紧张局势,工党政府将积极地促使共产党中国在联合国中居于适当的地位;同时将竭尽全力把东西方贸易发展成和平共处最坚实的经济基础。"自从工党执政以来,英国在促使中国加入联合国方面毫无成就可言,也没有促进多少东西方贸易。商人通常都走在政客前头,保守党的商人与工党的商人没什么两样。

根据工党政府的所作所为,该宣言接下去所说的那句话让人听起来很不是滋味。它说:"然而,和平共处只有在真心愿意谈判并且坚决顶住各种威胁和压力的情况下才可能实现。"人们很难将这种说法与工党政府当即断然拒绝中国政府所提出的举行政府首脑级会议讨论裁军以及我们的报刊告诉我们在工党执政后不久所发生的其他国际上的事情的建议的做法等同起来。

至于工党政府"将继续坚持确保西柏林的自由",我们还不知道是否能兑现——这个问题在工党执政期间还没有凸显出来。我们也还不知道工党政府对于其关于联合国的极好的建议将能付诸实施到什么程度;我们也还不知道工党政府将能带我们朝着世界政府走多远,该宣言中所说的世界政府乃是最终目标——正像我认为它应当所是的那样。到目前为止,工党政府领导下的英国在加强联合国实力方面什么事情也没有做,但是据《卫报》(1965 年 1 月 27 日)报道,它一直在"仔细研究指定专门备用于联合国维和行动的部队的问题"。然而,根据过去的两三个月中所发生的事件,我对该宣言就这些问题所说的话是否能兑现并不抱多少希望,虽然我很同意它就这些问题所说的话。

就像该宣言说工党想要做的那样,我打算在我讨论工党政府的政策的过程中,再进一步讨论工党政府到目前为止一直沉迷于其中的那些措施究竟在多大程度上有助于缓和冷战的紧张局势的问题。但我想先继续谈一谈该宣言中所提到的下两个事项:工党的"国防政策概要"和它的加强国防的"新方法"。

工党痛斥保守党政府的"疲弱的国防",认为保守党政府浪费国帑,坚持发展诸如"闪电"、"空中弩箭"和"北极星"那种东西,以及它的关于飞机制造工业的政策绩效不彰,使得我们的国防荒废不振。工党打算修改向美国购买"北极星"技术和导弹的拿骚协定。但是,面对关于 TSR_2 轰炸机的风潮,以及工党正在继续执行"北极星"潜艇计划和正在讨论为东南亚提供核保护伞的事实,人们不知道工党政府打算要将这些计划执行到什么程度。似乎令人感到奇怪的是,工党尽管为自己制订了诸如工党宣言所提出的那种方案,却并未很仔细地检讨转变的问题和制定某种计划,以避免失业以及对机器和金钱的浪费会带来的苦难,或将之减少到最低限度。但是报纸没有向普通读者提供过任何有关工党曾作过这类基本研究的证据。

工党政府可能会加强普通正规部队,以便为北大西洋公约组织贡献一份力量,和履行它对英联邦和联合国所承担的维护和平的义务(工党的宣言说,工党政府强调履行该义务)。然而,除非工党政府在其他方面也同时实施裁减,否则这似乎与其也声言要勉力为之的逐步裁军相左。

下一个事项既使人困惑又有趣。工党的宣言说:"我们反对发展国家的核威慑力量,也反对当前美国所提出的建立一支多国核水面舰队(MLF①)的建议。我们相信西方联盟的互相依存,而且要提出一些建设性建议,那就是:在有效的政治控制之下,对北大西洋公约组织的所有核武器进行统一管理,以便所有的盟国都享有适当的部署和控制核武器的权利。"稍后,在谈到保守党人签订拿骚协定并侈谈"独立的英国核威慑力量"的愚蠢时,工党的宣言说:这一核虚张冒鼓励"将核武器扩散到未拥有核武器的国家(包括德国)"的危险。可是,当首相宣布人们必须假定的是工党宣言叫我们期盼的"新的建设性建议"时,这些国家的核威慑力量结果却成了大西洋核力量(ANF)。ANF可能不仅与MLF一样,是由多国组成的一支水面舰队,而且可能还包括其他的核发射系统,包括飞机和潜艇。因此它比MLF——我承认MLF是一个糟糕的

---

① 即多边核力量(multilateral nuclear force)的缩写。——译注

建议——更热情地鼓励核武器的扩散,而且当然也鼓励将核武器扩散到德国。因此,这种纠正法远比它自称要加以消除的灾祸更糟。

如果你们想一窥这种肆意的狡辩,我建议你们看一下12月14日开始的那一周议会关于国防的辩论报告,以及12月18日《泰晤士报》一篇题为《英国将放弃对北极星武器的控制》的报道、同一天《工人日报》刊载的《我们在亚洲上空的轰炸机》,和前一天《卫报》刊载的《英国将保留部分V型轰炸机》。这些资料还使人们获得其他一些信息,其中有:英国打算通过各种迂回的路线,将一些军舰和V型轰炸机交给北大西洋公约组织,但将保留其余部分以供其本身在北大西洋公约组织以外的地区使用。因此工党政府使民众相信它正在履行既放弃其独立的威慑力量同时又能独自在东南亚形成"一个核保护伞"的诺言。我们用ANF抚慰德国人的感情,因为德国人可以同我们一样参与对这个核力量的控制,并分享其好处,因此他们就会无意于努力发展他们自己的独立的核威慑力量。工党政府通过新闻界以下述这样一种方式向大众宣布了这一ANF计划:门外汉完全摸不着头脑,既不了解ANF由什么组成,也不知道它与工党宣言中所给出的或工党的一般党员所了解的那些工党公开表明的信仰大相径庭。这是个厚颜无耻的转变,就工党政府已成功地完成了这个转变而言,它是通过用毫无条理的言词和"首相在MLF问题上未向美国屈服"、"英国再次主动提出建设性的和平建议"等漂亮的口号作掩饰而完成的。

工党的宣言用八段文字作为结束语。在这八段文字中,工党首先为自己未能立即履行其诺言找理由,它说它还不知道保守党人对国家造成了什么工党得加以弥补的伤害。似乎有点奇怪的是，渴望执政的工党成员居然对国家的财政状况感到非常惊讶——对这种情况，连许多门外汉都相当清楚——而且他们也没有制定任何适当的对策。但是我不打算在这里谈论经济和财政问题。该宣言接着说，工党政府首先要使自己比它所取代的政府更有效率。现政府像出疹子一样冒出来的新部门和新官员想必就是工党政府提高效率的秘方。第二，该宣言说，工党政府将试图在人民和他们的议会之间建立一种真正的合作关系。第三，工党政府必须在全国各地培养一种更具批评性的新精神。该宣言说："工党政府会带头接受人民对其各部门、审判工作以及社会福利事业持续不断的尖锐批评。"在这里，我想说一说似乎与我刚才引自该宣言的那句话中所包含的承诺相径庭的我自己的经历。俄国政府指派三位杰出的俄国人与我讨论国际事务。11月这三位俄国人申请英国入境签证。内政部最初拒绝给予这三个人签证，但是在遭到抗议后，内政部才给予其中两个人签了证。对于这三位俄国人中最杰出的一位——最高苏维埃的首席档案保管人，内政部仍坚决拒绝给予签证。我写信给内政部——当然，我说的是工党政府的内政部——请求他们撤销对这位首席档案保管人的签证禁令。我的信寄出后如石沉大海，杳无音信，在许多星期之后，才收到内政部长的回信，信中说他无法同意我的请求。我又一而再，再而三地给首相写信。写了几封信之后，我又收到内政部长的内容与以前一样的回信，和首相的一张字条，字条上说他同意内政部长的意见，因此不会要求他重新考虑。自始至终他们一直都没有向我或那三位俄国人说明拒绝签证的理由。如果说这次经历是具有代表性的话，那么，该宣言所说的关于工党政府会，或者说一定会，欢迎批评或与其选民和工党党员展开讨论的话，几乎可以说根本就没有兑现。

该宣言最终以激动人心的声明结束全文，它声明工党政府"必须终止保守党政府执政年代处于支配地位的令人生厌的商业主义和个人的自私自利"，它还说"工党正在向英国提供一种新的、会使我们心情激动的生活方式"。

现在我们已见到了该宣言所结出的果实，人们可以从该宣言中得到许多反讽的乐子。

关于使现政府得以当选的那个宣言，以及它在某些方面的承诺究竟履行到什么程度，就讲到这里。现在我打算回到它最重要的一个承诺性意向上：它决心要缓和冷战的紧张局势。在我讲述国际活动的某些领域正在发生的事时，我请你们扪心自问，你们是否认为现政府一直在资助并且打算继续资助的这种活动是为了缓和什么紧张局势。

关于南越的战争，你们肯定知道得很多，但是我还是要简明扼要地说明一下这场战争的进展和性质。南越是法属交趾支那的一部分，但在长期内战之后，法国被逐出该地区。1954年在日内瓦召开了一次会议。这次会议达成了一些明智的协议，如果它们被加以执行，那么就不会出现任何麻烦。根据这些协议，越南将成为一个独立而又中立的国家，并且将经过普选建立一个议会制政府。美国人不喜欢这样。他们宣称，如果由越南人自行决定的话，越南就会成为共产主义集团的一员，而且北越已经并且继续是共产主义集团的一员，尽管北越政府一再声明他们想要中立。

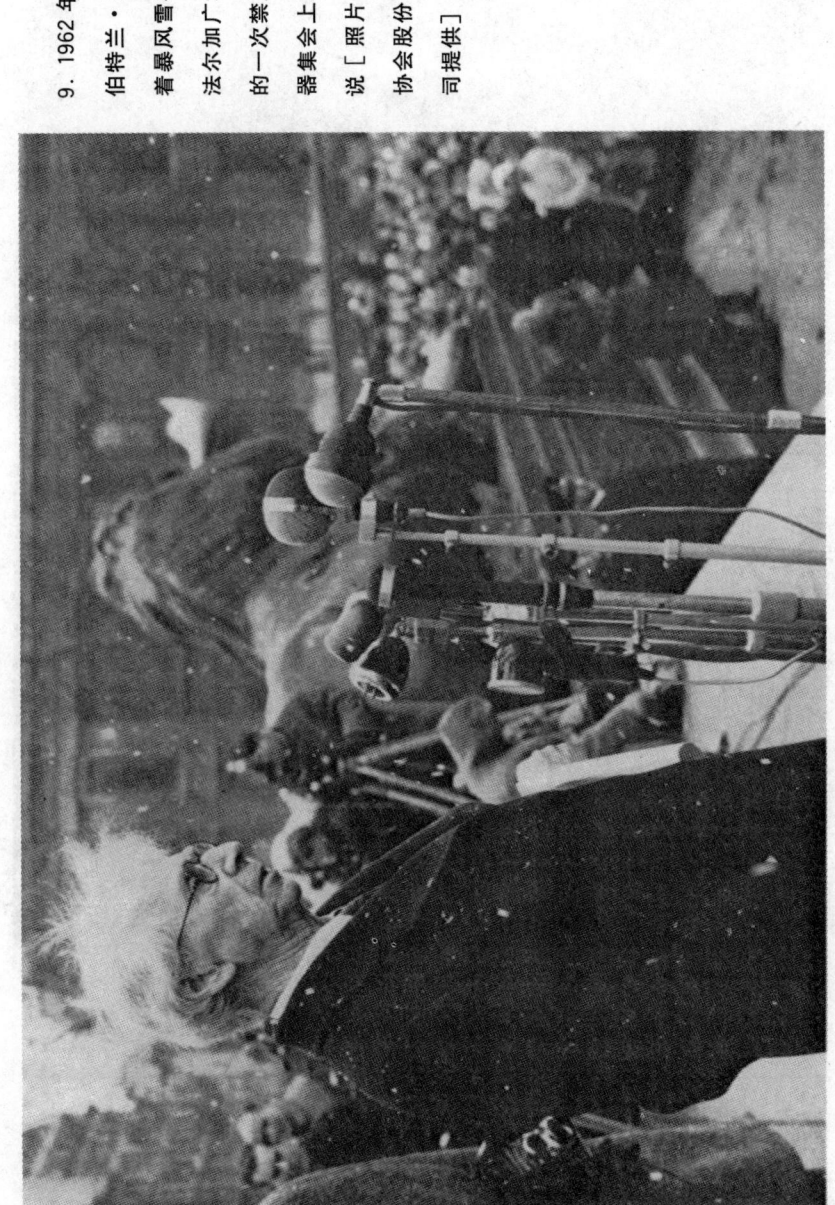

9. 1962年2月,伯特兰·罗素冒着暴风雪在特拉法尔加广场举行的一次禁止核武器集会上发表演说〔照片由报业协会股份有限公司提供〕

10. 伯特兰·罗素在彭林代德赖斯他自己的家里(1964年)[照片由基斯通通讯社股份有限公司提供]

美国人派遣的观察员断定,南越太混乱,不适合举行普选。南越有三部分人:占绝大多数的农民、佛教徒和曾支持过法国的极少数基督徒。美国人决定支持这个少数派。他们最初是通过给予技术和物资援助,和派"顾问",支持这个少数派。但是不久人们发现,在美国人支持的这个少数派与佛教徒和农民之间接着发生的战争中,那些"顾问"所扮演的远非是一个消极的角色。现在这场战争已持续了许多年,美国人支持的政府——或者更直截了当地说,美国人——则节节败退。这是一场野蛮得令人难以置信的战争,其野蛮的程度是任何一个文明强国都很少能达到的。

八百万人已被关在用有刺铁丝网围起来的集中营里强迫劳动。乡下——平民、动物、庄稼,以及战士和丛林——已被洒上胶状汽油和有毒化学品。光是1962年就有五万个村庄被烧毁。以下报道出现在1963年1月1日的达拉斯《新闻晨报》上:"在村庄里筑防御工事的目的想必是为了防止越共进入。但有刺的铁丝网使村民进出受阻。越南农民在枪口威逼下被迫进入这些实际上等于集中营的村庄。他们的家园、财产和庄稼全被烧毁。在建祥省,七个村庄的村民被带到镇上广场。他们的肚子被切开,他们的肝被掏出来展示。这些受害者都是妇女和儿童。在另一个村庄,孕妇们应政府军之邀到广场上去接受褒扬。结果她们的肚子被剖开,她们未出生的胎儿被取了出来。"反共的越南民主党告诉国际管制委员会说:"斩首、剖腹取脏腑和公开展示被杀害的妇女、儿童,是司空见惯的事。"如同1963年1月19日的《国家报》所说的,这是"一场龌龊、残忍的战争",我们只能同意越南民主党领袖在接受加拿大广播公司访问时所说的(该访谈录刊载于1963年9月份的越南民主党公报上):"这确实是使农民大众不受共产主义毒害的一种具有讽刺意味的方式。"

211　　人们普遍都认为,美国人不可能有望赢得这场战争。显然是由于在南越遭到挫败,美国人现在正在考虑将这场战争扩大到北越,尽管中国已宣布,如果美国人这样做的话,中国将支持越南,而且俄国可能也会跟中国一样支持越南。迄今为止,工党一直反对这一带有导致世界大战的危险的政策。就在1964年6月4日,《工人日报》说:威尔逊先生在莫斯科会谈结束时,反对将战争扩大到北越,也反对北越人潜入南越。但是,自从他所领导的政府组成以来,工党却同意美国的看法,在美国的这场征服战中支持美国。1964年12月10日,《卫报》报道:威尔逊先生告诉约翰逊总统说,英国完全支持美国在南越扮演的合法角色。尽管绝大多数南越居民都反对美国的这场战争,想要达成和平和中立(北越人一再声明,他们也想要和平和中立);尽管这场战争是极度、空前的残酷;尽管美国人在南越毫无权利可言,而且他们正在进行工党一向强烈反对的那一种战争(而这一事实必须着重提到),工党政府却还是支持美国。再说,如果像美国人所扬言的那样,他们将这场战争扩大到北越,那么,我们和他们都将卷入一场与中国的战争,其后果势必很可怕——可能会变成一场全面的核战争。对于所有这些后果,工党政府将难逃其责。

　　类似的情况正在刚果发展。加丹加蕴藏着极其丰富的珍贵矿物,尤其是钴矿。钴可能是制造末日弹必需的原料。当刚果独立时,西方列强,尤其是美国和比利时,决意勉力要为西方保留加丹加的矿产。刚果选出的总理,卢蒙巴,遭人谋杀;在西方的压力下,冲伯被任命为全刚果的总理。刚果人民起而反对这一决定，美国人和比利时人派兵远征，强行贯彻他们的意志。在工党政府领导下的英国人支持这一远征行动，他们允许美国和比利时的远征军用阿森松岛作跳板进行侵略。结果一场毁灭性的战争在刚果全国各地展开。这场战争很可能变成西方无法确保胜利的长期游击战。也许摘录一位在刚果替西方打仗的雇佣兵所写的文字，可以清楚地说明我们支持的是一场什么样的战争。以下所引文字摘自1964年11月22日的《世界新闻》：

"在去斯坦利城的路上，我们的一辆车子坏了。我们带上自己的东西离开车子，撤退到丛林里。到了下午接近傍晚时分，我们回到这辆车子那里，发现这辆车子已被完全捣毁……

"年轻的英国中尉火冒三丈。'我们要给这些狗杂种一个真正的教训。'他命令我们立刻前往最近的村子，把整个村子给毁了。

"这是一道相当熟悉的命令。我认为，我们从遥远的南部一路上来，一直都在毁村灭舍，我们所毁的都是不想与这场战争有任何瓜葛的、爱好和平的农民的无辜村舍。

"我们总是出其不意地出现，在没有任何警告的情况下开火，迅速穿过村子，将所有可怜兮兮的农舍小屋全都一烧而光，不管里面有没有人。这样做的目的是要散播我们果毅、无情的形象，让整个地区的人都感到恐惧，'杀鸡'给反抗者看……

"看来几乎可以确定的是，村民对反抗者的活动一无所知。我甚至怀疑他们是否知道我们的车子被毁了。

"我们进村子时正是接近黄昏时分。毫无疑心的妇女在四处奔忙，提水，干着她们一天当中最后的一些家务活儿。孩子们在尘雾中玩耍,相互叫喊笑闹。

"我们停顿了几分钟,然后开火的命令下来了。机枪和我们手中崭新的比利时步枪的射击声大作。妇女尖叫,倒地。小孩子则只是傻呆呆地站在那儿,或在子弹射中他们时满地打滚。

"然后,像往常一样,我们一边开火一边往村子里冲。我们中有些人将汽油罐投向农舍,然后划根火柴将农舍点燃。另外一些人则投掷含磷手榴弹,中弹者立即化为一团无法扑灭的火球。

"当我们冲进村子时,整个村子一时成了一座疯人院。尖叫、呻吟、求饶声四起,尤其是我们之中那些显然十分喜欢这种事情的突击队员半疯狂的野兽般吼叫声。

"后来,当我们离开村子时,村子里相当静,远处传来几乎分辨不出的伤者哭声,空气中弥漫着烧焦的筋肉所散发出的刺鼻的气味。"

这篇文字所记叙的内容接下去还有,但我并不认为我为了阐明自己的观点还要引述下去。训练这些雇佣兵的主要目的——我再次引述——是"在任何情况下,绝不应当收俘房。他们告诉我:'即使男人、女人和孩子跑来找你,即使他们向你下跪求饶,也不可犹豫。格杀勿论。'"

几乎用不着说,这位年轻人对自己身为一位雇佣杀手感到恶心,所以他辞职不干了。但是在英国,在工党政府领导下,我们在继续支持这场屠杀。1964年11月20日,《泰晤士报》宣布,我们的外交大臣乔治·汤姆森先生在上个星期收到比利时政府的照会,说他们和美国政府正在制定一项应急计划。英国后来允许他们使用阿森松岛。《泰晤士报》还宣布,得到英国的允许,比利时军队已被空运到阿森松岛。1964年11月30日的《每日快报》报道说："有一个阶段，内阁曾考虑派英国军队过去。英国是最先向比利时提出武装干涉建议的国家。但是白厅官员现在却说，反抗者控制地区的地形不适合大规模部队登陆。"1964年12月15日，乔治·汤姆森先生说："我们完全支持冲伯。"然而两天后，我们的国防大臣（不管怎么说，是这些白厅官员中的一员）就"谈到刚果的'原始野蛮状态'，并且说，我们必须看到，非洲其他地区和亚洲并未陷入'类似的混乱状态'。"这是否意味着我们将继续得到工党政府的允许和帮助，支持非洲其他地区类似的、血腥且无正当理由的屠杀？这是一个我作为一个英国人不可能为此感到自豪的记录。作为应对此事负责的工党的党员，我感到恶心。

但我还得继续往下说：英国在马来西亚与印度尼西亚之间的战争中所采取的主动，正在引起类似的麻烦，这场战争可能像我前面所谈到的那两场战争一样血腥残酷，持续的时间可能也会像它们一样长，根本就没有胜利的可能。在1963年7月工党第62届年会报告的第65页上，你们会发现工党支持放弃英国对北婆罗洲、沙捞越和新加坡的主权的马来西亚法案。工党觉得——我在此加以引述——"马来西亚联邦会在东南亚扮演重要的、起稳定作用的角色。"去年12月10日，《卫报》报道威尔逊先生告诉约翰逊总统说，英国在婆罗洲有八千名士兵，在马来西亚总共有两万名士兵；1965年1月15日的《新政治家》说，"英国舰队的绝大多数舰只，即包括'林火'号登陆舰和数艘航空母舰在内的大约七百艘舰只"，现在就在马来西亚和印度尼西亚附近的海面上。"联邦旅就在面对着苏门答腊的马来亚。"

然而工党政府不光是在这些地方支持西方帝国主义。在英属圭亚那、亚丁和南阿拉伯各受保护国,工党政府在继续奉行保守党政府的政策,虽然工党政府已派殖民大臣赴纷争地区再次研究当地的情况。

所有这一切都是企图违背当地民众的意愿、反对鼓动以前的臣民的声势浩大的独立运动、支持英美摇摇欲坠的霸权的可耻尝试。工党政府在支持这些无望而又残酷的征服尝试,乃是可怕的事实。几乎更糟糕的事实是,工党政府正在让我们冒这些战争逐步升级为大规模核战争的危险。工党政府对中国所提出的关于和平与裁军的建议的反应,是表明工党政府态度的一枚令人生厌的指针。工党执政后不久,周恩来总理写信给我们的首相,建议世界各国政府保证不使用核武器,并且还提议举行最高级会议。威尔逊先生回信说:"我不相信你所建议采取的措施是改善目前情况的最佳方法。"他批评中国是基于以下两个理由:中国在大气层进行核试验;她的方法"不现实"。首相的这种态度,看来好像并不是想缓和紧张局势,消除东西方之间的分歧,或遏止核武器的扩散——这一切都是竞选宣言中所说的工党政府想要做的事情。工党政府又在继续奉行以往的危险政策。在过去的几年里,西方已数次断然拒绝中国所提出的关于禁止核武器和建立无核区的建议。如果讨论裁军的会议没有中国参加,那么世界和平几乎没有什么希望。

工党政府本来可以采取——现在仍然可以采取——一种新的、比较现实的态度,相信东方和西方的承诺,至少以此作为讨论的基础,直到这些承诺被证明是空口说白话为止。但我们的新裁军大臣主要的兴趣似乎在于如何以比以往更低廉的代价使我们的军队

第四章　基金会　325

保持较强的战斗力。(参见他于1965年2月2日在索尔兹伯里的演说,以及工党似乎认为很重要的那篇该演说摘要。)

在那方面,工党政府的种种行动无一能证明它在努力履行缓和冷战的紧张局势的诺言。

工党政府在履行其竞选宣言中所许的诺言方面所做到的事情是,任命一位裁军大臣在外交部负责裁军事务。可能它还通过大量设置新的部门,大量任命新的大臣和各种委员会,使政府更有效率。

在裁军谈判、建立无核区、削减兵力和武器、制止私售武器、彻底重新审查和修改我们的国防政策、拿骚协定的重新谈判、允许中国进入联合国,以及重振士气和增强联合国的力量等非常重要的方面,工党政府并未采取任何明显的行动履行其诺言。它也没有作过任何自我批评或像它所提倡的欢迎其党员进行批评的表示。

此外,在卖给南非武器和反对核武器扩散方面,工党政府完全违背自己明确的声明。而且,也许最糟糕的是,它在许多方面常常使东西方之间冷战的紧张局势加剧。

对于这种背信的行为,我们应当怎么看?这是由于我们国家岌岌可危的经济和财政状况所造成的一种敲诈勒索的结果吗?但是,准备上任接掌政权的那些人,肯定已研究过我国的经济和财政状况以及我国对美国的依赖程度,并根据其心中盘算的结果拟订履行其诺言的计划。难道他们没有大胆地着手解决问题的勇气——或者更确切地说,从现实出发把自己的行动可能会造成的结果搁在心上?

要是一个政党的领袖一上台执政,其行为就与其竞选诺言截然相悖,那么议会民主还有什么希望?那些不喜欢背信的工党党员,为了团结,到目前为止一直保持沉默。但是邪恶的团结有什么用?犯罪集团的基本德行就是团结和忠诚。在我们无可挽回地受制——而且我们正在很快受制——于将我们自己和世界上所有的人导向灾难的那些政策之前,我们应该明确地让世人知道我们对现行政策的憎恶。再等下去就会太迟了。如果工党要恢复它以前在支持极其必要的改革中所起的作用,那么,那些基于工党的竞选宣言而投工党一票的人就必须坚决要求,一定不要让现在这个政府的主要成员以后再有担任公职的希望。不管他们是否履行了自己竞选前的诺言,他们至少已使我们卷入,并且打算让我们处于,有史以来最残酷最无益的两场战争——灭绝性战争。我们必须采取一切可行的办法,反对这种政策。

1966年11月13日在国际战犯审判法庭第一次会议上的讲话

请允许我为你们愿意参加这个法庭向你们表示感谢。法庭已经成立,因此我们可以对美国在越南的战争的性质进行调查和评论。

这个法庭在历史上没有明确的先例。纽伦堡法庭虽然审判指定的战犯,但它之所以能够审判,是因为获胜的诸盟国强迫战败国将其领袖交由该法庭审判。实际上由国家力量支持的纽伦堡审判,不可避免地包含强烈的现实政治因素。尽管有这些对纽伦堡审判的某些程序提出疑问的抑制因素,纽伦堡法庭还是表现出实际上是全世界的、对纳粹在欧洲所犯罪行的愤慨。人们普遍认为,不管怎么样,必须要有可以评判这类行为,并可据以给纳粹分子定罪的标准。许多人觉得在道义上有必要将这种极度恐怖的事情记录下来。有人则希望能够设计出一套法律程序,处理纳粹的重大罪行。这些不明确但却可以强烈感觉到的情绪,围绕着纽伦堡法庭。

我们的工作更难,但是责任却相同。我们不代表任何国家力量,也不能强迫应对对越南人民所犯下的罪行负责的决策者站在我们面前受审。我们缺乏强制力。审判程序无法执行。

我认为这些显而易见的限制其实也有好处。我们可以任意进行具有历史意义的认真调查,不受国家利益或其他这一类义务的驱迫。为什么在越南进行这场战争?这场战争究竟对谁有利?我确信,我们有义务研究这些问题,并在彻底调查之后对这些问题发表意见,因为我们这样做可以帮助人类了解为什么一个小的农业民族忍受了十二年多拥有最先进最残酷军事力量的、世界上最大的工业国的攻击。

我写了一篇论文,希望你们能在审议时读一下。这篇论文列出了相当多的西方报纸以及诸如此类原始资料中的报道,显示出美国在越南的记录。这些报道应该使人们明白,我们是根据相当数量的初步罪证开始进行调查的,这些初步罪证的提供者不是受害人,而是赞成该为此罪负责的那些政策的新闻媒体。我相信我们作如下推论是有道理的:有必要成立一个庄严的审判法庭,这一法庭由一些杰出的人士组成,他们之所以杰出,不是由于他们的权力,而是由于他们的聪明才智,以及对我们乐观地称之为"人类文明"的东西的道德贡献。

我确信,如果这个法庭的调查是很彻底的话,那么它就会扮演一个具有历史意义的角色。我们必须记录越南的事实真相。我们必须对我们认为是事实真相的东西下判断。我们必须告诫世人注意这种事实真相的后果。另外,我们必须拒斥那种认为"只有冷漠无情的人才是不带偏见的人"的观点。我们必须摈弃将虚怀若谷与心灵空虚混为一谈的那种关于个人心智的退化概念。

我希望这个法庭会选出尊重事实真相,而且其毕生的工作证明那种尊重的人。这样的人会对我所说的初步证据有所感触。凡是由于冷漠而不熟悉这种证据的人,都不够资格评判这种证据。

为了划分调查范围和对自己的行为负责,我责成这个法庭设立一些委员会,这些委员会归法庭管辖。我希望选出合格的调查员组团对越南进行调查,目前对于越南问题,我们所见到的证据还只是一小部分。我希望看到美国政府应要求而提出证据,为其行为辩护。对越南民族解放阵线和越南民主共和国的抵抗,也必须加以评价,并且必须将它置于它与我们所想要提倡的那种文明的真实关系中。在打算于巴黎举行全面的听证会之前,我们大约还有五个月时间的工作要做。

当我思考这段时间的工作时,因为我所见过的罪行和我所培育的希望,我不禁想起我一生的事件。我曾经历过德雷福斯案,参加过对利奥波德国王在刚果所犯罪行的调查。我能回想起许多战争。在这几十年中,好多非正义的行为已被默默记录下来。在我自己的经验中,我找不出完全类似的情况。我想不起来有任何一个这么受折磨的民族,而折磨他们的人又是如此缺乏弱点。我不知道有其他任何实力如此悬殊的冲突。我想不起来有任何一个这么有韧性的民族,或任何一个具有如此不可压服的反抗精神的国家。

我不向你们隐瞒,我对越南人民有深厚的感情,而且非常钦佩他们。因为我有这样的感受,所以我不能放弃评判对他们所做的那些事情的责任。我们受命揭露并公布一切事实真相。我深信,我们所能作出的最大贡献,就是提供经由不屈不挠的认真调查而获得的事实真相。

但愿这个法庭制止沉默罪。

国际战犯审判法庭的目标和目的
(1966 年 11 月)

人类的良知深深地为正在越南进行的战争所困扰。在这场战争中,世界上最富裕、最强大的国家,在对付一个由穷苦农民组成的国家,这些农民为了他们的独立已奋斗了四分之一世纪。这场正在进行的战争,似乎违反国际法和国际惯例。

世界各地的报刊,尤其是美国的报刊,每天都发表一些报道,如果这些报道得到证实,那么它们就会表明,违反纽伦堡法庭所设定的原则和国际协定所确定的规则的情况越来越严重。

越南人民所忍受的苦难令我们震惊和感动,而且我们深信世人必须知道事实真相,以便对越南发生的事情以及谁应当对这些事情负责的问题作出认真公正的评判,因此我们接受了伯特兰·罗素的邀请参加会议,以便慎重地查证这些事实,并用辖制它们的那些法律规则来衡量它们。

据说,在 1966 年的前九个月中,美国空军每天在越南投下四百万磅炸弹。如果按这个速度继续到年底,总数将比第二次世界大战时期在整个太平洋战区投下的炸弹还多。以这种方式轰炸的地区,其面积不超过纽约和宾夕法尼亚两州。在南越,美军和他们驯服听话的西贡盟军,将八百万人(农民及其家人)赶进在政治警察监视之下用有刺铁丝网围起来的集中营。化学毒剂一直被,而且现在也在被,用来脱叶,使得数万英亩农田成为不毛之地。庄稼正在遭到有计划、有步骤的毁坏——而这却发生在这样一个国度:在那儿,即使在平时,普通人的食物量还不到普通美国人的一半(而且他们的寿命还不到普通美国人的三分之一)。

灌溉系统受到故意破坏。凝固汽油弹、含磷炸弹,以及其他各种以前从未听说过的施虐性武器,正在被用来对付北越和南越人民。五十多万越南男女老少已在这种攻击之下丧生,该数目超过美国在两次世界大战中损失的兵员的人数,尽管越南人口已在日本和法国占领期间以及在第二次世界大战之后的饥荒中减少了十分之一。

虽然我们没有受任何权威组织的委托承担这一任务,但我们为了人类的利益和维护文明,担负起了这一责任。我们按我们自己的协议行事,完全独立于任何政府和任何官方或半官方组织之外。我们坚信,我们表达了许多国家中同为人类一分子的许多人所感受到的极度焦虑和同情。我们相信,我们的行动将有助于唤醒世人的良知。

因此,我们自认为是一个审判法庭,虽然这个法庭没有强行实施制裁的力量,但它除了做其他事情之外,还得回答以下问题:

1. 根据国际法,美国政府(和澳大利亚、新西兰、韩国政府)是否犯了侵略罪行？

2. 美军是否使用或试用了新武器或战争法禁用的武器（毒气、特殊化学制品、凝固汽油等等）？

3. 美军是否轰炸过纯粹民用性质的目标，例如医院、学校、疗养院、水坝等等，而且轰炸的规模有多大？

4. 越南战俘是否受到过战争法所禁止的非人对待，尤其是拷打折磨或残害肢体？有否对平民采取过不当的报复手段，尤其是处决人质？

5. 有否设立强迫劳动营，有否驱逐全体居民或其他企图灭绝全体居民和在法律上可以被描述为种族灭绝的行为？

如果本法庭裁定这些罪行中有一项或者全部都犯过，那么本法庭就会着手裁定谁该为这些罪行负责。

本法庭将对任何人或党派提供的所有证据进行仔细核查。证据可能是口述的，也可能是以公文的形式。凡是与我们的目的有关的证据都将受到重视。凡是与我们调查的事件有关的证人都可以出庭作证。

越南民族解放阵线和越南民主共和国政府已向我们保证，愿意与我们合作，提供必要的资料，并帮助我们查证资料的准确性和可靠性。柬埔寨国家元首西哈努克亲王，同样愿意帮助我们，向我们提供证据。我们相信他们会信守诺言，而且我们将既心怀感激地接受他们的帮助，而又不影响我们自己的看法和态度。作为一个法庭，我们重申伯特兰·罗素以其个人名义向美国政府发出的呼吁。我们要求美国政府提供证据或促使他人提供证据，并指派其官员或代表出庭申述自己的观点和理由。我们的目的是要公正地确定有关这场战争的全部事实真相。我们衷心希望我们的努力将对世界的公正,对和平的重建和被压迫民族的解放有所贡献。

* * *

国际战犯审判法庭的决议

我们感谢伯特兰·罗素和平基金会已做的工作。我们确信,该基金会已采取的初步行动将帮助我们在适当的时间内完成我们的任务,而且会使我们的工作更具效率,尽管该基金会的初步工作对我们的审议并无助益。

呼吁支持国际战犯审判法庭

几年来,西方新闻媒体一直在不知不觉地记录美国在越南所犯的罪行,其中包含大量的显然对美国所发动的这场战争的控诉。一系列可怕的照片,有关拷打折磨、残害肢体和试验性战争的报道,迫使伯特兰·罗素将我们召集在一起,对这场战争进行全方位的彻底调查。科学家、律师、医生和世界知名学者,都将加入调查证据委员会。来自越南的证人将提供第一手证据。调查小组将走遍越南和印度支那,实地收集材料。西方以及其他地区所发布的新闻资料将受到严格的查核。这五个月深入细致的工作,由于需要进行巡回科学调查和细密的研究,将花费一大笔钱。为期十二周的公审,花费甚至会更大。

国际战犯审判法庭决心财政独立。这只能通过支持该法庭的工作并清楚地认识到充分了解该法庭的任务极为重要的每一个人的捐款来做到。

我们没有国家的力量；我们不代表强权；我们没有军队和国库。我们的行动出于最深挚的道义关怀，我们依靠全世界给予实实在在的支持（物质上的帮助）的普通人的良知，这种良知将决定越南人民是被默默地放弃呢，还是让他们得到向人类的良知倾诉他们的苦境的基本权利。

后 记[1]

从少年时代起,我一生中重要的部分一直奉献给两个不同的目标,这两个目标有很长一段时间一直是分离的,只是到最近才结合成一个整体。我一方面想要弄清是否任何事物都可以被认知;另一方面想要尽一切可能创造一个比较幸福的世界。我把我大部分的精力都用在这两项任务中的第一项任务上,直到 38 岁。我曾为怀疑论所困扰,不情愿地被迫下结论,认为大多数被认为是知识的东西,都容易受到合理的怀疑。我像人们需要宗教信仰那样需要确定性。我认为,确定性在数学中比在别处更有希望找到。但是我发现,我的老师们要求我接受的许多数学证明充满了谬误,如果在数学中真的能发现确定性,那么它将是在一种新的数学中,这种新的数学具有比那些迄今为止一直被认为是牢固的东西更坚实的基础。但是随着工作的进行,我不断地回想起那则关于大象与乌龟的寓言。在建造了可以安置数学世界的大象之后,我发现这头大象居然摇摇欲坠,于是就着手建造一只乌龟,以防止大象跌倒。但是乌龟并不比大象稳固,而且在付出了二十年左右非常艰苦的劳动之后,我得出这样的结论:在使数学知识变成确定无疑方

---

[1] 这篇后记曾以《我八十岁生日的反思》为题发表在《记忆中的肖像》中。

面,我所能做的也就这么多。后来爆发了第一次世界大战,我便一门心思地思考人类的苦难和愚蠢。在我看来,无论是苦难还是愚蠢,似乎都不是人类不可避免的命运的一部分。而且我深信,理智、耐心和口才迟早可以使人类摆脱其自己强加的折磨,除非人类在摆脱折磨之前先把自己给灭绝了。

　　基于这一信念,我一直抱着某种程度的乐观态度,尽管随着我年岁的增大,这种乐观态度变得更加有节制,幸福的结局也变得更加遥远。但我还是完全不能同意那些从宿命论意义上接受人生来就是要受苦受难的观点的人的看法。过去和现在不幸的原因,不难搞清。有贫困、瘟疫和饥荒,它们是由于人类对自然不适当的驾御造成的。有由于人类彼此之间的敌对而造成的战争、压迫和折磨。有令人沮丧的信条造成的病态苦难,这些信条使人们陷入了使一切表面繁荣都变成无用的那种极度的内心冲突之中。这一切都是不必要的。对于这一切都有已知的方法可加以克服。在现代世界中,如果社会是不幸的,那往往是因为这些社会有无知、习惯、信仰和激情,对于这些社会来说,无知、习惯、信仰和激情比幸福甚或生命更可贵。我发现在我们这一危险的时代,许多人似乎爱上了苦难和死亡,当有人向他们指出希望时,他们反而会生气。他们认为希望是非理性的,并且还认为,他们在绝望中懒散度日,只不过是正视事实而已。我不能同意这些人的看法。保护我们世界的希望,需要诉诸我们的理智和精力。那些绝望的人缺的往往就是精力。

　　我的后半生是在人类历史上的一个痛苦时期中度过的,在这个时期,世界变得越来越糟,过去似乎确定的一些胜利变成了只是暂时的。在我年轻的时候，维多利亚式的乐观被认为理所当然。人们认为自然和繁荣会逐渐有秩序地扩大到世界各地，人们希望残酷、暴虐和不公正会继续缩减。几乎没有任何人怕发生大战而老是提心吊胆。几乎没有任何人认为19世纪是过去野蛮状态与未来野蛮状态之间的一个短暂时期。对于那些在那种气氛中长大的人来说，适应目前这个世界是很难的。不但在感情上，而且在理智上，都很难。以前一直被认为是适当的观念结果成了不适当。在某些方面，可贵的自由结果成了很难保护。在另一些方面，尤其是关于国家与国家之间的关系，以前受珍视的自由结果成了灾祸的主要根源。如果世界要摆脱目前的危险状态，就需要新思想、新希望、新自由，以及对自由的新限制。

我不能吹嘘说我对社会和政治问题所作的研究有多重要。借助于武断、刻板的信条，例如共产主义的信条，比较容易产生巨大的功效。但是就我来说，我无法相信人类需要的是任何刻板或武断的东西。我也无法全然相信只论及人类生活的某一部分或某一方面的任何偏颇的学说。有些人认为，一切取决于制度，好的制度必将带来太平盛世。而另一方面，有些人相信这个世界需要的是人心的改变，相形之下，制度算不了什么。这两种看法，我都无法接受。制度塑造性格，性格改变制度。这两者的改革必须携手同进。如果个人要保存他们应当具有的那种程度的主动性和灵活性，那么他们不可以被完全强行塞进一个硬邦邦的模子里，或者换一个隐喻，被完全训练成一支军队。尽管多样性使单一信条不能被普遍接受，多样性是必不可少的。但宣传这一种学说是很困难的，尤其是在艰苦时期。而且也许在从悲惨的经验中记取一些痛苦的教训之前,这种宣传不可能有效。

我的工作已接近尾声,我可以从整体上审视我的工作的时候已经来到。我成功到什么程度,失败到什么程度?从少年时代起,我就认为自己是在致力于伟大而艰辛的工作。将近四分之三世纪以前,在料峭而又灿烂的三月阳光下,我独自漫步在蒂尔加滕的正在融化的雪地上,此时我决定撰写两套书:一套是抽象的,逐渐变成比较具体;另一套是具体的,逐渐变成比较抽象。这两套书最终要合二为一,把纯理论与一种实践的社会哲学结合起来。除了最终怎么合法我仍捉摸不定之外,这些书我已写成。它们赢得了喝彩和称赞,许多人的思想都受到过它们的影响。我成功到了这种程度。

但是与此相对照,我必须说一说两种失败,一种是外在的失败,一种是内在的失败。

先谈外在的失败:蒂尔加滕已成了荒原;那个三月的早晨我进入蒂尔加滕所路经的勃兰登冈,已成了两个敌对帝国的疆界,它们彼此隔着屏障怒目相视,并冷酷地准备毁灭人类。共产党人、法西斯分子和纳粹分子,相继向所有我认为是善的东西提出了挑战,而在击败他们的过程中,他们的反对者试图想要保护的许多东西却在失去。直率开始被认为是缺点,宽容不得不穿上背信的外衣。旧时的理想被认为是不恰当的,粗糙的学说博得尊敬。

内在的失败,虽然对世界不很重要,但却使得我的精神生活成了一场无休止的战斗。起初我对柏拉图的永恒世界怀着一种多少带有些宗教性质的信仰,在这个永恒世界中,数学像《天国》①的最

---

① 《天国》是但丁《神曲》的第三部分。——译注

后几个篇章一样,闪烁着美的光芒。后来我得出结论:永恒世界是毫无价值的,数学只是以不同的语言表述同一件事情的艺术。起初我相信,爱、自由和勇气可以不经过战斗而征服世界。后来我开始支持一场痛苦而又可怕的战争。在这些方面有过失败。

但是在这些失败的重负之下,我仍然意识到某些我觉得是成功的事情。我可能把理论上的真想错了,但我认为有种东西,而且它值得我们效忠,这并没有错。我可能把通向人类自由幸福世界的路程想成比实际上的短,但我认为这种世界是可能的,而且为了使它更近而活着是值得的,这并没有错。我一直生活在对梦想的追求中,这种追求既是个人的又是社会的。个人的:喜欢所有高尚、美丽和优雅的东西;让洞察的时刻在比较世俗的时期产生智慧。社会的:在想象中察看所要创造的社会,在这个社会中,个人自由地成长,憎恨、贪婪和妒忌因得不到养料而消亡。这些事情我相信,而且这个世界虽然可怕,但并未使我动摇。

索　引

（索引中的数字为原书页码，即本书边码）

Abbotsbury 阿伯茨伯里 105
ABC of Relativity, The 《相对论入门》 15
A-bomb 原子弹 181,194
Aborigines 土著居民 27
Acheson, Dean 艾奇逊，迪安 90
Acropolis 雅典卫城 67
'Act or Perish' 《行动或灭亡》 112, 137-139,196
Adenauer, Konrad 阿登纳，康拉德 146
Adrian, Lord Edgar 艾德里安勋爵，埃德加 75
'Africa and the Movement for Peace' (BRPF)《非洲与和平运动》(BRPF) 192
Alderley 奥尔德利 106
Aldermaston March 奥尔德马斯顿游行 103-104,114,125
'A Liberal Decalogue' 《自由主义十诫》 60-61
Alice Springs 艾丽斯斯普林斯 27
Allen and Unwin Ltd., George 艾伦和昂温出版公司，乔治 125,167
Ambatielos, Betty 安巴蒂耶洛斯，贝蒂 156；与～的往来书信 191-192
Ambatielos, Tony 安巴蒂耶洛斯，托尼 与～的往来书信 191-192
America 美国 22,27-28,41,56,102, 163,213；～和巴鲁克计划 17-18, 181；～的麦卡锡主义 20；～和处决卢森堡夫妇 59；～和索贝尔案 81-82；～和古巴危机 125,150,180；～的反对使用核武器的抗议行动 133；～和民防 137；～的核政策 141-144, 192-194,196,207-208；～和军火院外活动集团 147-149；～和中国 151；～和肯尼迪被刺事件 165,198-199,204；～和越南战争 168-172, 195,205,210-211,215-219；伯特兰·罗素是否反美 176；英国对～的依赖 214
American Committee for Cultural Freedom 美国文化自由委员会 82
American Emergency Civil Liberties Committee 美国公民自由权紧急救援委员会 157
American Mercury 《美国信使报》 39
Anglo-Boer War 英布战争 94,97
Anrep, Boris 安瑞普，鲍里斯 66
Arabs 阿拉伯人 157,184；～和巴勒斯坦难民 157
Arbuthnot, Helen 阿巴思诺特，海伦 49
Arcadia 阿卡迪亚 67
Archbishop of Melbourne 墨尔本大主教 27
Arden, John 阿登，约翰 204
A Religious Rebel (Ls. of Mrs Pearsall

Smith)《一个宗教的反叛者》(皮尔索尔·史密斯夫人书信集) 47
Aristotle 亚里士多德 30,173
Ascension Island 阿森松岛 211-212
Athens 雅典 67-68
Atlantic Peace Foundation 大西洋和平基金会 （也可见 Bertrand Russell Peace Foundation) 160,171,178,180-181
Atomic Scientists' Association 原子科学家协会 77
Atomic War 原子战争（也可见 H-Bomb) 61-63
Attlee, Clement 艾德礼，克莱门特 ～的来信 45
Auchinleck, Field Marshall Sir Claude 奥金莱克，克劳德 陆军元帅 爵士 ～的来信 178
Austen, Jane 简·奥斯汀 106
Australia 澳大利亚 217；对～的访问 26-28
Australian Institute of International Affairs 澳大利亚国际事务研究所 26
Austria 奥地利 84,86
'Authority and the Individual'《权威与个人》22
Ayer, A.J. 艾尔,A.J. 123；与～的往来书信 130-131

Bahba, Dr 巴巴博士（见 Dr H.J. Bhabha)
Bahrein 巴林 ～酋长 158
Barnes, Albert C. 巴恩斯,艾伯特·C. 16,39-40,42
Barnes Institute 巴恩斯研究所 39
Baruch Proposal 巴鲁克计划 17,181
Bay of Pigs 猪湾 196
Beaconsfield, Lord 比肯斯菲尔德勋爵 57
Bean, T.E. 比恩,T.E. 123
Beaverbrook, Lord 比弗布鲁克勋爵 55
Bedford, 12th Duke of 贝德福德公爵 12 世～的来信 44
Bedford, 13th Duke of 贝德福德公爵 13 世 123,162,179
Behaviour and Social Life of Honeybees, The (Ribband)《蜜蜂的行为和社会生活》(里班兹) 92
Belgium 比利时 211-212
Benn, Caroline Wedgwood 本,卡罗琳·韦奇伍德 204
Berenson, Bernard 贝伦森,伯纳德 47-48,51,73-74；～的来信 87-89
Berenson, Mary 贝伦森,玛丽 74,87
Berlin 柏林 20,47,145,148,150,207；～空运，19,183；～封锁 181,183；～墙 183；东～和西～ 183,187
Bernal, J.D. 贝尔纳,J.D. 121,188
Bertrand Russell Peace Foundation 伯特兰·罗素和平基金会 159-162,165,167,171,178-187,192,197
Bertrand Russell Speaks His Mind《伯特兰·罗素述说自己的想法》 107
'Best Answer to Fanaticism-Liberalism, The'《对狂热盲信的最好回答——自由主义》(见 'A Liberal Decalogue')
Bhabha, Dr H.J. 巴巴博士,H.J. 80,107
Bikini Test 比基尼岛的氢弹试验 20,99-100
Biquard, Paul 比卡尔,保罗 77
Black Maria 囚车 116,118
Blake, William 布莱克,威廉 89
Blunt, Wilfred Scawen 布伦特,威尔弗雷德·斯科恩 50-51
Boggs, Congressman 众议员博格斯 198
Bohr, Niels 玻尔,尼耳斯 75,106,136
Bolt, Robert 博尔特,罗伯特 163
Bonaparte, Napoleon 波拿巴,拿破仑 65

Boothby, Lord 布思比勋爵 107
Born, Max 玻恩, 马克斯 78, 99, 179; 与～的往来书信 135–137
Bow Street Magistrates Court 博街治安法庭 115–117; 在～的陈述 145
Boyd-Orr, Lord 博伊德－奥尔勋爵 179, 204
Braby, Ion 布拉比, 艾恩 ～的来信 90–91
Bradley, F. H. 布莱德雷, F. H. 176
Brailsford, Evamaria 布雷斯福德, 伊娃玛丽亚 94
Brailsford, H. N. 布雷斯福德, H. N. 与～的往来书信 93–94
Brandenburger Tor 勃兰登堡冈 222
Brandt, Heinz 勃兰特, 海因茨 157, 187–191
British Academy 英国科学院 76
British Broadcasting Corporation 英国广播公司 20, 22, 47–49, 51, 72, 76, 84, 98, 101–102, 107
British Who Killed Kennedy? Committee 英国"谁刺杀肯尼迪？"委员会 165, 204
Brixton Prison 布里克斯顿监狱 30, 116–117; 发自～的信 146
Brockway, Fenner 布罗克韦, 芬纳 124
Brown, G. Spencer 布朗, G. 斯潘塞 166
Bryn Mawr College 布林·莫尔学院 39, 43, 64
Buckingham Palace 白金汉宫 26, 156
Burhop, E. H. S. 伯霍普, E. H. S. 77, 83
Butler, Abbot 修道院院长勃特勒 84
Butler, Bishop Joseph 巴特勒主教, 约瑟夫 127
Byron, Robert 拜伦, 罗伯特 51
Byzantine Empire 拜占庭帝国 68

Café Royal 皇家餐厅 123

Calder, John 考尔德, 约翰 204
Cambridge 剑桥 16, 94
Campaign for Nuclear Disarmament 禁止核武器运动 102–105, 109–114, 121, 126, 141, 179
CND, Birmingham Youth 伯明翰青年禁止核武器运动 112, 114; 对～发表演说 139–145
CND, Chairman of 禁止核武器运动主席 （见 Canon John Collins）
CND Wales 禁止核武器运动威尔士分会 112
CND, Youth 青年禁止核武器运动 163
Campbell, Miss 坎贝尔小姐 39
Camp David 戴维营 181, 195
Canada 加拿大 43, 141–142
Canadian Broadcasting Service 加拿大广播公司 107
Cannon Street police station 坎农街警察局 121
Cardiff 加的夫 119
Carnap, Rudolph 卡尔纳普, 鲁道夫 与～的往来书信 132–133
Carroll, Lewis 卡罗尔, 刘易斯 38
Cassals, Pablo 卡萨尔斯, 巴勃罗 179
Cassandra 卡珊德拉 89, 134
Castle, Barbara 卡斯尔, 巴巴拉 206
Castro, Fidel 卡斯特罗, 菲德尔 184
Caxton Hall (Westminster) 卡克斯顿会馆（威斯敏斯特） 76
Cenotaph, Whitehall 两次世界大战死难者纪念碑, 怀特霍尔 114
Central Hall, Westminster 中央大厅, 威斯敏斯特 103
Central Intelligence Agency 中央情报局 108, 171, 198
Chamberlain, Joseph 张伯伦, 约瑟夫 97
Chartres 沙特尔 67
Chenies 切尼斯 68
Chiang Kai-Shek 蒋介石 108

China 中国 26,56,102,144,151 - 153,181,192 - 194,206 - 207,213 - 214
Chou En-Lai 周恩来 213；～的来信 150 - 151
Christianity 基督教 19,30,68,182
Christian love 基督教的爱 30
Christian martyrs 基督教殉教者 138
Churchill,Winston S. 丘吉尔爵士,温斯顿 36,51,53
Cité Universitaire 大学生居住区 79
City College of New York 纽约市立学院 60,64
Civil defence 民防 137,141
civil disobedience 和平抵抗 25,110 - 115,120 - 121,125,133,139 - 141,145,154
'Civil Disobedience, On' 《论和平抵抗》 139 - 145
Clifford, W.K. 克利福德,W.K. 94
'Cold War and World Poverty, The' 《冷战与世界的贫穷》 197
Cold War, The 冷战 18,26,132,143,172,181,189 - 190,192,205,207,209,214
Coleridge, S.T. 柯尔律治,S.T. 94
Collins, Canon John 柯林斯,卡农·约翰 103,110 - 111,121,163
Columbia University 哥伦比亚大学 28,30,64
Committee of 100 百人委员会 112 - 122,125,137,149,158,179,189；希腊～ 156
Common Sense and Nuclear Warfare 《常识与核战争》 18,104 - 105,114
'common usage' "普通用法" 37
Commonwealth 英联邦 143；～会议 158
communism 共产主义 107,133,147 - 148,187,210,221
Communist Party of India 印度共产党 152
communists 共产主义者 79 - 80,96,140,143,152,156,183 - 184,187,222
companionate marriage 友爱婚姻 126 - 127
Congo 刚果 195,211 - 213
'Congo—A Tragedy'(Schoenman) 《刚果——一出悲剧》(舍恩曼) 197
Conquest of Happiness, The 《赢得幸福》 49
conscientious objection 根据良心,拒服兵役 23 - 26
Conservative Party 保守党 19
Considine, Bob 康西丁,鲍勃 203
Cooper, James Fennimore 库珀,詹姆斯·费尼莫尔 65
Cooper, Senator 参议员库珀 198
Copenhagen 哥本哈根 21,46,106
Copenhagen, University of 哥本哈根大学 106
de Coppello, Dr van 范德科佩洛博士 54 - 55
Cornwall 康沃尔 34
Cousins, Frank 卡曾斯,弗兰克 111
Craig, Walter 克雷格,沃尔特 198
Crawshay-Williams, Elizabeth 克劳谢 - 威廉斯,伊丽莎白 71,79,92
Crawshay-Williams, Rupert 克劳谢 - 威廉斯,鲁珀特 71,79,123；～的来信 91 - 92
Croce 克罗齐 51
Cuban Crisis 古巴危机 124 - 125,149 - 150；176,180 - 181,193 - 194,196,205；关于～的声明 150
Curry, Jesse 柯里,杰西 201 - 203
Cymbeline 《辛白林》 66
Czechoslovakia 捷克斯洛伐克 19

Daily Express 《每日快报》 212
Daily Mail 《每日邮报》 141
Daily Worker 《工人日报》 76,208,211

索引 343

Dallas 达拉斯 199-204
Dallas Morning News 《达拉斯新闻晨报》199-201
Daniel, Admiral Sir Charles 丹尼尔,海军上将弗兰克爵士 55-56
Daumier 杜米埃 90,116
Davies, Clement 戴维斯,克莱门特 ～的来信 96-97
Davis, Colin 戴维斯,科林 123
Dedijer, Vladimir 德迪耶尔,弗拉迪米尔 170
de Gaulle, Charles 戴高乐,夏尔 146
Delphi 德尔斐 67
Denmark 丹麦 31
Descartes 笛卡尔 30
Deutscher, Isaac 多伊彻,伊萨克 170
Direct Action Committee 直接行动委员会 103,110,112
dogmatism 教条主义 29,36
Dolci, Danilo 多尔奇,达尼洛 179
Donnelly, Lucy 唐纳利,露西 47,64; 与～的往来书信 38-43
Dresden 德累斯顿 20
Dreyfus case 德雷福斯案 199,216
Dr Strangelove (film) 《斯特兰奇洛夫医生》(影片) 109
Duff, Peggy 达夫,佩吉 103
Dulles, Allen 杜勒斯,艾伦 198-199
Dulles, John Foster 杜勒斯,约翰·福特 102,136,143
Durnstein (Austria) 迪恩施泰因(奥地利)84

Eaton, Cyrus 伊顿,赛勒斯 83,85-86
education 教育 24,181-182
'Education and the Humanist Revolution' (Huxley) 《教育与人本主义革命》(赫胥黎) 173
Edwards, Paul 爱德华兹,保罗 30
Egypt 埃及 157
Einstein, Albert 爱因斯坦,阿尔伯特 28,74-75,77-78,94,98-99; 与～的往来书信 58-60
Einstein-Russell Manifesto 《爱因斯坦-罗素宣言》78-80
Eisenhower, Dwight D. 艾森豪威尔,德怀特·D. 59,90,102,194-195,181
Eliot, T. S. 艾略特,T. S. 与～的往来书信 52-53
Elizabeth, Queen of Belgium 伊丽莎白,比利时王后 179
Empson, William 燕卜荪,威廉 204
Epidaurus 埃皮扎夫罗斯 67
Epstein, Jacob 爱泼斯坦,雅各布 66
Erni, Hans 厄尼,汉斯 123
ethics 伦理学 32-34
'Eugenics in Evolutionary Perspective' (Huxley) 《以进化论的观点透视优生学》(赫胥黎) 173
Evening Standard 《标准晚报》110-111

Fact and Fiction 《事实与虚构》 37,106
'Faith and Mountains' 《信仰与山脉》90-91
Farley, Christopher 法利,克里斯托弗 121,159,162,168
Federal Bureau of Investigation 联邦调查局 82-83,171,198-203
Festival Hall (London) 节庆厅(伦敦) 123,167
Ffestiniog 费斯廷约格 16,48,69
Finch, Edith (也可见 Edith Russell) 芬奇,伊迪丝 38,40-43,50,64-65
Five Colonels (Ustinov) 《五个上校》(乌斯季诺夫) 66
Flexner, Helen Thomas 弗莱克斯纳,海伦·托马斯 40,42-43
Flexner, Simon 西蒙·弗莱克斯纳 42
Fontainebleau 枫丹白露 66-67
Foot, Michael 富特,迈克尔 204

Foot, N. B.　富特, N. B.　～的来信 53-54

Ford, Gerald R.　福特, 杰拉尔德·R. 198

Forster, E. M.　福斯特, E. M.　123

Fortuin, Dr　福泰因博士　54-55

Fort Worth *Star Telegram*　《沃思堡电讯星报》　201

France　法国　105

'Freedom in Iran' (Zaki)　《伊朗的自由》（扎基）　197

Freeman, John　弗里曼, 约翰　163

French Revolution　法国大革命　23

'Free Man's Worship, The'　《自由人的崇拜》　172

Freud, Siegmund　弗洛伊德, 西格蒙德 95, 127

Friends House, Euston　友人楼, 尤斯顿路　112

Fromm, Erich　弗罗姆, 埃里希　与～的往来书信　187-189

'Future of Mankind, The'　"人类的未来"　56

Gabberbochus Press　加贝尔博斯出版社 38

Gaitskell, Hugh　盖茨克尔, 休　83, 107, 146

Gandhi, Mahatma　圣雄甘地　153

Gathorne-Hardy, Bob　盖索恩-哈代, 鲍勃　50

Geneva Agreements　日内瓦协议　169

Geneva Conference　日内瓦会议　205, 210

George VI　乔治六世　26

Germany　德国　20, 25, 181, 184, 193; ～的分隔　183

Germany, East (GDR)　东德　148, 157, 176, 183-184, 187-191

Germany, West (FGR)　西德　136, 183-184, 187-189, 208

Gladwyn, Lord　格拉德温勋爵　161; 与～的往来书信　192-197

Glasgow　格拉斯哥　69

Glencoe　格伦科　69

Gödel　哥德尔　174

Goebbels　戈培尔　41

Goldwater, Barry　戈德华特, 巴里　195, 198

Good Citizens Alphabet, The　《好公民的基本知识》　38, 90

Gotsche, Herr　戈切, 赫尔　190

Goya　戈雅　90

Grant Duff, Annabel (Clara)　格兰特·达夫, 安娜贝尔（克拉拉）　57

Graves, Anna Melissa　格雷夫斯, 安娜·梅利莎　～的来信　95-96

Greece　希腊　67-68, 156, 173-174

Guardian, The　《卫报》（也可见 *Manchester Guardian*）　140, 184, 207-208, 211, 213

Gypsies　吉卜赛人　155

Hahn, Otto　哈恩, 奥托　75

Hailsham, Lord　黑尔什姆勋爵　87

Haldane, J. B. S.　霍尔丹, J. B. S.　～的来信　92-93

Halévy, Elie　阿莱维, 埃利　49

Halévy, Florence　阿莱维, 弗洛朗斯 49, 51

Hanoi (也可见 Vietnam)　河内　168

Harris, Kenneth　哈里斯, 肯尼思　78

Harvard　哈佛　39

Hasker Street, Chelsea　哈斯克街, 切尔西　111, 117

Haslemere　哈斯勒米尔　57

Has Man a Future?　《人类有未来吗?》 114

Haya de la Torre, Victor　阿亚·德拉托雷, 维克托　95-96

Hayes, Mr　海斯先生　致～　176-177

H-bomb (也可见 Atomic war)　氢弹　61-

索引 345

63,100,148,179,182,194
Hegel 黑格尔 55,135,176
Heidegger 海德格尔 135
Henry VIII 亨利八世 64
Hermes(Olympia) 赫耳墨斯(奥林波斯山)68
Hilton,Alice Mary 希尔顿,艾丽斯·玛丽与~的往来书信 174-175
Hiltz,Professor 伊尔茨教授 致~ 172-173
Herman Ould Memorial Lecture 纪念赫尔曼·乌尔德的演讲 71
Hiroshima 广岛 17,114,145
'Hiroshima Day' "广岛日" 114
'History as an Art' 《作为一种艺术的历史》71
'History of the World in Epitomy' 《具体而微的世界史》38
History of Western Philosophy 《西方哲学史》15,31,42,64,135; 爱因斯坦论~ 60
Hitler, Adolf 希特勒,阿道夫 144,157,170,173,187
Hobbes,Thomas 霍布士,托马斯 55
Holland 荷兰 54
Holloway Prison 霍洛韦监狱 117
Holy Loch 霍利湾 112
Home,A.D. 霍姆,A.D. 196
Hook,Sydney 胡克,西德尼 108
Horizon 《地平线》87
House of Commons 下议院 81,124
House of Lords 上议院 17,61,82,103,145,161,194
Human Knowledge, its Scope and Limits 《人类的知识,其范围与限度》16
Human Society in Ethics and Politics 《伦理学和政治学中的人类社会》31-32,34,72,90
Hume,David 休谟,大卫 33
Hungarian revolt 匈牙利叛乱 83
Hungary 匈牙利 184

Husserl, Edmund 胡塞尔,埃德蒙 135
Huxley,Julian 赫胥黎,朱利安 123; 与~的往来书信 173-174
Huxley,Juliette 赫胥黎,朱丽叶 174
Hyde Park 海德公园 115

Impact of Science on Society, The 《科学对社会的影响》28,37,59
Imperial Defence College 帝国防卫学院 19
India 印度 151-152
individual freedom 个人自由 22-25
Indo-China 印度支那 168,170
Indonesia 印度尼西亚 213
Industrial Revolution 产业革命 29
Infeld,Professor 因费尔德教授 99
International Congress for Cultural Freedom 国际文化自由大会 82-83
Israel 以色列 157,184
'Is Tension Necessary?'(Gladwyn) 《紧张状态是否必要?》(格拉德温) 192

Japan 日本 26,141,145
Jews 犹太人 144,157; 苏联境内~ 157,161,176,196
John,Augustus 约翰,奥古斯塔斯 118; ~的来信 146
Johnson,L.B. 约翰逊,L.B. 171,198-199,211,213
Joliot-Curie,Frederic 约里奥-居里,弗雷德里克 74,77,80,98-99
Joliot-Curie,Madame 约里奥-居里夫人 31
Jones,Ernest 琼斯,欧内斯特 ~的来信 94-95; 与~的往来书信 126-128
Journal American 《美国人日报》203

Kahn,Herman 卡恩,赫尔曼 142-143
Kalinga Prize(UNESCO) 加林卡奖(联合国教科文组织) 104

Katanga 加丹加 211
Kaunda, Kenneth 卡翁达,肯内斯 179
Kellerman, Roy 凯勒曼,罗伊 201
Kennan, George 凯南,乔治 102
Kennedy, J. F. 肯尼迪,J. F. 125,143-144,146,165,194,196；~被刺事件 197-204
Kew Gardens 克佑花园 64-65
Keynes, Maynard 凯恩斯,梅纳德 40
Khan, Ayub 汗,阿尤布 179
Khan, Genghiz 成吉思汗 108
Khan, Kublai 忽必烈 108
Khrushchev, Nikita 赫鲁晓夫,尼基塔 102,104-105,136,143,146-147,149,176,181,188,193,196；致~ 189
Kingston Russell House 金斯顿·罗素小屋 106
Kingsway Hall, Holborn 金斯韦厅,霍尔邦路 112
Kitzbühel(Austria) 基茨比厄尔(奥地利)86
knowledge 知识 29,32-33
Korean War 朝鲜战争 25,49,169,172
Korea, South 韩国 217
Kraus, Lili 克劳斯,莉莉 123

Labour Government 工党政府 163,205-215
Labour Party 工党(也可见'New Prospects for Peace') 工党 104,110,163-164；~的外交政策 205-215；~年会 213
Lac Beauport(Canada) 拉克博波尔(加拿大) 86
Lambrakis 兰布拉基斯 156
Lane, Mark 莱恩,马克 165,204
Laski, Harold 拉斯基,哈罗德 19
Last of the Radicals, *The* 《最后一个激进分子》(见 Jos. Wedgwood)
Leggatt 莱格特 51

Leopardi, Giacomo 莱奥帕迪,乔科莫 176
Life 《生活》 200,202
Lindop, Patricia 林多普,帕特里夏 83
Li Sze Kuang Dr 李四光博士 99
Little Datchett 小达切特 41
Little Hut, *The* 《小茅舍》 66
Lloyd, Margaret 劳埃德,玛格丽特 81
Lloyd Roberts Lecture 劳埃德·罗伯茨讲座 28
Logic and Knowledge 《逻辑与知识》 76
Logic, Computing Machines and Automation (Hilton) 《逻辑、计算机和自动化》(希尔顿) 174-175
London School of Economics 伦敦经济学院 47；在~发表的演说 205-215
Louis XVI 路易十六 23
Lycidas 《利西达斯》 167

MacGill, Air Commander 麦吉尔,空军司令 121
Mackenzie, Compton 麦肯齐,康普顿 204
Macmillan, Harold 麦克米伦,哈罗德 142-144,146,196
'Mainau Declaration' 《梅劳宣言》 75
Malaysia 马来西亚 213
Malet, Lady 马利特夫人 51
Malleson, Miles 马勒森,迈尔斯 123
Manchester 曼彻斯特 167
Manchester Guardian 《曼彻斯特卫报》 致~ 56
'Man's Peril' 《人类的危机》 72,74-75
Mao Tse-tung 毛泽东 152
Marble Arch 大理石拱门 114
Markham, Helen 马卡姆,海伦 202-203
Marriage and Morals 《婚姻与道德》 30,126

Marsh, R. C. 马什, R. C. 75
Martin, Kingsley 马丁, 金斯利 102, 136, 204
Marx, Karl 马克思, 卡尔 55
Masaryk, Jan 马萨里克, 扬 19
Matchette Foundation 马切特基金会 28
mathematics 数学 220, 222
'Maxims of La Rochefoucauld' 《拉罗什富科的箴言》 37
McCarthyism 麦卡锡主义 20
McCarthy, Joseph 麦卡锡, 约瑟夫 58, 70
McCloy, Mr 麦克洛伊先生 198
McDonald, B. Mooney 麦克唐纳, B. 穆尼 203
McHaigh, H. 麦克黑格, H. ～的来信 93
mechanical sharks 机械鲨鱼 31
Medlock, Julie 梅德洛克, 朱莉 28
Melchisedek 麦基洗德 107
Melk (Austria) 梅尔克（奥地利） 84
Metal Workers' Union (Frankfurt) 金属工会（法兰克福） 187
Millbank (London) 米尔班克（伦敦） 78, 81, 101
Milliband, Ralph 米利班德, 拉尔夫 163
Mill, J. S. 穆勒, J. S. 76
Mind 《心》 46
'Mind and Matter' 《心与物》 173
Ministry of Defence 国防部 112–113
Monastries of the East (Curzon) 《东方的寺院》(寇松) 51
monism 一元论 176
Morris, T. E. 莫里斯, T. E. 123
Moscow Academy of Science 莫斯科科学院 79
Moscow Conference on disarmament 莫斯科裁军会议 （见 World Disarmament Conference, Moscow）

Mt. Holyoak College 霍利奥克山学院 28
Muller, Professor 马勒教授 99
multilateral disarmament 多边裁军 149
Murray, Gilbert 默里, 吉尔伯特 ～的来信 55
Murrow, Ed. 默罗, 爱德华 107
Mussadeq 穆萨德克 66
Myra Buttle 迈拉·巴特尔 （见 Victor Purcell）

Nagasaki 长崎 17, 114
Nasser, Gamal A. 纳赛尔, 贾迈勒·A. 184
National Gallery 国立美术馆 66
nazis 纳粹分子, 纳粹 140, 156, 184, 188, 215, 222
nazism 纳粹主义 133, 147
Needham, Joseph 李约瑟 169
Nehru, Jawaharlal 尼赫鲁, 贾瓦哈拉尔 28, 42, 80, 172, 179; ～的来信 152–153
neutralism 中立 172; 英国的～ 142–144, 148–149
'New Approach to Peace, A' 《通向和平的新途径》 178, 179–187
New Commonwealth Society 新联邦协会 53–54
New Delhi 新德里 80
New Hopes for a Changing World 《变化中的世界的新希望》 31–32
New Leader, The 《新领袖》 44, 108
Newman, M. H. A. 纽曼 39
'New Prospects for Peace' (Labour manifesto)《对于和平的新展望》(《工党宣言》) 205–209
New Republic (Mallock) 《新共和国》(马洛克) 34
News of the World 《世界新闻》 211–212

New Statesman 《新政治家》 102,113,
  136,204,213
Newsweek 《新闻周刊》 202
New York 纽约 28,30,65
New York row 纽约风波 40
New York Times, The 《纽约时报》 39,
  58-60,108,168-169,202
New Zealand 新西兰 217
Nicod, Jean 让·尼科 26
Nightmares of Eminent Persons 《名人的
  梦魇》 36,88,90
Nkosi, Morley 恩科西,莫莱 123
Nkrumah, Kwami 恩克鲁玛,夸梅 179
Nobel Prize 诺贝尔奖 28,71,99；伯
  特兰·罗素获得～ 30-31
Noel-Baker, Philip 诺埃尔-贝克,菲利
  普 196
'No Nuclear War Over Cuba' 《不要因
  为古巴而发生核战争》（也可见 Cuban
  crisis) 193
North Atlantic Treaty Organisation 北
  大西洋公约组织 143-144,148,194,
  207-208
North Wales 北威尔士 79,81,109
Norway 挪威 21,31
Nova Scotia 新斯科舍 83
nuclear disarmament 禁止核武器 139-
  140,181,183-185,196-197,205-
  208,213-214
nucear warfare 核战争 16-17,97-
  100,125,137,142-150,152,154,179-
  185,192-197
Nuclear Weapons Tests, National Council
  for Abolition of 全国禁止核武器试验
  理事会 103
Nuremberg trials 纽伦堡审判 25,149,
  170,215,217
Nyerere, Julius K. 尼雷尔,尤利乌斯·
  K. 179

Observer, The 《观察家》 76,78,92,94-
  95,133
Ogden, C.K. 奥格登,C.K. 130
Oh, What a Lovely War 《噢,多么美好
  的战争!》(利特尔伍德) 109
'Old and New Cultures' 《新旧文化》
  106
Onassis, Aristotle 奥纳西斯,亚里士多德
  83
On the Beach 《在沙滩上》(舒特) 108
On Thermonuclear War 《论热核战争》
  (卡恩) 142
'Oppression on South Arabia' 《南阿拉
  伯半岛的压迫》 197
Order of Merit 功绩勋章 26,31,46-
  47
Origo, Marquesa 奥里戈,马克萨 致～
  176
Oslo 奥斯陆 21,45
Ossietzky, Karl von 奥西埃茨基,卡尔·
  冯 189-190
Ossietzky Medal, Karl von 奥西埃茨基
  勋章,卡尔·冯 157,189-190
Oswald, Lee Harvey 奥斯瓦德,李·哈
  维 165,198-204
Oswald, Marina 奥斯瓦德,玛丽娜
  199,204
Oswald, Robert 奥斯瓦德,罗伯特 199
Our Knowledge of the External World
  《我们关于外部世界的知识》 132

pacifists 和平主义者 126,188
Pagan 异教 68
Papandreou, George 帕潘德里欧,乔治
  191
Paris 巴黎 66-67,74-75,79,104-
  105
Parkland Memorial Hospital 帕克兰纪
  念医院 200
Parliament Square 议会广场 117-118
Parthenon 帕台农神庙 68
Pauling, Linus 泡令,莱纳斯 75,99,

120,179
Paulos, John 保罗斯,约翰 致～ 176
Peak District 皮克区 106
Pearsall Smith, Logan 皮尔索尔·史密斯,洛根 47
Pear's Cyclopaedia 皮尔斯百科全书 73
Pembroke Lodge 彭布罗克邸园 56-58,64-65,69-70,89
PEN Club 国际笔会 71
Penguin Books 企鹅出版社 114,125
'Perplexities of John Forstice, The' 《约翰·福斯提斯的困惑》 34
Philadelphia 费城 39
Philosophy of Leibnitz 《莱布尼茨哲学》 52
Plas Penrhyn 普拉斯·彭林 71
Plato 柏拉图 135,177
Plotinus 普罗提诺 42
Poland 波兰 183
Polaris Base 北极星基地 112
Portal, Lord 波特尔勋爵 26
Portmeirion 波特梅瑞昂 109
Portraits from Memory 《记忆中的肖像》 76,173
'Possibility of Peace in South East Asia' (Purcell) 《东南亚和平的可能性》(珀塞尔)167
Powell, C.F. 鲍威尔,C.F. 80,83
'Prelate and the Commissar, The' 《高级教士与人民委员》 38
press conference, Caxton Hall, Westminster 记者招待会,卡克斯顿会馆,威斯敏斯特 97-100
Priestley, J.B. 普里斯特利,J.B. 204
Princeton 普林斯顿 28
Principia Ethica (Moore) 《伦理学原理》(穆尔) 32
Principia Mathematica 《数学原理》 26,52,174-175
Principles of Social Reconstruction 《社会改造原理》 94
Problem of Knowledge 《知识问题》(艾尔)130
'Pros and Cons of Reaching Ninety' 《年届九十的利与弊》 133-135
'Psychometabolism' (Huxley) 《心理代谢》(赫胥黎) 173
Pugwash 帕格沃什 83-87,105,109,136,181
Purcell, Victor 珀塞尔,维克托 123,166-167
Puxton, Guy 普克斯顿,盖伊 155
Pythagoras 毕达哥拉斯 173

Queen Mary "玛丽皇后"号 15
Quine, W.V. 奎因,W.V. 致～ 46

Rapacki, Adam 拉帕茨基,亚当 206
Ravenscroft (Cleddon Hall) 雷文斯克罗夫特(克莱顿宅第) 68
Read, Sir Herbert 里德爵士,赫伯特 204
Recollections of Logan (Gathorne-Hardy) 《回忆洛根》(盖索恩-哈迪) 48
Redgrave, Vanessa 雷德格雷夫,瓦妮莎 123,179
Redmond, Jean 雷德蒙,琼 122
Red Square 红场 121
Regional Seats of Government 地区政府所在地 125
Reith lectures 里思讲座 22,26,52,102
Reynolds, Warren 雷诺兹,沃伦 203
Richmond 里士满 69-72,89
Richmond Park 里士满公园 64-65,70
Robertson, D.S. 罗伯逊,D.S. 40
Roften, Christopher 罗夫腾,克里斯托弗(罗切斯特的主教) ～的来信 126-127
Rome 罗马 73-75,89,95
Roosevelt, Eleanor 罗斯福,埃莉诺

107；～的来信 135
Rosenberg,Ethel and Julius 卢森堡,埃塞尔和朱利叶斯 59,81-82
Rotblat,Josef 罗特布拉特,约瑟夫 77-78,80,83-86,97,99-100
Routh,M.J. 劳思,M.J. 127
Royal Society of Medicine 皇家医学会 28
Ruby,Jack 鲁比,杰克 165,199,204
Ruskin College,Oxford 罗斯金学院,牛津 28
Russell,Aunt Agatha 罗素,阿加莎姑娘 57-58
Russell,Alys(B.R.'s 1st wife,née Pearsall Smith) 罗素,艾丽丝(伯特兰·罗素的第一任妻子,娘家姓皮尔索尔·史密斯)74；～的来信 46-52
Russell,Athenais 罗素,阿泰纳伊斯 57
Russell,Bertrand Arthur William 罗素,伯特兰·阿瑟·威廉(生于1872年5月18日,罗素伯爵三世)
事件：1944-1950：回到英国 15-16；在剑桥大学三一学院 16；对英国哲学的批判 37；担心发生核战争 16-17；在上议院的演讲中发出警告 17；在巴鲁克计划中看到希望 17；主张对苏联进行威胁 18；受当局欢迎的人,演讲,广播讲话,被派到柏林 19-20；挪威,和特隆赫姆飞机失事事件 21；第三次婚姻结束 16；里思讲座 22；获得功绩勋章 26；出行澳大利亚 26-27；在美国的演讲 28-30；到斯德哥尔摩领诺贝尔奖 30-31；他的声望达到了顶点 31
1951-1957：与伊迪丝·芬奇结婚 64；定居里士满 69-70；得到普拉斯·彭林 71；斯大林去世、比基尼岛氢弹试验、麦卡锡主义,改变了他的态度 20；《人类的危机》广播讲话 72；得到的反应 73-74；同世界议会法学者一起工作 73-74；爱因斯坦,联合呼吁,科学家们的声明 74-75；卡克斯顿会馆记者招待会 76；帕格沃什运动的发起 80,83-84；一系列世界政府会议 79-80；永久迁居普拉斯·彭林 81；营救莫顿·索贝尔的运动,辞去文化自由大会名誉主席的职位,谴责入侵苏伊士 81-83；第一次帕格沃什会议,被选为主席 84；后来的几次帕格沃什会议和成就 85-87
1958-1967：致艾森豪威尔和赫鲁晓夫的公开信 102；"禁止核武器运动"成立,被选为会长 103；禁止核武器运动 103；接受加林卡奖 104；接受索宁奖 106；认为帕格沃什、禁止核武器运动的作用已经发挥到了极限 109；需要民众和平抵抗 110；辞去"禁止核武器运动"会长的职位 111-112；成立百人委员会,发表《行动或灭亡》传单 112；特拉法尔加广场集会和国防部静坐 113；被指控煽动民众和平抵抗 115；博街审讯和监禁 116；发自监狱的信和团结示威 117；支持百人委员会的运动 119；关于韦瑟斯菲尔德空军基地的审判,声称他有责任,在特拉法尔加广场发表演说 120-121；90岁生日庆祝活动 122；古巴危机 124；中印边界争端 125；辞去百人委员会伦敦总会的职务 126；寻求防止战争的新方法 154-155；政治犯和受迫害的少数民族 156-157；汤姆·潘恩奖 157；释放海因茨·勃兰特 157；成立伯特兰·罗素和平基金会 158-160；关心越南战争 166；调查肯尼迪被刺事件的发起者 165；批评《沃伦委员会报告》 166；发表文章和讲话反对英国工党政府 168；反对美国人侵越南的运动 168；成立"越南团结运动",集会上致词 168；"国际战犯审判法庭"的发起者 169-170；认为美国的军事冒险是对世界的主要威胁 172

Russell,Sir Claud　罗素,克劳德爵士　～的来信　56-58
Russell Chambers　罗素会馆　52
Russell,Conrad Sebastian Robert　罗素,康拉德·塞巴斯蒂安·罗伯特(伯特兰·罗素的小儿子)　15-16,39-42,50
Russell,Edith　罗素,伊迪丝(也可见 Edith Finch),　第二章各处　177
Russell,Flora　罗素,弗洛拉(伯特兰·罗素的堂妹)　56,123
Russell,Hastings　罗素,黑斯廷斯　57
Russell,Lord John　罗素勋爵,约翰(伯特兰·罗素的祖父,伯爵一世)　57,65
Russell,John Conrad　罗素,约翰·康拉德(伯特兰·罗素的长子)　10,38-40,50,89
Russel,Katherine Jane　罗素,凯瑟琳·简(伯特兰·罗素的女儿)　38-40,43,109
Russell,Maud　罗素,莫德(伯特兰·罗素的堂兄)　66,73
Russell of Liverpool, Lord　利物浦的罗素勋爵　与～的往来书信　128-130
Russell,Patricia　罗素,帕特里夏("彼得",伯特兰·罗素的第三任妻子,见 Spence),15-16,39-42,45,69
Russell,Senator　参议员拉塞尔　198
Russell,Susan　罗素,苏珊(约翰·康拉德的妻子)　89
Russia　俄国　31,199,209;～和巴鲁克计划　17-18,181;～和德国的分隔　20,183-184;反俄联盟　21;～和友好关系的重建　102;～和核战争　56,62-63,142-144,192-194;～和裁军　148-149,197;～境内的犹太人　157,176-177,196;～和世界帝国　172;～的核弹试验　176-177,195;～和古巴危机　176-177,180-181,196
Rutherford,Lord　卢瑟福勋爵　34

St Fillans　圣菲伦斯　68-69
Salisbury,Harrison　索尔兹伯里,哈里森　168
Sandys,Duncan　桑兹,邓肯　105
Santa Barbara,California　圣巴巴拉,加利福尼亚　38
Santayana,George　桑塔亚那,乔治　33,176
Ste.Chapelle　圣女小教堂　67
Sartre,Jean-Paul　萨特,让-保罗　170
Satan in the Suburbs　《郊区的恶魔》　35,52
Satow,Sir Ernest　萨托,欧内斯特爵士　57
Schaef,Adolf　舍夫,阿道夫　86
Schiaparelli　斯基亚帕雷利　79
Schoenman,Ralph　舍恩曼,拉尔夫　109-110,113,122-124,158-159,162,167-168
Schweitzer,Albert　施韦策,阿尔贝特　179
Scotland　苏格兰　68,75
Scott,Reverend Michael　斯科特牧师,迈克尔　112-113,137
Seatoller (Borrowdale)　西托勒(博罗山谷) 68
Selassic,Haile　塞拉西,海尔　179
Senghor,Leopold　桑戈尔,利奥波德　179
Sermon on the Mount　"登山训众"　19
Shakespeare,William　莎士比亚,威廉　36,107
Shaw,George Bernard　萧伯纳,乔治　51
Shelley,Percy Bysshe　雪莱,珀西·比希　71,107,172
Sihanouk,Prince　西哈努克亲王　218
Simpson,General Sir F.E.W.　辛普森爵士,陆军上将 F.E.W.　～的来信　55-56
Singapore　新加坡　27-28
Sino-Indian Border dispute　中印边界争

端 125,150-153
'Sixteen Questions on the Assassination' (of President Kennedy) 《关于 J.F.肯尼迪总统被刺事件的十六个问题》 165,197-204
Skobeltsyn, Academician 斯科别利岑院士 99
Smuts, General J.C. 斯穆茨将军,J.C. 115
Snow, C.P. 斯诺,C.P. 141
Sobell, Morton 索贝尔,莫顿 81-82, 155,157
Socrates 苏格拉底 173
Sonning, Leonie 索宁,莱奥妮 123
Sonning Prize 索宁奖 106
Sorbonne, the 巴黎大学文理学院 26
South Africa 南非 206,214
Soviet Academy of Sciences 苏联科学院 85
Sparta 斯巴达 67
'Speaking Personally, Bertrand Russell' 《伯特兰·罗素讲谈实录》 175
'Spies for Peace' "维和间谍" 125-126
Stalin, Joseph 斯大林,约瑟夫 20,90, 171-172,181,183,195
Stanley, Kate (Viscountess Amberley, B.R.'s mother) 斯坦利,凯特(安伯利子爵夫人,伯特兰·罗素的母亲) 50
Stanley, Lord and Lady (B.R.'s maternal grandparents) 斯坦利勋爵和夫人(伯特兰·罗素的外祖父母) 106
Stanley, Rosalind 斯坦利,罗莎琳德 50
Stephen, Karin 斯蒂芬,卡林 50
Stevenson, Adlai 史蒂文森,艾德莱 199
Stewart, Charles W. 斯图尔特,查尔斯·W. 致~ 90
Stockholm 斯德哥尔摩 30
Stochwood, Mervyn 斯托克伍德,默文 204

Stout, G.F. 斯托特,G.F. 46
Strong, Anna Louise 斯特朗,安娜·路易斯 96
Suez crisis 苏伊士危机 83
Sunday Times 《星期日泰晤士报》 92, 126,206
Sweden 瑞典 31
Switzerland 瑞士 42
Sydney Morning Herald, The 《悉尼先驱晨报》 28

Tait, Charles (B.R.'s son-in-law) 泰特,查尔斯(伯特兰·罗素的女婿) 43, 109
Tait, Katherine 泰特,凯瑟琳(见 Katherine Russell)
Taiwan 台湾 151
Tan-y-rallt 坦·y.拉利特 71
Tiergarten 蒂尔加滕 222
Teller, Edward 特勒,爱德华 107,132
Tennyson, Alfred Lord 丁尼生,艾尔弗雷德勋爵 66
Test-Ban treaty 《禁止核试验条约》 86,181,196
That Reminds Me 《那使我想起》(利物浦的罗素) 129
Themerson, F. 泰默森,F. 38
Themerson, S. 泰默森,S. 38
Theodor-Koerner Foundation 特奥多尔-克尔纳基金会 86
Theory of perception 知觉理论 130
Thirring, Hans 蒂林,汉斯 86
Thomas, M. Carey 托马斯,M.凯里 41
Thomson, George 汤姆森,乔治 212
Time 《时代》 201
Times, The 《泰晤士报》 50,107,128-130,148,205,208,212;致~ 130
Tippett, patrolman 巡警蒂皮特 202-203
Tiryns 梯林斯 67
Tito, J.B. 铁托,J.B. 42

索引 353

Tom Paine award 汤姆·潘恩奖 157
Topchiev, Academician 托普切夫院士 80
Toynbee, Arnold 汤因比,阿诺德 ～的来信 177-178
Tractatus Philosophicus (Wittgenstein) 《逻辑哲学论》(维特根斯坦) 130-131
Trafalgar Square 特拉法尔加广场 104,110,113-115,117-119,156;在～的演讲 147-149
Trevelyan, Bob 特里维廉,鲍勃 123
Trevelyan, George 特里维廉,乔治 47,52
Trevor-Roper, Hugh 特雷弗－罗珀,休 50,204
Trinity College, Cambridge 剑桥三一学院 16,42,75
Trondheim 特隆赫姆 21;关于～飞机失事事件的记载 45-46
Truly, Roy S. 特鲁利,罗伊·S. 201
Tshombe, Moise 冲伯,莫伊塞 213
Tynan, Kenneth 泰南,肯尼思 204

Ulbricht, Walter 乌布利希,瓦尔特 188;致～ 189-190
Unarmed Victory 《非武装的胜利》 150,197
unilateral disarmament 单方面裁军 104,148-149,178
United Nations Association 联合国协会 54
UNESCO 联合国教科文组织 104
UNO 联合国组织 82,149,160,180-181,184-185,205-207,214
Unwin, Sir Stanley 昂温,斯坦利爵士 90,114,167
Uranium 235 铀235 100
Uranium 238 铀238 100
Urquhart, Clara 厄克特,克拉拉 187-188

USA 美国(见 America)
USSR 苏联(见 Russia)
U Thant 吴丹 124,160;给～的建议 149-150;关于伯特兰·罗素和平基金会 178-179
U2 incident U2飞机事件 104,181,195

Victoria, Queen 维多利亚女王 57
Vienna 维也纳 86
Vienna declaration 维也纳宣言 86
Vietnam 越南 25,108,163,166-172,176,195,205,210-211,215-219;北越 168-170,195,205,210-211,216-218;南越 169,184,195,205,210-211,217;～南方民族解放阵线 168-169,216,218
'Vietnam and Laos' (Russell and Warbey) 《越南和老挝》(罗素和沃比) 197
Vietnam Solidarity Campaign (Britain) 越南团结运动(英国) 169

Wade, Dallas District Attorney 达拉斯地方检察官韦德 200,202-204
Waithman, Robert 韦特曼,罗伯特 61-63
Waley, Arthur 韦利,阿瑟 123
Wall Street 华尔街 148
Wall Street Journal 《华尔街日报》 148
War Crimes in Vietnam 《在越南的战争罪行》 163-164,167
War Crimes Tribunal, International 国际战犯审判法庭 164,167-170;在～的讲话 215-216;《～的目标和目的》 216-218;《～的决议》 218;《呼吁支持～》 218-219
War of Steel and Gold (Brailsford) 《钢铁与黄金之战》(布雷斯福德) 94
Warren Commission Report 《沃伦委员会报告》 166,168,171,198-204
Warren, Earl 沃伦,厄尔 198-199,

203 – 204
Warsaw Pact powers　华沙条约组织成员国　194
Washington, George　华盛顿,乔治　115
Was Justice Done? The Rosenberg-Sobell Case（Sharp）《司法公正吗？卢森堡－索贝尔案》(夏普)　82
Watson-Watt, Sir Robert　沃森－瓦特爵士,罗伯特　120 – 121
Wedgwood, Jos　韦奇伍德,乔斯　55
Wells, H. G.　威尔斯～的来信　44
Weiss, Paul　韦斯,保尔　64
Weitzman, Seymour　韦茨曼,西摩　201
Wethersfield Air Base　韦瑟斯菲尔德空军基地　119 – 121
'What America Could do with the Atomic Bomb'　《美国能用原子弹做些什么》　45
'What There Is'（Quine）《存有的东西》(奎因)　46
Whitehall　白厅　113
Whitehead, Alfred North,　怀特海,艾尔弗雷德·诺思　26, 51
Whitehead, Evelyn　怀特海,伊夫林　51
Why I am not a Christian　《为什么我不是基督教徒》　30
Willi, Ernst　维利,恩斯特　123
Willesden, Bishop of　威尔斯登主教　140
Wilson, Harold　威尔逊,哈罗德　162 – 163, 208 – 209, 211, 213
Wimbledon election　温布尔登选举　50
Wittgenstein, Ludwig　维特根斯坦,路德维希　130 – 131
Woburn Abbey　沃本隐修院　44, 57, 123 – 124, 162
Wood, Alan and Mary　伍德,艾伦和玛丽　70, 78, 101
Wood, Pamela　伍德,帕梅拉　162
'Words and Facts'　"词语与事实"　38
Wordsworth, William　华兹华斯,威廉　71
World Disarmament Conference, Moscow　世界裁军会议,莫斯科　121, 187 – 189；在～上的致辞　189
World Federation of Scientific Workers　世界科学工作者联合会　77
World Government　世界政府　19, 29, 69, 182, 195, 205
World Government Association　世界政府协会　74, 81；大会　79
World Government Association, Parliamentary　议会制世界政府协会　73, 79
World Parliament　世界议会　53
World War I　第一次世界大战　220
World War II　第二次世界大战　115, 171, 217
Wyatt, Woodrow　怀亚特,伍德罗　107
Wye valley　瓦伊河河谷　68
Wythenshawe, Lord Simon of　威森肖的西蒙勋爵　103

Yalta　雅尔塔　183

'Zahatopolk'　《查哈托波尔克》　36, 90
Zoroaster　琐罗亚斯德　35

图书在版编目(CIP)数据

罗素文集. 第15卷, 罗素自传. 第三卷/(英)罗素 (Russell, B.)著; 徐奕春译. —北京: 商务印书馆, 2012 (2018.7重印)
ISBN 978 - 7 - 100 - 09122 - 0

I. ①罗… II. ①罗… ②徐… III. ①罗素, B. (1872~1970)—自传 IV. ①B561.54

中国版本图书馆 CIP 数据核字(2012)第 090455 号

权利保留,侵权必究。

罗素文集
第 15 卷
罗素自传
第三卷
1944—1967
徐奕春 译

商 务 印 书 馆 出 版
(北京王府井大街36号 邮政编码100710)
商 务 印 书 馆 发 行
北 京 冠 中 印 刷 厂 印 刷
ISBN 978 - 7 - 100 - 09122 - 0

2012 年 10 月第 1 版　　开本 787×960　1/16
2018 年 7 月北京第 2 次印刷　印张 22¾　插页 7
定价:88.00 元